ЭЛЬДАР АХАДОВ

МОЛИТВА О ТЕБЕ

IGRULITA PRESS
11 Central Shaft Rd, Florida, MA, USA 01247
ISBN 978-0-9822105-3-6   0-9822105-3-1

ОБ АВТОРЕ

Эльдар Алихасович Ахадов родился в 19 июля 1960 года в г. Баку. В 1983 году закончил Ленинградский горный институт. С 1986 года живёт в г. Красноярске. Помимо творческой деятельности работал и работает по специальности. Побывал в самых глухих таёжных и тундровых уголках - от Ямала до Тывы...

Член Союза писателей России (2000г.). Обладатель Национальной литературной премии «Серебряное перо Руси» (2007), золотой лауреат Национальной литературной премии «Золотое перо Руси»(2007). Делегат IV съезда писателей Сибири (2002 г). Член Ассоциации писателей Сибири. Член Красноярской краевой писательской организации (1998г.). Заместитель председателя правления красноярского регионального отделения Союза писателей России (2003-2008г.г.). Руководитель Краевого литературного объединения при Государственном Центре народного творчества Красноярского края. Руководитель краевой литературной студии «Былина» для незрячих и слабовидящих.

Творческий труд отмечен благодарственными письмами Управления культуры (2001 г.), Управления по телерадиовещанию, печати и информации Администрации Красноярского края (2004г.), Главы города Красноярска (2006г.). Осенью 2002 года личную благодарность за творческую деятельность выразил Ахадову Чрезвычайный и Полномочный Посол Азербайджана в России Рамиз Ризаев. В 2006 году удостоен звания лауреата Всероссийского литературного конкурса имени В. М. Шукшина «Светлые души» (председатель жюри конкурса – лауреат Государственных премий СССР и России писатель **Василий Белов**), победитель конкурса детской литературы «Золотой листопад» (среди членов жюри – лауреат Государственных премий СССР и России писатель **Валентин Распутин**). За личный вклад в культуру награжден индивидуальным грантом Губернатора Красноярского края.

Прошу Тебя, Господи, дай тому самому человеку, который читает сейчас эти строки, всё, о чём он Тебя просит!

Дай ему это полной мерой, как умеешь давать только Ты один! И пусть он будет счастлив во все его дни, а если невозможно такое, то хотя бы сколько-нибудь.

Даруй ему крепкое здоровье и любовь ближних, понимание и сочувствие... Сделай так, чтобы душа его всегда светилась одной лишь любовью ко всему сущему, огради его от дурнословия, от обид и зависти, от войн и смертей, от боли физической и душевной, если же всё это неизбежно, - не покинь его и тогда, дай утешение.

Спаси для него всё, что дорого ему на земле. Если же поздно просить об этом, - не лишай его памяти...

Не знаю – верит ли в Тебя читающий сейчас эту молитву о нем, но даже если и не верит: помоги ему! Пусть он чувствует, что - не одинок, что нужен и любим...

Милостивый и добрый мой Господь! Исполни это моё желание! Исполни его так, чтобы прежде, чем закроются глаза мои, я мог сказать: " Благодарю Тебя, Господи! Ты слышишь меня..."

Твой Эльдар Ахадов.

СОДЕРЖАНИЕ

ВСТРЕЧА

Он ушел на войну ясноглазым майором. На прощание, стоя уже на пороге, вдруг торопливо обернулся и, бодро улыбнувшись, сказал жене и сыну: «Ждите меня с победой. Я обязательно вернусь»... Честно говоря, в душе он радовался: впереди маячили медали, ордена, фанфары, быстрое продвижение по службе, может быть, даже служебная квартира в столице.

Через месяц армия рассыпалась, словно пепел на ветру... Приграничный городок, где до войны жила его семья, оказался в руках врага. Всех военных, попавших в плен, его правительство заранее объявило предателями, их ожидал суд трибунала – скорый и беспощадный. Тем более – офицеров. Враг тоже не щадил пленённых командиров, не только уничтожая их в первую очередь, но и охотясь за офицерскими семьями. Выбор у майора был невелик: либо погибнуть, либо оказаться в плену. Он никогда не был трусом, но погибать славной смертью героя не стал. Не стал, потому что нужно было найти, защитить и спасти жену и ребёнка. Он переоделся в простую солдатскую форму и сдался, чтобы выжить и совершить побег, и совершить его так, чтобы ни одна даже случайная пуля не оборвала его планы: иначе – какой смысл: где и как умирать...

Целую вечность длиной в несколько недель он провёл в лагере для военнопленных среди бесконечных смертей и отчаяния. Он не знал и не мог знать о том, что жена его погибла под бомбёжкой в первые же дни войны. Ничего он не знал и о том, что его сына вместе с детьми других воюющих командиров и работниками детского дома пытались отправить в тыл, но ещё в начале пути эшелон с ребятишками подвергся обстрелу, и те, кому удалось спастись - укрылись в лесу. Чтобы сбежать из лагеря наверняка, он записался добровольцем в карательный отряд.

В дороге ему стало известно, что у партизан, которых они преследуют, находятся дети из семей военных. Обросший щетиной, полуголодный, в чужой солдатской шинели под моросящим осенним дождём, он сбежал из отряда карателей и начал искать встречи с партизанами.

Они наткнулись на него сами. Отобрали оружие и, конечно, избили. Он честно рассказал им о себе всё. Измученный бессонными переходами партизанский командир сообщил, что его, как дезертира, предателя и вражеского пособника сегодня же расстреляют. В россказни беглого карателя командир не поверил. Ни единому слову. Да и как можно доверять словам врага, который только что преследовал тебя в сыром промозглом лесу? Как можно доверять тому, из-за кого каждый день у тебя на глазах погибают твои товарищи и умирают дети, которых ты пытаешься спасти?

Майор понимал, что у него нет никакой надежды. И тогда он попросил об одном: показать ему перед смертью ребятишек. Вдруг, да и окажется среди них его сын. «Ну, это вряд ли...» - усмехнулся командир, - «Впрочем, погляди напоследок, всё равно тебя сегодня не станет. Погляди, иуда, на детей, ради которых мы не щадим своих жизней!» «А, если мой сын подтвердит, что я – это я, а не засланный провокатор?». « Какая разница, что он скажет?! Ты - провокатор и враг народа. Таких, как ты, нам уже дважды подсылали. Не о чем нам с тобой говорить».

Всё же его привели к детям. Голодные и усталые - они безучастно глядели на странного избитого до крови человека в рваной солдатской одежде со связанными руками. Им сказали, что это очень плохой дяденька, что он изменник и провокатор и ещё много плохого сказали о нём охранявшие его партизаны.

Сын сразу узнал его. Он часто рассказывал другим ребятам, какой храбрый у него отец, какой он сильный и как он, настоящий боевой офицер, отомстит за смерть мамы, как победит и прогонит всех врагов с нашей земли. А ещё он говорил, что отец обязательно вернётся и найдёт его, потому что он обещал. И вот теперь уже почти минуту стоял перед ним его отец – лучший из всех отцов на свете - униженный, слабый человек с глазами, опухшими от гноя, крови и слёз.

... «Вы, наверное, мой папа?» - тихо произнёс сын. Затем он подошёл к отцу и неуверенно прижался к его грязной сырой шинели. Партизаны переглянулись между собой. «Ты ошибся, мальчик. Я не твой папа», - ответил отец, зажмурившись совсем уж как-то по-детски.

Ночью, когда ребятишки уснули, майора увели подальше от партизанского лагеря и расстреляли.

СВЯТАЯ

«Под небом голубым есть город золотой
С прозрачными воротами и яркою   звездой...»

Три года она пересекала континенты, моря и океаны. Вокруг неё - ревели ветра, грохотали пушки, горели деревни и города, плакали дети, свистели пули, гремели оркестры, а над черной пустыней Гоби вставало раскалённое солнце. А она всё ехала и ехала – через Сибирь, через Монголию и Китай, и по Тихому, и по Индийскому океанам, ведомая непостижимой, необъятной, нездешней силой.

Она любила людей. Она очень любила людей. Она так беззаветно любила их, как, наверное, мало кому счастливится любить...

Бог не дал ей познать радости материнства. Она смиренно приняла Его волю.

У неё был муж, которым она дорожила, как бесценным сокровищем, отдаваясь своему чувству без остатка. Он был ей ближе отца с матерью, дороже ребёнка, он был для неё всем – её небом, её землёй и водой...

До замужества она совершенно не знала того языка, на котором он говорил, но старательно и быстро выучила его язык ради того, чтобы не только слышать, но и понимать каждое слово, сказанное любимым. Она приехала за ним в чужую для себя страну, и эта страна стала ей родной, потому что здесь жил её любимый. Она сознательно всей душой приняла его религию, отказавшись от вероисповедания своих предков.

И вот, однажды, она услышала ужасный взрыв на улице. Выбежала из дома и увидела разбросанные по всей мостовой окровавленные куски человеческого тела. Тела её любимого мужа. У неё не было никого дороже его. Она старательно собирала эти окровавленные страшные куски, безумно озираясь вокруг и повторяя, что ему бы не понравился беспорядок, что надо прибираться...

На месте его гибели она воздвигла памятный крест со словами «Господи, прости им, ибо не ведают, что творят...»

Красивая, статная и далеко нестарая ещё женщина, она добровольно ушла в монахини, она построила новый монастырь и стала его настоятельницей. Нищие и сирые шли к ней постоянно и она помогала им чем только могла... А когда началась война, она посвятила все свои силы   лечению раненых. И потом, когда смертельные болезни начали косить людей повсеместно, она шла к самым безнадежным больным, к самым обездоленным семьям, - не взирая ни на какие опасности. Она любила людей. Она очень любила людей...

И люди отплатили ей за это... Однажды, ночью они схватили её и бросили в тюрьму. Просто так. Её держали впроголодь в холодной и сырой камере несколько месяцев, надеясь на то, что она не выдержит этого и умрет.

Не умерла. Тогда её тайно вывезли за ворота тюрьмы и , связанную, сбросили в глубокую черную шахту . А для верности – сверху на её истерзанное тело стали сбрасывать тяжелые брёвна и крупные камни-валуны...

Три месяца она лежала в этой страшной могиле, рядом с телами родственников своего мужа. Через три месяца другие люди извлекли её мертвое тело из шахты, уложили его в гроб и повезли...

И вот, через три года скитаний, она прибыла в город своей мечты, туда, куда стремилась при жизни её душа, - в Иерусалим. Здесь, в этой святой земле навсегда упокоились её останки.

В 1992 году в России, которую она так любила, она была причислена к лику святых. Её звали Елизавета Федоровна.

И теперь она – святая...

КАРТОШКА

Это было давно. Лет семнадцать назад...

Только вёз я не «девушку трактом почтовым», а картошку в грузовом Зиле. Попросило меня, молодого парня, об этом правление нашего профкома. Сам председатель профкома по отечески проводил меня и шофера в путь-дорогу за картошкой для работников и работниц нашего предприятия.

Была ранняя морозная весна. Картошка, припасенная по осени, у многих в подвалах и погребах либо уже закончилась, либо подпортилась, в общем, подошли припасы к концу раньше срока. Люди собрали деньги, передали их в профком, чтобы для них закупили в деревнях, отдаленных от больших городов, картошку подешевле, не по рыночным баснословным ценам, а по колхозным, скромным.

Мне было дорого их доверие. Я знал, что во многих семьях (особенно с низкой зарплатой) картошка – наряду с хлебом – основной продукт питания.Поэтому и старался...Путь был долгим и изматывающим. Мы с шофером проехали сотни и сотни километров по горам, полям и тайге. Исколесили немало сельских хозяйств, отдаляясь от города на всё более значительное расстояние. То цена была высоковата, то картошки маловато, то уже подпорченная она была... Ночевать приходилось где придётся. Иногда колхозники приютят, иногда председатель местный куда-то подселит. А порой и просто спали, скорчившись, в тесной кабине. Конечно, это изматывало. Тем более, что на дворе (особенно по ночам) ещё гуляли по-зимнему крепкие морозы и дул пронизывающий до костей хиус.

Наконец в предгорье, километрах в 600 от города нам повезло. Мы нашли то, что нужно. Расплатились с каждым из продавцов-крестьян и поехали назад. Деньги на питание у нас к тому времени закончились, и последние сутки до города мы ехали просто голодные, грязные, заросшие и неспавшие. Но мы исполнили свою миссию!

Мы добыли людям картошку и везли её в город! В полутора десятках километров до города в Зиле кончился бензин. Кое-как удалось выпросить немножко горючего у проезжавших мимо водителей. И вот картошка в гаражных боксах предприятия. Самосвал разгрузился. Но был конец рабочего дня. Не всем успели сообщить одновременно о приходе самосвала. Поэтому люди приходили партиями. В целом, их было три. Первая партия состояла из самых ушлых толстозадых тёток с ведрами и мешками в руках. Они, аки волки, ринулись стаей на эту кучу. При этом все совершенно спокойно топтались, наступали и раздавливали острыми каблуками своих туфель неприглянувшуюся им по разным причинам картошку. Всё это очень напоминало картинку из деревенской жизни, когда поросята копошатся возле сытного теплого корыта, бодро расталкивая себе подобных.

Через некоторое время появилась вторая партия «картофельщиков». Потом третья. Они тоже копошились, как и предыдущие партии. Но им досталось много подавленной вдрызг картошки... Конечно, никто из них не сказал ни единого доброго слова мне или шоферу, зато ненависти и отчуждения мы наглотались вдосталь. Нас оскорбляли самыми грязными словами. А одна очень спокойная женщина из молча ушедших с «добычей», просто смачно плюнула мне под ноги на прощанье. От усталости, недосыпа и голода, а более всего - от увиденного и услышанного здесь - закружилась голова, и меня стало подташнивать ...

«Люди не должны, не могут, не имеют права так вести себя, если в них есть хоть капля души», - шептал я себе...

И тут вспомнилась мне вдруг материна тетка: она и пятеро её детей умерли от голода в блокадном Ленинграде. Каждый день у тети умирало по ребёнку. А последней рядом с ними легла она сама. И затихла навсегда. Все они лежат в братской могиле на Пискаревском кладбище...

И подумалось мне: а ведь они НИКОГДА не смогли бы вот так, как эти... уж не знаю, как их можно бы назвать, топтаться по картошке. Никогда! Даже самый маленький ребёнок в той семье. За что они погибли тогда? За идеологию? Нет, конечно. Им было не до неё. Из патриотических чувств? Вряд ли. Они не были настолько высокопарны, чтобы размышлять об этом.

Они умерли только потому что не поступились тем самым Человеческим Достоинством, которого так не хватало сейчас копошащимся на картофельной куче . Оно значило для них нечто совершенно иное, несравнимо большее, чем это деловитое лазанье по грязной, обезображенной, задавленной и оплёванной картошке... И обошлось дороже.

... И тогда я заплакал...

СВЕЧА НЕГАСИМАЯ

Не знаю, уж в который раз обращаюсь к вечно измучивающему меня вопросу: зачем нужно писать стихи, да и нужно ли это кому-либо вообще?... Меня ли одного мытарит этот вопрос, спать не давая, ни разуму, ни душе моей? Наверное, не только меня, наверное, и других всех, кто пробовал и пробует слагать строчки в стихи.

Господи, какая же сила нами движет? Зачем нам это? И если действительно это зачем-то нужно, то почему и мне выпало нести эту ношу? Мне-то, мне-то за что? За что?!..

Мало мне по жизни доставалось? Мало било и ломало по-всякому? Ведь и не держит же тебя никто за руку: так ты брось тогда, не пиши, забудь навсегда!.. А не забывается никак. И пишется несмотря ни на что. Как будто помимо воли своей какую-то Иную, не подвластную, управляющую Волю исполняет неугомонная душа, руки и глаза мои исполняют...

Видит Бог, никогда я не знал и доныне не знаю ответа ни на один из этих вопросов. Знаю, что не одного только меня они донимают. А на днях попалась мне в руки книга Виктора Петровича Астафьева «Затеси». Много там хорошего писано, многое мгновенно и, думаю, что навсегда, отложилось теперь в сердце. И кроме прочего всего – его раздумья о поэзии. Лучше этих душевных строк, я до сих пор не читал, потому и с вами хочу поделиться...

«Талант – это сила. И сила могучая, мучительная к тому же, и не всегда талант попадает в тару, ему соответственную, иную тару огромный талант рвёт, будто селёдочную бочку, в щепу, в иной таре задыхается, прокисает...» (На мой взгляд тара эта – душа и судьба человеческая.)

«Всякий дар мучителен, но мучительней поэтического дара, однако, нет на свете».

«У избранных и муки избранные, отдельные. Их судьба не всякому разуму по силам.

Завидуйте, люди, поэтам, завидуйте, они так красиво, так весело, беззаботно проживают свою жизнь, но научитесь их прощать за то, что беря на себя непомерный груз мучений и любви, они помогают вам быть лучше, жить легче и красивше. За сердечный уют ваш, за житейскую комфортность кто-то несёт тяжкий крест скитальца, ищущего и никак не могущего найти пристань в этом бесприютном мире... мятущейся душе не найти ни покоя, ни уюта, и мучения её, и тоска – это поэтовый удел, и он всевечен.

Не из радости, а из мук, из горя рождается истинная русская поэзия. Оттого её так много на Руси горькой. Оттого и жалеют, и ненавидят здесь поэтов, оттого и любят, и мучают их, часто до ранней смерти залюбливая...»

«И жизни нет конца, и мукам – краю,» - всевечная память поэту, изрекшему эти великие слова, летящие во времени вместе с нами.»

«Никто не бывает так наивен и доверчив, как поэт. За сотни лет до нынешнего просвещённого и жестокого времени стихосочинителя карали, жгли, забивали плетьми, отсекали головы, убивали из пистолетов на дуэли, а он всё прёт и прёт навстречу ветрам, певец и мученик, надеясь, что ветры пролетят над ним, беды минуют его.

И не только в защиту себя, для спасения души своей в этой мятущейся жизни трудится стихотворец, он верит, что слово его спасёт мир от бурь и потрясений и, если не заслонит человека от невзгод и бед, свалившихся на него, то хотя бы утешит. И так было всегда – поэзией двигала вера в доброту и милосердие, поэт и музыкант всех ближе к небу и Богу.»

Отгремели пышные казённые торжества по случаю астафьевского юбилея. Поразъехалась чиновная и околокультурная братия из Овсянки, родины Виктора Петровича, где бывал я не так ещё давно при его жизни... Не хотелось мне там в то время топтаться в общей бестолковой куче, а свидеться с памятью о нем, по совести чувствовал - надо бы...Потому, когда выпала такая оказия - посетить Овсянку с незрячими стихотворцами-любителями из литературной студии слепых поэтов , да и предложили они мне это сами, - съездил.

В тот день, едва наш микроавтобус оторвался от города, начал крапать дождичек. Пока в библиотеку-музей сходили, пока с экскурсоводом побеседовали, пока к родному дому писателя подъехали, - дождичек превратился в дождь уже приличный... Не стану ничего пересказывать, слишком много воспоминаний нахлынуло там. Вспомнился его негромкий живой мужицкий голос, его взгляд – глубокий и мудрый взгляд человека, столько всего на свете белом перевидевшего... Горьки и светлы те воспоминания, где-то в области сердца остались они навеки.

Напоследок проехали мы на кладбище, подошли к черным могильным плитам, под которыми лежат Виктор Петрович и дочка его Ирина. И, хотя дождь не умолкал, решили пусть на мгновение, но возжечь и поставить у изголовья великого писателя простую тонкую восковую свечу, какие часто ставят в церквях перед ликами. Зажгли. Поставили. Стоим... А свеча-то не гаснет! Люди добрые, ведь это же чудо какое-то: ветер сквозит, дождь идёт, а... свеча не гаснет!..

В тот же миг ноги сами - как приросли к святому для всех месту...

Свеча догорела до конца, так и не погашенная ни дождевыми каплями, не ветром...

ИЗ-ЗА ТЕБЯ

Если у тебя убыло нечто, не огорчайся, но возрадуйся за ближнего своего: ибо прибыло у него.

В мире всё соразмерно. И когда убывает твоё, прибывает другому. И когда прибывает тебе - у другого становится меньше. И так всегда.

И потому: не спеши ликовать и не торопись огорчаться о себе, но умей сорадоваться другому и печалиться его печалями, ибо все они – из-за тебя.

ЛЮБОЙ ЦЕНОЙ

Ничто на свете не стоит того, чтобы платить за него любую цену, особенно – цену жизни, ибо саму жизнь любой ценой купить невозможно.

КАПЛЯ ВОДЫ

Иногда кажется, что пространство обладает свойствами воды: течь, перетекать, просачиваться, испаряться. В том числе и время.

Само исчезновение одного пространства является причиной появления иного. Если пространства перестанут исчезать... они перестанут и появляться. А это невозможно, так как именно их исчезновение и является причиной их возникновения.

И потому жизнь, как форма существования мира – бесконечна. Энергия, из которой состоял человек – не исчезает, она только видоизменяется. Происходит перетекание из живого в живое.

Это как путь капли – из облака в океан. Капля воды не может исчезнуть бесследно: она может испариться, но тогда она возникнет в другом месте при любых подходящих для возникновения условиях. Вода может расщепиться на атомы. Атомы – на ещё более мелкие составляющие. И так далее... Но в итоге: капля воды никуда не исчезает. Родившись в облаке таких же дождинок (из летучей воды, из пара других, исчезающих капель), она всю жизнь летит к пространству воды, соприкасается и сливается с ней, становясь ею... Только круги на воде напоминают некоторое время о падении капли.

И так шумит человеческий дождь. Шумит, не смолкая...

ТАЙНА ДУШИ

Душа – только оболочка...Когда в мире рождается новая душа, тогда и Бог рождается. Потом, с течением времени, она наполняется смыслом – внешним и внутренним содержанием. Она впитывает в себя Бога, который вокруг, разрастаясь всё больше, светясь изнутри всеми красками и соками жизни...

А потом – начинает сморщиваться и увядать, словно зрелый плод на древесной ветви... И, однажды, она растворяется во Вселенной, превращаясь во всё вокруг. Потому и Бог бессмертен. И душа бессмертна. И смерти нет...

БОЛЬШОЕ И МАЛОЕ

Наблюдая клочок неба над головой или кусочек моря из окна, мы можем сказать «я вижу небо» или «я вижу море» так же, как если бы мы видели всё небо от горизонта до горизонта или всё море от края до края. Так же и с землёй: вижу кусочек её – вижу её всю, вижу пылинку Вселенной – вижу всю Вселенную…

Удивительно устроен мир, в котором бесконечное и безбрежное является великим и бесконечным в каждой своей даже самой малой части…

СЛОВО ЗОЛОТОЕ

Вот оно, слово золотое, плывет, посверкивая незримо. Помедлило перед шлагбаумом, предъявило документы, прошло цензуру и – вперёд: ни сгореть, ни потеряться, ни пропахнуть не боится! Это ж вам не деньги, хотя и стоимость, и силу имеет порой ни с какими деньгами несравнимую…

Самому слову себя не вымолвить. Потому и называется оно золотым, что молчаливо. А кто его произносит, тот и отвечать должен по справедливости за сказанное, которого, кстати, вечно нет на месте, оно же не воробей какой-нибудь, в самом деле… Бывало, едва проскользнёт сквозь зубы, и уже далеко – только о нём и слышали (концерт номер два, композитор такой-то). Ищи ветра в поле.

А ещё есть такие хозяева слову своему, которые сначала слово дают, а потом его назад забирают. И так всю свою жизнь. Те хорошо живут и зарабатывают помногу. Только недолго, и памяти их слова не имеют.

Слово золотое звучит мгновения, а живет в веках. Бывает, что хоть и человек, а слов не понимает, а бывает, что и зверю лесному слова понятны, и кошкам приятны. Уж так устроено оно, слово человеческое. Пока не произнесешь, вроде как и нет его. А как скажешь, так уже его нет. Это почти как про смерть говорится, мол, не существует она для живущих: пока жив человек – нет его смерти, а когда смерть наступит, то человека нет, так человек со смертью свой и не встретится никогда.

Невидимо слово и вездесуще, как Бог. Всегда и всюду ждёт оно человека, который его произнесёт. И это вечно.

ТАЙНА НЕВОЗМОЖНОГО

Ничего невозможного нет.
Ибо если явление невозможно,
То его нет..А значит -
НЕТ НИЧЕГО НЕВОЗМОЖНОГО!

R-127 (ПОВЕСТЬ)

Огни посёлка то исчезают в кромешной тьме, то вновь выпрыгивают из неё, рассыпаясь по невидимому горизонту и опять отдаляясь, уплывают от нас то влево, то вправо. Мы уходим. Четыре скрежещущие, грохочущие приземистые машины на гусеничном ходу идут по бескрайнему снегу след в след. Пять часов утра. Впрочем, в полярной ночи слова «утро» и «вечер» - не имеют особого смысла. Всё равно – ночь. Да ещё пурга, нескончаемая пурга всю дорогу.

Это она пока, наша дорога, едва угадываемая, читаемая в основном по проставленным водителями, по ней проехавшими прежде нас, вехам, ещё существует. Но там, куда мы направляемся, вообще нет никакого пути, никаких следов. Наши – будут первыми. Мы собираемся прокладывать маршрут к скважине R-127. Будем идти по координатам, занесённым в маленький электронный прибор под названием GPS. Прибор новенький. Пользоваться им в нашем отряде умею пока что я один.

Нас 13 человек. До тех пор пока дорога известна, мы вдвоем с вездеходчиком Яном на его личной старенькой «газушке» - ГТТ идем   вторыми. Позади нас строители Мирослава на вездеходах МТЛБ и АТС – все здоровяки (сажень в плечах) в новенькой полярной форме, а впереди – дорожники Ивана, которым предстоит содержать ту дорогу, которую мы проложим. В будке ГТТ вместе с дорожниками сидит и наш Егор – начальник производственно-снабженческого участка, оставшегося в поселке.

Если бы не огни фар, то темнота была бы вообще непроницаемой. Огненные лучи прыгают вдоль дороги, выхватывая из небытия отдельные кадры. Вот выскочил и заметался белоснежный заяц. Бежит, бежит по лучу, скачет вместе с ним. И вдруг снова ныряет в белесую темноту. Здрав будь, длинноухий! Идущие в неизвестность приветствуют тебя!

Спина на шестой час сидения в грохочущей «консервной банке» отнимается окончательно. Немного забрезжило, и тут же дружно все решили взять небольшой тайм-аут … Связи между машинами нет никакой, кроме визуальной. Встала передняя – остановились и остальные. А куда денешься: идем-то по одному следу. Поначалу вездеход от вездехода отрывался на довольно значительное расстояние. Пару раз даже габаритные огни впередиидущего исчезали на несколько мгновений то за сугробами, то в белесой мути пурги. Но чем дальше мы ехали, тем ближе прижимались друг другу железные «коробчонки».

- Ну, едрён-батон, мужики! Времени совсем нет. Сегодня же надо добраться до скважин. За сутки максимум . Там топлива осталось 4 тонны на 4 скважины, а один дизель, сами знаете,   за сутки сжирает тонну. Так что, давайте, шибко разъедаться не будем. Перекусили и – алес!

Это Егор разглагольствует – до бровей рыжий в новеньком ярко-красном комбинезоне с полосками из светоотражающей ткани - на рукавах и на груди.

А и правда: мешкать некогда. Последние полторы недели погода в Заполярье сошла с ума: вместо привычной и морозно-ясной - яростные беспросветные метели. И вот результат: из-за нелётной погоды ни одна вертушка не может добраться до скважин, не только топливо для ДЭС, но и питание для вахтовых бригад – на исходе...

Здоровяки «мирославцы» стоя под ветром и снегом наскоро едят свои вареные яйца прямо на капоте ГТТ. Набрали их в дорогу штук пятьдесят, наверное. Пьем чай: в вездеходе строителей есть примус с газовым баллоном. И вперёд!.. И тут выясняется, что «вперёд» АТС строителей двигаться не может. Да, и назад тоже. Движок сдох. Что делать? Не замерзать же здесь людям? Приходится оставлять технику и надеяться на скорый обратный путь. Экипаж АТС перебрался в МТЛБ. Мы продолжаем путь.

От сидения в одной и той же позе и постоянного грохота мне кажется, что тело моё скрючилось окончательно и ремонту уже не подлежит. В вездеходе Яна будка не отапливается. Там лежат промороженные двухметровые вехи, которые мы должны ставить по всему тому пути, который предстоит пробивать по заснеженной целине. Машины движутся всё медленней и натужней. Дорогу переметает на глазах: едва между вездеходами возникает прогал метров в сто пятьдесят – двести, как след только что прошедшей передней машины уже едва читается. Что же будет дальше? Наконец, в быстро надвигающейся темноте возникают и проплывают мимо, призывно сияя огнями, одна за другой три буровые вышки наших «соседей» по тундре. Дальше дороги нет.

В холодный кузов нашего ГТТ забирается молодой парень – Димка, лет восемнадцати пацан. Он будет по моему сигналу выскакивать из остановившейся на минуту машины и устанавливать вдоль дороги очередную вешку. В случае, если дорогу заметет, они должны продолжать указывать направление нашего пути для тех, кто пройдет здесь после нашего отряда. Несмотря на то, что кузов неотапливаемый , за всю дорогу Димка ни разу даже видом своим не показал, что замерз. До сих пор, вспоминая об этом, не могу скрыть восхищения перед его молчаливым мужеством.

Егор резво по-ухарски выскакивает из задней машины, вытаскивает из нашего кузова указатель с надписью «R-127» и театральным голосом провозглашает начало будущей дороги. Буквально через полчаса я уже точно знаю, что зря он это сделал: перед нами первая и весьма неприятная неожиданность. Три вездехода, ползущих уже снова в кромешной тьме, наткнулись на неожиданное препятствие – неширокий, но глубокий и длинный, не обозначенный ни на одной нашей карте овраг. А значит, стрелка егоровского указателя, бодро направленная по координатам, «забитым» в GPS , с точки первой на точку вторую, указывает теперь не на наш дальнейший действительный путь (мы двинулись в обход), а прямиком в овраг, на верную погибель техники. Выехать из него в этом месте при таких склонах невозможно никаким вездеходам.. Нужно обязательно запомнить это и передать другим, кто поедет, чтобы повернули знак.

Кстати, что у нас со связью? Рации у нас нет. Наш спутниковый телефон, увы, оказывается, успешно забыт снабженцами. Ну, это как всегда. К счастью, есть спутниковый телефон у дорожников Ивана и Юрия Синельникова. Кстати, нас загодя предупреждали: мало того, что сама эта связь дорогущая, так ещё при включении питание у телефона очень быстро садится. Его хватает на один-два разговора, не более того. Значит, звонить можно только в случае крайней необходимости. То есть перед смертью, чтобы передать приветы родным. Шучу. Как можно назвать телефон, по которому можно позвонить куда угодно, но только один раз? «Прощай, Родина»? Не иначе. Когда находишься в тундре, где хоть глаза лопни, никого не встретить, и хоть глотку надорви, ни докуда не докричаться, этот факт воспринимается довольно болезненно.

Наконец, исползав на брюхе своих вездеходов 2,5 километра изрезанных краев оврага, мы находим более или менее сносный съезд и выезд из него. Наш с Яном ГТТ, идущий впереди, с надрывом, но выезжает на противоположную сторону. Дорожники на своей «газушке» тоже... С полчаса покидавшись всем своим железом то назад, то вперёд, «мирославская» машина всё ж таки тоже выныривает на наш «берег».

Однако, шли мы пока не туда и вышли совершенно не там, куда должны были выйти. Пришлось на ходу, сидя в кабине движущегося вездехода вносить корректировку в маршрут, набранный ранее в GPS. На какое-то время увлекшись «разборками» с прибором, я упустил из виду, что Ян, расслабившись после эпопеи с оврагом, на всех парах ведет нашу машину по снегам бескрайнего Севера в абсолютно неизвестном никому направлении. И, разумеется, все остальные покорно следуют за нами. Где мы? Взглянув на электронную карту GPS, с ужасом обнаруживаю, что мы находимся в совершенно незапланированном месте и ходко движемся всё дальше и дальше куда-то на северо-западо-юг, ибо путь наш проходит отнюдь не по прямой, а по какой-то гигантской петле, которая, убежден, водителю наверняка кажется прямой, как стрела...

-Ян! Разворачивайся!

-Куда? Зачем? Мы уже столько прошли!

-Мы не туда прошли, Ян!

-Что значит «не туда»? Опять возвращаться? Чтобы потом опять назад ехать? Да, когда ж я сдохну?!!!

Мы разворачиваемся, делаем встречную петлю в кромешной темноте и приближаемся к нашей точке номер два. Так я пронумеровал поворотные точки будущей трассы дороги: от первой до тридцать четвертой. И до последней из них ещё больше ста километров. Сто километров, на которых ещё никто никогда не прокладывал никаких дорог.

Так, бранясь и препираясь, мы благополучно миновали узкий перешеек меж двух озер, и не достигнув второй точки (она осталась справа метрах в ста с небольшим), тем не менее точно прошли через точку номер три. По пути через примерно равные отрезки мы тормозили, а Дима, словно черт из табакерки, тут же выскакивал из кузова и с усилием втыкал в снег очередную веху. Когда ноги и спина окончательно закостенели, мы решили притормозить, чтобы выйти и размяться немного. В кабине было нестерпимо душно и сыро, зато на свежем морозном ветру со снегом – через пять-десять секунд становилось зябко, и примерно через минуту уже поневоле хотелось нырнуть обратно в люк насквозь пропахшего соляркой вездехода.

Господи! Почему в этой жизни постоянно надо что-то кому-то доказывать? Вот и этому заядлому ездуну Яну за каждым местом всё надо объяснять. А ещё свет в кабине выключил. Ему-то дорогу видать лучше, а мне экрана GPS-ки вообще не видать. И подсветку найти не могу в темноте... Ян великодушно передает мне свою зажигалку с синей подсветкой. Теперь весь наш грядущий путь видится мне в синем мертвецком свете фонарика его зажигалки, который кроме как для понтов прежде ни для чего не был пригоден.

Ему кричишь «влево», он согласно кивает головой и продолжает поворачивать вправо. И наоборот. А потом, когда уже точно надо брать правее, он вдруг спохватывается, что надо же было перед этим брать влево, и старательно берёт сначала влево, а потом ещё левее. Так повторяется бессчетное количество раз. И опять мы орем друг на друга. Я о том, что он меня не слышит, а он – что я слишком поздно говорю. И всё-таки мы каким-то непонятным образом в целом удачно проходим точку за точкой, поворот за поворотом, минуя невидимые во тьме, замерзшие и заснеженные озера, преодолевая невысокие берега заболоченных речек, останавливаясь только для дозаправки соляркой, которую в двух бочках, привязанных к верху кузова, везет второй ГТТ. Ну, и для установки вешек, конечно, постоянно останавливаемся. Но это уже не в счет. Примелькалось. Привыкли.

Миновала полночь. Мы все так же не спим. Остальные – кроме водителей и Димки, дремлют в кузовах своих вездеходов. Снегом напрочь замело окна вездеходов. Высунешься наверх, хватанешь ртом свежего воздуха, оглянешься назад, придерживая рукой тяжеленную крышку люка и назад. Только лицо всё влажное от налепившегося и тут же истаявшего снега.

Ян уже несколько раз засыпал на ходу. Руки на рычагах, а глаза… - то закрытые, то открытые, но совершенно стеклянные. Куда мы едем? Зачем? Всё почти забылось. Двигаемся. Останавливаемся. Поворачиваем. Всё воспринимается как-то отстраненно-механически… Чувства притупились. Остался только освещенный фарами трапециевидный клочок белой тундры в мутном молоке метели… И вот уже кажется, что из снежных бугорков возникают и быстро движутся поперек нашего пути бесчисленные мелкие белые зверьки: то ли мыши, то ли куропатки или зайцы. Как они мгновенно появляются из небытия, так тут же и исчезают в небытии. А вот прямо из-под снега возникает и поворачивается голова серебристого оленя, хлопая широко раскрытыми серебристыми же ресницами. И никто ничему не удивляется. Ни я, ни водитель. Я его спрашиваю, видит ли он. Он кивает в ответ. Наверное, видит, но, по-моему что-то свое. Никакой реакции. Главное: не уснуть окончательно.

Потому что уже четвертый час утра. И самое трудное ещё не случилось. Вот из пустоты впереди промелькнуло нечто тёмное и громадное, раза в два выше нашего вездехода. В первые секунды невольно кажется, что оно, это нечто – осмысленно-живое. Стоит и ждет нас, как какой-нибудь всеми забытый мамонт. Приближаемся. Нет. Это не галлюцинация. Это гигантская искореженная деталь какого-то исполинского ржавого механизма. Значит, здесь когда-то были люди. Люди или гоблины? Как они сюда попали? Откуда взялись? Когда это было? Сколько десятилетий назад? И что они делали этим механизмом на этой земле – невозможно сейчас вообразить, да и некогда воображать. Прямо за этой штуковиной виднеется край обрыва весьма серьёзной реки. Мы сворачиваем вправо. Подальше от всей этой байды.

Правее. Ещё правее. Всё. Стоп. Внизу перед нами широкая речная пойма, но в неё ещё нужно суметь съехать по волнистому склону. И не попасть в озеро, которое там, внизу, под склоном притаилось заснеженной лимонной долькой. И не провалиться в канавоподобную речку с полутораметровыми краями. Вырулить, одним словом.

Ян, уже ничего не слушая и бешено вращая зрачками, направляет машину по склону. Послушный ГТТ, аки бегущий сквозь кусты кабан, ломанулся вниз. Наше железное корыто пытается прикинуться санками, только перед нами, увы, далеко не детская горка. Впрочем, пугаться некогда и некому. Мы внизу.

Здесь, оказывается, и деревья есть! Хилые, правда. И друг от друга отстоят так, словно поссорились и ждут, когда их помирят. Но это нечто по сравнению с теми чахлыми кустиками обозначавшими берега речушек и озер, которые попадались нам до того. Между ними приходится маневрировать. Что за упертый характер у моего спутника! Видит перед собой бугор, покрытый снежным сугробом и упрямо лезет на него. Нет, чтобы обойти спокойно! Лезет и лезет... Наш вездеход за четверть часа насобирал перед собой громадную кучу снега, не продвинувшись вперед ни на метр, и только тогда с явным неудовольствием товарищ Ян повернул влево. Впрочем, это ненадолго. Метров через двести история повторяется. Наш ГТТ прёт буром на каждую возвышенность, будто хочет сравнять на своем пути всё подряд. Спорить с водилой бесполезно. Он не слышит. По-моему, это разновидность психоза.

Наконец, мы пересекли эту чертову пойму и выползли на самый берег. Димку на время этого «штурма» мы пересадили в другой вездеход ещё там, на склоне, перед импровизированием по соскальзыванию с горок. При всём при этом невидимая впотьмах небесная снеговерть продолжается ничуть не стихая. Даже по нарастающей.

Внезапно всё смолкло. Двигатель заглох. Ян молча вырубил фары. И мы поплыли куда-то в абсолютной тишине, в которой слышно, как угасает каждый звук , не успевая   прикоснуться к соседнему.

-Ян, что случилось?

-Ничего. Соляра кончилась. Приехали.

-И что мы здесь теперь должны делать, по-твоему? И какого рожна ты сюда рвался, если знал, что солярка на исходе? Наши черт знает где остались! Ах, ты, гад!

В ярости я соскочил с места, выбрался из своего люка и стал наощупь перелезать в соседний, к Яну. Что я собирался сделать с ним, я ещё не представлял, но, по-видимому, ничего хорошего. К моему удивлению, на месте водителя я его не обнаружил. Удрал, значит.

-Ян! Яа-ан! Иди сюда, сволочь!

-Не пойду! Ты дерёшься.

-Да я тебя пальцем не тронул, Ян. Иди, иди скорей. Я тебе ничего плохого не сделаю. Я тебе только добра хочу. Правда-правда.

-Не верю. Зачем вылезал тогда?

Просто ноги размять. Иди сюда, не бойся… Иди ко мне, гадина такая!!!

В ответ молчание. Потом неуверенный голос.

Кажется, наши едут.

Да, ты что?!

Едут, едут! Точно едут! Слышите?

Ну, тут уже и мне померещилось далекое тарахтенье. Ага. Вот и свет мелькнул. Плетутся за нами наши голубчики!

Денис, приземистый смуглый мужичонка, водитель второго ГТТ вместе с Яном перелил соляру из второй бочки в нашу машину. И мы, как ни в чем не бывало, молча двинулись дальше… Все остальные, кроме водителя МТЛБ и Димасика, кажется, спят, как сурки, непробудным сном.

Наш вездеход снова загрохотал теперь уже по самой реке – влево за её поворот, затем вправо, подыскивая местечко для выезда на противоположный берег. Ян, как всегда решил взять оный с разгона в лоб. Опять ничего не вышло, только лед продавили под собой. Впрочем, вода не выступила, просто под гусеницами появилась какая-то полужидкая кашица из мокрого снега и льда. Видимо, место было достаточно мелким. Где-то под нами слышится хруст речной гальки.

Д   вадцать четвертая точка была в начале спуска в пойму, двадцать пятая – на речном берегу, а где двадцать шестая – одному Богу известно. Мы петляем то ли по руслу, то ли по какой-то канаве, то приближаясь, то вновь отдаляясь от невидимой двадцать шестой. Наконец, с надцатой попытки вездеходу удается взгромоздиться на край берега. И тут я вижу, что напротив нас, метрах в двухстах, не больше, сквозь кусты и белесую муть метели светятся фары остальных двух вездеходов. Прямо на противоположном, покинутом нами берегу. Ага, называется «на том же месте в тот же час». Кстати, который час-то? Шесть тридцать. То есть, в пути мы более суток. А если учитывать, что собираться в дорогу я начал часов с трех ночи, то на ногах нахожусьуже двадцать восемь часов. И конца этому пока не видать.

Так где же эта двадцать шестая? Стоит только направить машину в её сторону, как опять отовсюду выскакивают сплошные бугры, кусты и сугробы. И опять мы зарываемся в снег по уши...

Судя по карте, двадцать шестая, как сумасшедшая звезда Бернарда, так и проплыла мимо нас, не давшись в руки. И она уже где-то за спиной. А впереди между трех озер, протоки между двумя из них, и истока безымянного ручья затаился двадцать седьмой поворот. И нужно попасть в него, именно в него, не завалив нашу трассу ни в какой буерак. Я не смотрю ни за лобовое, ни за боковое окно. Нечего там видеть: снег и вверху, и внизу, и везде. Всё одинаково. Только на экран GPS-ки. Только там видно всё, что нужно. Прибрежные бугры, кажется, кончились.

Прошли двадцать седьмую. И никуда не свалились. Это значит, что мы на верном пути! Вроде бы даже Ян начал понимать что-то. Не бурчит. Заулыбался даже. Тело смертельно болит. Болит везде в каждом месте. Болит всё сразу. Ни есть, ни пить, ни даже курить уже не хочется. И не можется. Снег стал значительно глубже. Машина идет с видимым усилием. Тоже через «не могу».

И снова бесконечная дорога... Дорога, которой на самом-то деле ещё и нет даже, которую мы только прокладываем. Здесь и сейчас.

Гонимые ветром, томимые жаждой,
Палимые солнцем и жгучим песком,
Идут они вечно, и, страждуя, каждый
О милости молит сухим языком.

И кажется каждому: здесь он случайно,
И надо спасать непременно его,
И путь этот – чья-то жестокая тайна,
Поскольку не будет в конце ничего!

И кажется: стоит помыслить немного,
Как тут же найдётся иная стезя,
А эта – дана для народа другого,
Такою, какой и представить нельзя...

Но нет никакого другого народа,
И нет никакого иного пути.
Есть только дорога, дорога, дорога,
Дорога, которую нужно пройти.

Впереди, судя по карте, длиннющая узкая река, значит, и берега могут быть крутовастенькие. Бух! Так и есть. Впендюрились прямо туда. А снегу-то, снегу! Хоть вправо бери, хоть влево. Кругом одно и то же. ГТТ бодро барахтается в снегу, как поросенок в луже. Только нам от этого не очень-то весело. Через пять километров ещё одна речка. На этот раз обошлось без «бухания» в неё. Плавно прошли.

Что это? Опять галлюцинации начались? Ян тычет пальцем в лобовое стекло и орёт. Ну, что ещё там? Огни... Огни?.. Огни!!! Да, это явно электрический свет. Это огни буровой. До неё ещё очень прилично далеко. Очень. Потому что огни появившись, исчезают снова. Но потом опять выпрыгивают из темноты. Всё ближе и ближе...

Всё равно надо идти только по поворотным точкам. Но Ян как сбесился. Куда бы я ни говорил поворачивать, его вездеход снова и снова «сносит» только в одну сторону. В сторону этих огней. А это очень опасно. Не зря, не зря поворотные точки легли именно так. Короткий прямой путь далеко не всегда действительно самый короткий. Ян этого никак не хочет, не может, не в силах понять. Что по прямой между нами и огнями может быть непреодолимая никаким транспортом преграда объяснить ему никак невозможно. Если мы врюхаемся туда, куда он рвётся вести машину, то самостоятельно уже никак не сможем выбраться, а до огней на самом-то деле ещё совсем не близко. И помочь нам будет некому. Те, кого мы ведём, тоже не выберутся оттуда. Это самое тяжкое, наверное: видеть перед собой после тягот и лишений конечную цель и заставлять, насиловать себя не идти прямо к ней. Мне-то ведь тоже хочется по прямой! Но нельзя! Это обман! Нельзя, Ян! Иначе мы не дойдём!

Между прочим, мы не одни едем: в кузове мерзнет Димка, который по-прежнему периодически выскакивает наружу и ставит позади нас в поле вдоль дороги вешки.

- Не понимаю! Какого черта нам нужны эти дурацкие точки?! Вот же она, буровая!

- Так надо Ян, поворачивай вправо! Правее говорю тебе! Куда прёшь?!

И Ян, стискивая зубы и мыча что-то нечленораздельное по поводу меня, прибора и всего мира, чуть ли не со стоном поворачивает-таки вправо. Хотя нет. Тут же виляет влево. Но, ничего. Мне не трудно. Я опять поправлю.

Все ближе конец пути. Задние машины нагоняют нас. Видать, там водители тоже в нетерпении. Последний тридцать четвертый сворот. До скважины осталась пара километров. Останавливаемся. Выскакивает и подбегает Егор. Что-то говорит. Машет руками. Смешной какой-то. Слух не воспринимает ни слова. Что? Ехать дальше? Куда? Зачем? Найти существующую дорогу между скважинами R-127 и R-

148? Кошмар. Сил же никаких нет. Так надо? Понимаю, что надо. Не могу. Не хочу. Хочу в тепло, к свету. Спать хочу хоть стреляйся! Вот же огни, жильё, скважина. Рядом совсем. Ну, куда ещё-то?

В общем, все сворачивают к скважине, а мы едем дальше, пока не пересечем существующую между скважинами дорогу. Мы с Яном становимся теперь единомышленниками. Оба не хотим никуда ехать. Оба едем. Они-то, наверное, уже отдыхают. Едят или спят. Димку мы тоже отправили с ними. Теперь вешки ставить самим. Ничего, тут недалеко должно быть... Ну, вот и нашли. Последняя вешка, разворот и уже без остановок, на крейсерской скорости!... Скорей, скорей! Огни всё ближе. Вот она, буровая, во всей красе, сверкает на морозе огнями, как ёлка новогодняя! Кстати, наши-то на работе сегодня как раз Новый год отмечают. В ресторане. Под музыку. Наверное, с ведущим, с танцорами, Дедом Морозом и Снегурочкой. Короче, по всем распальцовочным канонам. Может, даже высокопарные тосты какие-нибудь произносят за тех, кто в тундре, на морозе сейчас, про героизм говорят. Спасибо, дорогие друзья. Ох, спасибо. Мы очень вам всем признательны. Злые. Голодные. Грязные. Усталые. Мы вылезаем из своих люков и плетемся к вагончикам. Десятый час утра. Через час светать начнет. Егор шебуршится, зовет в столовую. Поварихи встречают нас не очень-то приветливо. Продуктов не привезли. Ничего не привезли. Понаехали тут, ещё и корми их. Да, как вам не стыдно, такие вы рассякие! Тут самим уже есть нечего, ещё и гостей привечай.

Егор приносит с рации, которая на буровой, радостную весть: погода прояснилась, сегодня, как только рассветёт, будут вертолеты. Целых два! Вахтовики уже чуть не на стенку лезут, так неймётся наконец уехать отсюда. Через сорок минут посадка. Ага, выходит, поспать не получится. Перед вертолетной площадкой целая гора больших квадратных сумок, с какими обычно ездят в соседние города «челноки». И мужики толкутся, нервно покуривая. Понятное дело. Всем охота улететь, столько «лишнего» времени отсидели здесь из-за непогоды. Оно ведь не на курорте. Надоели друг другу, а деваться-то некуда. Но будет ли достаточно места в вертолётах? Народу на буровой сейчас - хоть в поленницу складывай. Говорят, если в списках, переданных с Большой Земли человека нет, брать не будут.

А когда послышался стрекот винтокрылых, нервозность отдельных личностей начала переходить в панику. Едва первый борт коснулся колесами вертолётной площадки, как вокруг началась дикая толкотня людей с сумками и авоськами. Честное слово, всё это очень напоминало бегство белоэмигрантов, каким его показывают в старых советских фильмах! Один в один! Только диких истерических женских криков не было, поскольку летели одни мужики. Толкались и пихались молча, отчаявшиеся лезли по головам, лишь бы улететь! У многих на искаженных лицах отражалось только одно – безумный страх снова остаться здесь, возле этой скважины в голой заснеженной тундре.

Первый вертолет улетел. Вторым собрались улетать Мирослав и его ребята, Егор и я. Кстати, МТЛБ у «мирославцев» тоже вышел из строя и его возвращение без капремонта, оказывается, уже невозможно. Зашел в вагончик с рацией погреться.

Рыжеголовый Егор, глядя куда-то в пол, попросил меня остаться и пройти наш путь в обратную сторону вместе с дорожниками и Яном...

- А сам я остаться не могу. Прости. Ну, никак не могу. Мне обратно надо, понимаешь?

Я поначалу вспылил. Вышел на мороз перекурить это дело. Смотрю: Димка стоит, понурый, тоже в вертолет собрался, да, боится, не достанется ему места. Ладно, Димас, не дрейфь, поедешь вместо меня.

Через 20 минут все было кончено: «вертак» улетел, унося с собой счастливых пассажиров. Мы остались: Иван-дорожник, Юра Синельников, водители Денис, Ян и я. Поскольку хотели успеть хотя бы отъехать засветло, то через полчаса двинулись в обратный путь на двух ГТТ.

Подморозило. А снегу-то, снегу! Мама родная! Сплошное купание в снегу, а не езда. Ян чертыхается, мы то и дело зарываемся в снег по уши. Время от времени он пытается проехать по целине, но, убедившись, что хрен редьки не слаще, возвращается обратно в свою же колею. Часа через два с половиной доползаем до реки, на которой намыкались прошлой ночью. Нахожу наконец неуловимую двадцать шестую точку и предлагаю свернуть от неё влево, чтобы попытаться найти более прямой переезд через реку.

Осторожно берегом минуем одно небольшое озерко и примерно наполовину пройдя второе, останавливаемся. Дальше Ян боится идти: как черт ладана, сторонится небольших кустиков, торчащих из-под глубокого снега. Идем советоваться с Иваном, заодно и чаю горячего попить. Иван – цыганистого вида мужик лет тридцати пяти – сорока с явно нерусским акцентом. Оказывается он родом из черноморских греков. Вот оно что! Попили чаю, пораскинули мозгами и решили не рисковать. Путь, обхаянный Яном прежде, по которому мы сюда пришли, теперь по его же словам, оказывается, самый надежный, и лучше его на всем свете не найти. Ну-ну... как же, как же...

Возвращаемся и едем по своим следам, только теперь в обратную сторону. Иваново ГТТ пару раз отстает от нас: барахлит насос. Прокопченный Денис в танковом шлеме от усталости двигается как в замедленных кадрах кинофильма. Но двигается. И этого достаточно. Я продолжаю контролировать путь по GPS. Теперь вешек ставить не надо, поэтому идем ходом, без торможений. На плоской равнине после реки Ян окончательно приободрился, если можно так сказать о ком-то, кто не спит уже вторую ночь подряд. Холодает уже прилично, хотя ночь так и не вызвездилась.

Маршевым броском доходим до третьей точки, сколько часов прошло – не помню, было уже все равно. Тут я говорю Яну о том, что будем спрямлять трассу. И теперь мы уже точно выходим на вторую точку и от неё идем не по свои следам, а напрямую к переезду через овраг. Ян возмущается: ну, никак не хочет понять зачем нужно съезжать с колеи, по которой уже ездили? Зачем этот чудик (то есть я) бежит от хорошего и ищет ещё чего-то в этой темнотище холоднющей??

А более всего его удивляло то, как мы опять выходили на свою же колею, сойдя с неё километра два назад непонятно где. Он таращился на меня время от времени, будто я колдун какой-то! Надо было видеть выражение его лица. Да, уж, это было нечто...

Перебрались через овраг, и тут такая метель сыпанула, что не стало видно вообще ничего впереди, даже под фарами: просто белая упругая воздушная стена и всё! И тут Яна заколдобило. Я кричу ему «вправо», кричу «влево» - бесполезно. Заклинило мужика. Наконец я стал догадываться, что нужно просто рукой показывать куда двигаться. Смотрю – понял, оттаивать начал. Правильно поехали. Минут через сорок вышли к первой точке. И хотя я её так и не увидел (как и егоровского указателя «R-127», понял по экрану прибора, что это где-то совсем рядом, метрах в пяти.

Метель стихла так же внезапно, как и началась. Мы кое-как взгромоздились на берег речки и увидели огни на плато. Огни буровых наших соседей, с которых сутки назад начинали прокладку своей дороги.

Однако второго ГТТ не было видать нигде. Вернулись к высокому берегу. Тааак. Сзади их нет. Может, вперёд проскочили? Ян тут же рванул вперёд, мы обогнули буровую справа и метров через двести... следы чьих-либо гусениц совершенно прекратились, то есть дорога исчезла. Впереди лежал ровный белый снег. Ян попытался вести машину по нему, но мы уткнулись в пригорок. Мой Дон Кихот в течение минут 45 пытался сдвинуть его   (опять же атакой в лоб!) вместе со всеми снегами мира, впрочем, вся эта возня снова никаких видимых результатов не дала. Перед вездеходом возвышался набитый им же сугроб высотой метра в три, а позади находилась целая площадь впустую перепаханного и перетоптанного гусеницами снега.

Что делать-то? Решили вернуться к буровой. И тут обнаружилось, что наша пропажа давно и спокойно стоит с левой стороны от скважины. Мало того: там же стоят четыре мощных бульдозера и вагончик на санях. Это наши следы на земле ищут вот эти незнакомые мне люди. Это им предстоит содержать в порядке проложенный нами путь! Отряд дорожников Ивана, продвигавшийся вслед за нами для расчистки и утаптывания снега по новому пути, проложенному нами, добрался уже сюда! Цыганистый Иван улыбается. Говорят, дорожники видели первый караван бульдозеров с топливом, который вышел уже из поселка и спешит сюда на проложенную нами дорогу, чтобы завезти топливо и продукты.

Но пора и честь знать. Прощаемся с дорожниками. С ними остается дорожный мастер Юра Синельников. Иван оставляет им свой спутниковый телефон. Продуктов у нас почти нет, но мы надеемся, что они нам и не понадобятся. Ведь мы возвращаемся. И движемся уже по известному всем местным вездеходчикам и бульдозеристам отрезку пути. Мы ошибались ...

Через полтора часа Денисов ГТТ в первый раз заглох на продолжительное время. Вышел из строя насос. Вдвоем с Яном они пытались его починить. Пропурхались с час. Движок завелся, но через полчаса стало ясно, что насос надо срочно менять. В это время мы с Иваном сидели в кузове чинившегося ГТТ и пытались согреться чаем. Пока заменяли насос, пока то да сё – ещё два часа прошло. От холода уже никакой чай не спасал. Рабочая одежда, в которой мы были, сырая от пота и снега тоже не прибавляла оптимизма. А пронизывающий насквозь морозный ветер делал невозможным ни сон, ни отдых: поскольку двигатель молчал, то и в дорожниковском кузове вездехода стало так же зверски холодно, как и в яновском.

Я слушал , как уныло свищет ветер во всех щелях и матерятся замерзающие мужики, и ни одного звука более в природе не существовало... Только темнота. Не хотелось шевелиться, и невозможно было уснуть, потому что усталость давно перешла за ту границу, до которой спать хочется смертельно. Теперь же было всё равно.

Кто-то тормошил меня довольно энергично. А... это ты, Иван...

Вады падай, пажалуста. Ана ф праздрачной путылке с тваей стараны. Сверьху толки замиорзла. Мужики на чай напращиваюца.

Я достаю из-под телогрейки бутыль с водой. Разжигаем примус. Заливаем воду в чайник, ставим. Смотрю на ровный синий огонь.

- Ты щто? Замёрзнуть хател? Э-э-э... Так делы не паидиот! Курыть будэшь? Бу-у-удэшь!

Мы закуриваем. Заходят наши Денис с Яном. Иван что-то лопочет и лопочет о прошлой своей причерноморской жизни, о знойных пальмах, пляжах и, конечно, о женщинах. Я отвечаю ему. Сначала с усилием, невольно, а потом уже веселей, всё более оживляясь от его бездумной жизнерадостной болтовни. Отогревшись немножко, в разговор включаются и наши «мужики».

После чаепития ещё раз попробовали завести двигатель. Он не сразу, но всё-таки затарахтел. И мы наконец-таки двинулись дальше. И вот через какое-то время мы уже в вагончике второго отряда дорожников. Народу в этом отряде немного, человек пять-шесть. И продукты тоже на исходе. Народ собирался через день домой, Новый год справлять. Поэтому нас подкормили чем было – остатками гречки. Через час мы «откланялись» и отправились дальше к началу пути, к поселку.

Снова темнота и только свет наших фар. Мы с Иваном в кузове денисовской машины ведём неспешную беседу. Вроде бы все хорошо, но – «счастье было так близко и так недолго»... Вот и второй насос на дорожниковском вездеходе окончательно «навернулся»! Стоим посреди тундры. Где-то вроде уже недалеко пойма широченной реки, за которой и находится поселок с тем же названием, что и река. А значит осталось пятнадцать, от силы двадцать мёрзлых ночных вёрст. Чепуха по сравнению с мировой революцией! Заканчиваются уже третьи сутки нашей «эпопеи». У нас нет ни связи, ни продуктов, ни сил, нас осталось четверо из тринадцати, и с нами только одна пока что «живая» машина из тех четырех, которые были здесь же трое суток назад, – ГТТ Яна с холодным грязным кузовом.

Выбора нет. Мы вынуждены бросить денисовский вездеход посреди дороги и пытаться доехать до людей вчетвером на одной машине. Иван с Денисом забираются в замороженный кузов, а меня едва ли не силой заталкивают обратно в кабину к Яну. И мы едем. Ян газует, пришпоривая своего железного «коня». Снежные колеи под фарами мечутся, как две белые серебристые змеи, отлетая то в одну, то в другую сторону. Замелькали речные кусты. То ли показалось, то ли и вправду – сбоку выскочила из-за кустов парочка длинноухих «беляков» и снова исчезла в темноте где-то позади нас. Уж не тот ли один из них, что «провожал» нас совсем недавно в другую сторону? Кто его знает...

Ну, когда ж мы доедем? Вот, уже и огни посёлка полчаса как виднеются, рассыпаясь по невидимому горизонту, исчезая впотьмах, и тут же снова возникая то слева, то справа...

Наконец - то...

Вот мы и «дома», не дома, конечно, но всё-таки в цивилизации. Пусть и такой маленькой, как обычный северный заполярный поселок.

Ни о чем не хочется говорить. Да и некому пока рассказывать. Мы заезжаем в контору дорожников, где кроме заспанного сторожа, конечно же, никого нет, Иван приглашает к себе в рабочий кабинет, заваривает кофе, мы пьем по кружке кофе, курим. Я звоню с конторского телефона Егору. Через минут двадцать он заезжает за мной, привозит в нашу импровизированную из обычной квартиры в деревянном доме временную «контору». Мы сидим на кухне. Он сбивчиво с жаром повествует мне, как они тут все голову уже потеряли, не зная где нас искать, как переживали, и какие же мы молодцы, вздыхает...

Потом, внезапно заглянув мне в глаза и что-то, наверное, поняв в них по-своему, достает стопку из шкафа, водку из холодильника, ставит их на стол и молча выходит.

Я не знаю, что со мной происходит. Я не плачу и не смеюсь. И вообще, я, кажется, не думаю ни о чем. Просто наливаю сам себе стопку. И пью. И вторую... И третью. И не пьянею... И вдруг забываюсь. И не помню больше. Ни о чем.

Это чувство до боли знакомо.
Вдруг нахлынет такая тоска,
Словно друга лишился иль дома,
И потянется к стопке рука.
И тогда без тостов, без закуски,
Непременно куда-то спеша,
Водку русскую хлещут по-русски,
Так, чтоб в ней захлебнулась душа...

КУЮМБА (ПОВЕСТЬ)

Мама, мама моя, мамочка моя, миленькая моя мама родная, когда же ты приедешь за мной? Я так соскучился, нет, здесь хорошо, мама, с бабушкой, с дедом весело, хорошо, только приезжай скорей! Я так тебя жду.

Здесь снег такой: рыхлый и холодный. Он скрипит-хрустит под полозьями, а в санях пахнет сеном, и ещё – конями пахнет. Мы с дедушкой ездим в конюшню, там много лошадок, мама, приезжай за мной.

Уже почки распустились на тополях, и сережки висят – пушистые. Уже яблони белые-белые от цветов. А бабуля воду из колонки качает, вода шумит, вырывается из трубы, в ведро падает, в одно, в другое.

А тётя Нина любит песню, знаешь какую? Такую долгую-долгую-далёкую, красивую, широкую: «Из-да-ле-ка дооолго течёт ре-ка Вооолга!..» И я, мама, сразу вижу тебя, как ты едешь издалека-долго, долго-долго едешь.

Трава кругом зелёная-зелёная, яркая. Аби-кай (бабушка моя) смеётся над бабаем часто, подшучивает, он ворчит, но так смешно-несерьёзно ворчит, что ещё смешней, приезжай, мама. Я больше не болею, не кашляю, правда, не кашляю и не хриплю. Мне бабушка козье молоко давала пить каждый день, а тётя Нина растирала меня жиром каким-то вонючим на ночь. Я не капризничал, мама, я их слушаюсь.

Ветер срывает с веток яблоневый цвет, и белые лепестки струятся, кружатся всюду, падают, падают на крыши сараев, на траву, на кусты крыжовника, на крыльцо бабушкиного дома. Так много их, мама. Так красиво они летают...

От лопастей зависшего вертолёта расходятся в воздухе вихри снежной пыли, ветер режет лицо и пытается сбить с ног, заставляя меня сойти в целину с натоптанной снеговой тропы. Проваливаясь, я с усилием выволакиваю и себя, и сумку с вещами обратно на путь, ведущий к бревенчатому строению и каким-то синим вагончикам рядом с ним. Всё. Моя высадка на объект завершена. Вертак перед уходом делает в небе прощальный круг, который в любое время года раздражает всех, кто под ним на земле, поскольку грохот расколачивает эхом небо и кажется, что всё вокруг сотрясается.

На крыльце стоит худой, черноволосый, взлохмаченный парень с бледной кожей, заострённым носом и сигаретой меж редких зубов. Одет он довольно небрежно, «по-домашнему»: поверх тельняшки на плечах, как на вешалке, болтается старый замызганный ватник цвета хаки.

Я представился, он тоже, впрочем, из-за звона и свиста в ушах от двухчасового пребывания в летающей консервной банке мне всё равно ничего не удаётся расслышать, да и он вряд ли понял мои слова. Это не важно, что не расслышал: времени теперь много. Вертолет при мне больше сюда не прилетит ни разу, а перепутать оператора нефтедобычного участка Сашу Васина пока не с кем, поскольку кроме него тут от нашей организации больше и нет никого.

Александр - на сегодняшний день полноправный хозяин и главнокомандующий объекта, хотя кроме себя командовать ему некем. Ну, а я ему не подчиняюсь, у меня своя работа, впрочем, и он мне тоже не подотчетен. Вот такая ситуация.

Все остальные на объекте – гости-подрядчики. Вот они рядом стоят: круглоголовый, цыгановатый Олег с огромным рваным шрамом на виске у правого глаза. Короткая стрижка подчеркивает раннюю седину. Он отчего-то солнечно улыбается в ответ на моё «здравствуйте». Рядом с ним - кряжистый Дмитрий Злобин – начальник вахты на строительном участке подрядчиков: дежурная американская улыбка и бородка «а-ля Бухарин».

Заходим в избу, которая одновременно служит и складом продуктов, и ночлежкой сторожа, и кухней, и радиорубкой для оперативной связи с другими участками строительства нефтепромыслового хозяйства, и просмотровым залом фильмов с DVD-плейера для персоны Саши Васина и его гостей. Короче, всё это - наш зал официальных приёмов и переговоров с представителями подрядных организаций в таёжных условиях.

Саша несколько раз в сутки снимает параметры с приборов и выходит на связь. Он передает необходимые сведения по рации. Остальное время - либо готовит себе еду, либо спит, либо парится в бане, либо смотрит фильмы с DVD-плейера, Нерон, Сулла, Калигула, Август Октавиан... На диске сплошь фильмы о жизни Римской империи. Кажется, что от бесконечного просмотра древнеримской эпохи, Васин сам невольно стал напоминать повадками киношных императоров: движения такие царственно-плавные, взгляд отсутствующе-сторонний … Ну, да, в принципе, в словах «оператор» и «император» что-то общее есть.

Эх, где ж тут место подвигу-то – в этой звёздной от мороза тайге с несколькими домиками и вагончиками посредине? Нету места. Одни фильмы… Но «не долго музыка играла». На каждого отдельно взятого васина однажды непременно найдётся свой варфоломеев.

Стриженый под «ноль», молодой, тощий, дёрганый мастер Варфоломеев приехал в полночь. В приказном тоне он сразу же потребовал немедля разместить его людей по вагончикам, заявил, что не видит здесь начальника и сразу же начал сообщать по телефону и рации о бардаке на объекте.

Васин обиделся и ушел спать. Через пару часов всё затихло. Народ разместился, разбредясь по вагончикам, и место нашлось каждому, и зачем нужно было портить друг другу нервы произнося и выслушивая разные не очень приятные слова – непонятно. С Варфоломеевым прибыли на вахтовом «Урале» человек двенадцать…

А утром на переговорах по рации с начальством нам невольно довелось видеть совсем другого Варфоломеева: его непосредственный начальник с подбазы минут сорок чехвостил несчастного в хвост и в гриву. Тот же лишь вздымал печальные очи к небу, опускал их долу и пытался произнести нечто членораздельное. Однако, ничего хорошего из этого у него не получалось.

Куда только девался его ночной гонор? Куда улетучились надменный взгляд и металл в голосе? Совсем другой теперь Варфоломеев. Плохо ему. Ой, плохо. Сердобольный Васин наливает для расчехвощенного мастера кружку кипятка, участливо предлагая на выбор чай или кофе, и даже достает из морозилки шмат сала. Ничего не помогает! Насупленный Варфоломеев с трагедией на лице поднимается с дощатых нар, закуривает и выходит в дверь.

То взлетая над оголенными вершинами берез, то ниспадая с пухлых от снега елей, в воздухе искрится снежная пыль. Мы с Олегом идём по сорокаметровой в ширину полосе, с которой лес, по идее вроде как бы убран. Хотя ногам как бы некстати тут и там подворачиваются торчащие из-под снега свежесрезанные его останки, рядом с коими сиротливо чернеют полутораметровые пни.

Нужно найти ось трассы, которой положено быть обозначенной на местности специальными реперами или направляющими. Нам достаточно их отыскать. Это так легко говорится, но не везде и не всегда легко получается. И мы не просто бредем по многокилометровой вырубке среди тайги, да ещё всё время вверх, на подъем, а заняты серьёзным делом: ищем гвоздики на затёсанных и подписанных пнях, а также жерди с указателями или без оных.

Суть вопроса проста. Мы, заказчики, принимаем вид работ (трассирование) у одних подрядчиков и тут же передаем их другим – строителям нефтепровода. Стволы деревьев на просеке лежат как попало, во многих местах они прикрыты щедро выпавшим снегом и не видны, поэтому идти сложновато, ноги то и дело проваливаются куда-то, иногда – очень глубоко, скользят между невидимыми телами срубленных лесных красавцев...

Топограф Лёша Дементьев, работник наших подрядчиков, сдающих трассу, привычно рассекает на «Буране». Лицо его обветрено и проморожено настолько, что напоминает древнегреческую маску, надевавшуюся когда-то во время мистерий времён Эсхила, Софокла и Еврипида. Он разыскивает свои же подписанные алой краской пеньки с гвоздиками и показывает их нам. Но не долго. В очередной буерачине снегоход застревает всерьёз и надолго. То есть, до вечера.

Всё это время мы с Олегом пробираемся по просеке и беседуем о жизни, чтоб не скучно было идти. Олег получил шрам на работе в Юрге, куда переехал с севера, потеряв в зарплате и должности из-за здоровья дочери, которой врачи настоятельно рекомендовали покинуть полярные широты. И уж какая она у него умница, какой талантище: и рисует –

в детских конкурсах побеждает, и даже стихи пишет – парочку уже напечатали в газете. Вот она какая – Олегова дочка. Рассказывает он об этом, а сам словно изнутри светится.

А воздух продолжает искриться на солнце. Мы возвращаемся. На сегодня всё.Утро вечера мудреней. Завтра будет видно, что делать дальше...

Ночью в вагончике с нещадно жарящими калориферами, разметавшись в постели, вижу во сне Растригина. Занятный такой мужичонка с неизменно коротким широким цветастым «с петухами» (по моде) галстуке, похожем на древнеримский меч-клинок. У Растригина аккуратный кругленький животик, на котором галстук лежит, как поднос в общепите. Губы у означенного господина широкие, шлёпающие, вечно что-нибудь жующие. Между прочим, не хухры-мухры – главный инженер золотодобывающей артели!

Смотрит на меня чуть выпученными глазами, как водяной, будто выспрашивает о чем-то. Помнишь, нашу поездку-то? Помню-помню, конечно, чего уж там говорить. После трудов праведных на россыпях, после инструментальных замеров перелопаченной горной массы, контрольных расчетов объёмов вскрыши и песков, горно-подготовительных работ, складов почвенно-растительного слоя и всякого прочего, рано утром заглядывает Растригин и говорит: «Ай-да, поехали! »

Ну, мы сели в «уазик» да поехали Едем по просёлочной грунтовой дороге через полупрозрачный лес. Хакасские предгорья - не чета северным буреломам, древесной растительностью жидковаты.

Растригин с размаху кричит шоферу: «Стой, приехали! Вон зверь толпится!» Действительно: сквозь кустарник при соответствующем воображении и желании и впрямь можно разглядеть нечто отдалённо напоминающее в профиль сохатого.

Главный инженер-охотник торжественно достает «тозовку», неловко, суетясь, заряжает её и сразу же, не целясь, стреляет. Нечто, изображающее профиль сохатого, продолжает стоять. То же самое после второго выстрела, и после третьего, и после пятнадцатого. После шестнадцатого выстрела нашему меткому Робин Гуду надоедает тратить патроны.. Озираясь по сторонам, он устремляется к лесу. Мы с водителем – за ним. В том месте, где по общим предположениям стояло нечто, нет ничего. Покормив комаров и мошку, мы возвращаемся к машине. «Умирать пошёл!» - с видом знатока провозглашает итоги охоты главный стрелок. «Шкура у него шибко толстая, « - разъясняет он мне, - «Может, и не почувствовал ничего. Но я так думаю, что пошел умирать. Я ведь очень кучно бил, пули-то одна в одну входили, а значит, есть шанс, что я ему шкурку-то просверлил... А, может, и нет. Хрен его знает, вообще-то...» Я киваю головой, мы садимся в «уазик» и едем дальше. Старательно пытаюсь представить себе истерзанное крошечными пульками «тозовки» тело лесного гиганта и не могу.

По большому счету сначала-то ни я, ни шофер, ни сам Растригин понятия не имели, что мы едем на рыбалку. Тем более, что снастей у нас собой никаких не было, да и взяться им было неоткуда.

Зато в заначке в «уазике» имелось ружьё и некоторое количество патронов с дробью. Растригин, почесав в немытом три дня затылке, распорядился повернуть к озёрам в степи. Авось там утки сидят на пролёте (дело было 30 сентября) и нас караулят. Ну, да, ждут, конечно, спору нет. Пропылив некоторое расстояние по степи, наш «уазик» наткнулся на водную преграду...

По-видимому, здесь когда-то осушали болота. С тех времен остались рвы, заросшие кустарником, на самом дне которых находятся канавы с глубиной воды где с полладони, а где, может быть, и с целую ладонь..

И вот по дну этого самого глубокого водоёма скользило нескончаемое стадо рыб. Пригляделся – хариус. Самый натуральный! Словно шпроты в банке – сплошные черные спинки. Нагнулся к воде: стадо отодвинулось к противоположному берегу, до которого полтора шага. Невольно руки сами потянулись выдернуть хвост-другой. Не тут-то было! В голым рукам умный хариус упорно не прилипал. Тем временем, сидевшие в «уазике» начали нетерпеливо сигналить. Вернулся.

Заслушав свежую информацию, Растригин принимает решение забыть на сегодня об охоте и заняться рыбной ловлей, как более благодарным промыслом.

«Однако, у нас отсутствуют орудия лова,» - заметил было я. «Ерунда. Сейчас что-нибудь придумаем,» - возражает рыболовный генералиссимус. И придумал.

Во-первых, в загашниках «уазика» нашлась чистейшая белая простынь. Зачем Растригин брал с собой на охоту простынь – непонятно. Возможно, во время охоты кому-то полагалась роль Карлсона, усмиряющего фрекен Бок. Хотя вряд ли сохатый повелся бы на такую уловку.

Усыплять же бдительность лесных животных с помощью постельных принадлежностей – идея весьма сомнительная. Но это не важно, главное, что у нас всё-таки была простынь. А значит, мы могли при желании воспользоваться ею в качестве приспособления для вылова живых рыб из воды.

Самую опасную часть предприятия Растригин возложил на себя. Во-первых, своим видом он должен был запугать хариусов и согнать их в нашу сторону. С этой миссией он справился блестяще, «для храбрости» приняв перед атакой на непуганую степную рыбу несколько наркомовских доз «огненной воды». Хариусы покорно отступили туда, куда нужно, то есть в нашу с водителем сторону.

После того, вооружившись заряженным крупной дробью ружьём, генерал-фельдмаршал открыл ураганный огонь по воде из обоих стволов. К счастью, патронов было всего два.

Наша с водителем задача состояла в том, чтобы с выпученными глазами загонять дикого хариуса, оглушенного и напуганного Растригиным, в развернутую нами простынью и выволакивать добычу на берег ирригационной канавы до того момента, когда она придет в сознание и поймёт, что окончательно окружена. Следовало ли после того раскладывать на простыне каждого впавшего в отчаяние и потерявшего сознание хариуса отдельно от других, нужен ли мулла или поп для отпевания и оплакивания рыбы перед едой – никакого дополнительного руководства на этот счет от Растригина не имелось.

Полный швах наших надежд на добычу я ощутил на себе сразу и непосредственно. Вследствие произведенных выстрелов по воде, под которой на глубине в среднем до 10 сантиметров скрывались богатые рыбные косяки, означенная жидкость сперва поднялась в воздух, а затем внезапно обрушилась на меня, окатив моё тело с головы до ног, после чего она вместе со всей рыбой благополучно вернулась в канаву. В перепуганной выстрелом простыне не задержалось ни одной рыбешки. Однако, один экземпляр каким-то образом затесался ко мне под рубашку.

Безумно хохоча и дергаясь, я пытался освободиться от беспощадности сумасшедшего хариуса. Подельники мои при этом выглядели весьма смущенными и озадаченными. Наконец, рыбка из меня выпала.

Как только это случилось, её тут же схватили голодные жадные руки главного инженера. Через несколько мгновений со словами «мировой закусон» Растригин уже поедал с головы ещё живого хариуса, бьющего хвостом, и запивал его остатками водки.

Втроём одной рыбкой сыт не будешь (особливо, когда съел её кто-то один), и потому поехали мы в поселковую столовую. Хотя еда в столовой какая-никакая имелась, однако салфетки напрочь отсутствовали. Находчивого Растригина это не смутило! Он и здесь блестяще вышел из ситуации: сначала аккуратно обтёр концом своего бравурного галстука жирные от приема пищи губы, затем им же вытер свои засаленные пальцы. «Да, скифы мы! Да, азиаты мы!..»

Сквозь сон слышу тарахтение дементьевского «Бурана». Подрядчики-строители уже ждут меня в васинской избе. Едем смотреть площадку под УПН. Я сажусь в вахтовку строителей. Там уже находится их механик – худощавый мужчина интеллигентного вида в очках, усах и кожаной кепке с ушами. Весь его вид как бы говорит: «Извините, я здесь случайно. А это, собственно, что такое?»

На «улице» весьма посвежело и стало ветрено: градусов 32-35 минуса, не меньше. Стекла в вахтовке проморожены насмерть, и отодрать с них даже кусочек наледи не представляется возможным. Всё это приводит к тому, что у пассажиров стремительно возникают мысли о крепком горячем чае, а ещё лучше - с пирожками или печенюшками. Но сначала дело.

Лёша Дементьев по прозвищу Михалыч (оно же и отчество), подъехал за нами следом на своём верном «Буране». Пока Олег с Лёшей ездили по углам площадки в поисках нужных реперов, пока договорились как именно разбить планировочную сеть под отсыпку площадки с резервуарами, пока , наконец, не намерзлись в усмерть, чай в вагончике успел несколько раз остыть и закипеть снова. И тут обнаружилось две незадачи.

Во-первых, механик строителей где-то потерял очки. Во-вторых, без очков он чай пить никак не может, отказывается. И поехал механик на вахтовке искать свои очки. И искал он их долго и нудно. И уехала вместе с вахтовкой сумка моя с вещами неведомо куда. И не нашлись очки. И вернулись моя сумка с механиком не солоно хлебавши. ..

Короче, попили чаю с брусникой. И опять на мороз. Долго ли умеючи-то.

К вечеру на площадке разбивочные работы были успешно окончены. Собрались в вахтовке. Лёха Дементьев – человек увлеченный, постоянно копается в своём ноутбуке. Его любимое словечко - «микростейшн». О чем бы ни шла речь, если Лёха рядом, значит, слово «микростейшн» тоже не за горами. Он его даже произносит по-особому, как бы подчеркивая значимость, мол, вы как хотите, а с теми, кто не в курсе этой штуковины – говорить не о чем. Даже если речь идёт о варке борща, бане или сушке белья – все разговоры непременно завершатся словом «микростейшн». И уж на самый худой конец слушателей ожидают такие простые программные термины, как «кредо», «корал» или ну совсем какое-нибудь простенькое «арк-ю». Это так, как бы между прочим.

Возле печки за столом едят сало. Васин в который уж раз в позе полулежащего на нарах патриция в телогрейке смотрит «Калигулу». Я засыпаю под треск поленьев и рыжие отблески огня.

И снятся мне рыжие склоны, покрытые лиственницами, и низкие облака над речкой Теплой, которая несёт свои весьма нетеплые прозрачные воды в широкий каменистопенный тайменистый Ус.

И стоит в спецовке у рыжего от лиственниц склона возле палатки огненнорыжебородый топограф Лисичёнок и смотрит, хитровато щурясь, на облака.

А вокруг гигантские тысячелетние деревья. Каждое – словно колонна исполинского храма. Как насосы, вбирают они из земли все соки, да так, что ни травинки, ни единого мелкого кустика или деревца не растёт между ними. И кроны их начинаются высоко-высоко, выше любой пятиэтажки. Так высоко, что кажется: крикни – и эхо заглохнет, заблудится.

Из спальника выбегает мышь-полёвка. Лисичёнок наклоняется над ней и, шутя, резко хлопает ладонями. Мышка тотчас исчезает. Видимо, норка тут же рядом, может, даже под палаткой.

А под утро-то всерьёз морозит. Сегодня Лисичёнкову бороду пришлось аккуратно так от спальника отделять: примерзла. Вспоминаю, как шли с ним вчера по самой ложбине речки: слышно как шумит она по камням, а самой нигде не видать: сухо, только трава кругом. Удивительное место: метров четыреста речка течёт под землёй, а потом опять, как ни в чём не бывало, выходит на свет Божий. И снова движется она навстречу широкому многоводному Усу.

Лисичёнок помечает в полевом журнале вчерашний наш путь, хитровато взглядывает на меня и что-то дописывает. Я заглядываю через его плечо и читаю: «Устье ручья Эльдарского». Вот так вот просто? А что? Ты же вчера поутру заметил его первым и заставил меня сделать по нему съёмку. С тобой вместе просмотрели топооснову, все карты – нет на них этого водного объекта нигде. А теперь будет. Ладно, улыбаюсь я смущённо, махнув рукой, и снова удаляюсь в реликтовую рощу лиственниц. Дождь усиливается. Э-ххх, какой день пропал для топосъёмки!

Мама, когда ты приедешь за мной? Дед сказал что завтра. Мама, а ночь такая длинная, ветер за окном шумит, в печку-голландку пробрался, гудит, гудит всю ночь. Мама, по стенам тени от ветвей и будто вздыхает кто-то.

А я вчера на речку ходил, мама, там так хорошо, красиво. А потом на мельнице у тёти Нины по всем углам лазил, до самого чердака. Ой, мама, я там такую крысу видел здоровую, такую огромную. Испугался, заревел. Тётя Нина прибежала, прижала меня к себе, погладила по голове, успокоила. Уснуть не могу, ворочаюсь, аби мне напевает что-то теплое, родное, татарское...

Я слушаюсь, мама, я знаю, она добрая, с ней хорошо. Скорей бы завтра...

Опять идём с подрядчиками по просеке. Отошли от вагончиков уже прилично, даже сворота к ним не видать на горизонте. Пока идёшь – жарко, несмотря на мороз, только дышать трудно, воздух жёсткий, колючий. Утром на васинском термометре, приколоченном к избе было что-то вроде сорока с небольшим.

Ага, вот и другие наши подрядчики виднеются. Дымит костерок, лесорубы, мужики здоровые, стаскивают к огню всякий лесорубочный мусор – ветки, коряги, кустарник обломанный, пеньки... Начальство приказало пожечь остатки, расчистить просеку от всего лишнего. Вот они и стараются. Особенно по части уничтожения реперов: все пеньки с гвоздиками (они ведь самыми заметными должны быть по своему назначению) посшибали, все направляющие вешки посваливали и пожгли. Одна надежда, что уцелело что-нибудь, незамеченное их бдительными очами.

Проводили профилактическую беседу на общераспространенном диалекте русского матерного языка. Кажется, задумались. Если мы платим одной организации за то, чтобы её работники обозначили на местности ось трассы под будущий нефтепровод, то почему мы должны платить другой организации за то, чтобы она эту ось уничтожила? Из пустого в порожнее получается. С двойным расходом средств и нулевым конечным результатом.

Далее мы начинаем продираться через спиленную, но ещё не раскорчеванную свежую часть просеки. «Стойте! Погодите! Подождите!» - догоняет нас мужик-лесоруб с наивными круглыми детскими глазами в большой собачьей шапке-развалюхе. «Доколе нам жечь эту байду? Здесь ещё лет на сто хватит с выпиленной части просеки, а там-то дальше – вообще немеряно». Голос у мужика плачуще-просящий. Он не понимает, что мы – не его начальство. Задания отменить не можем. Махнув рукой, он плетётся назад.

Вечером в избе застаю такого же молчаливо напряжённого набычившегося тракториста со злым взглядом. Он, уставившись в DVD-шник, угрюмо наблюдает за жизненными коллизиями судьбы императора Каракаллы. У тракториста свои головные боли: только что уволился из бригады лесорубов. А что делать? Платят гроши, перспективы никакой, вот и решил домой вернуться. «За такие копейки я и дома работу найду,» - бубнит он себе под нос, жадно прихлёбывая чай с сахаром из кружки Саши Васина, сочувственно курящего на своей лежанке.. И не понять: то ли он Каракалле сочувствует, то ли бедолаге трактористу, то ли так – себе на уме…

На рассвете, едва багровая полоска зари достигла верхней кромки тихого промороженного леса, я («с вещами на выход») вместе с Олегом и Димой Злобиным на их вахтовке отправляюсь на другой объект. Ехать придется довольно долго, несколько часов, потому что ехать придется медленно, потому что в тайге быстрых дорог не бывает. Нам нужно принять разбивку под площадку ДНС на другом участке будущего нефтепромысла.

Машину то и дело бросает из стороны в сторону. Натужно воет мотор. В будке вахтовки всё качается и трясётся. Несколько раз, впадая в дрёму, едва не слетаю на пол при очередном резком качке.

Спросонья кажется, что еду в открытом кузове бортовой автомашины. Да это же тот самый автомобиль деревенского умельца-кулибина-самоделкина из поселка на берегу Енисея. Со мной рядом несколько опытных старателей с бензопилой. Валит сырой октябрьский снег. Мы разведуем дорогу к старому забытому прииску, который люди оставили лет сорок назад. Часто приходится спрыгивать с борта и, проваливаясь в рыхлом снегу, расчищать бензопилой путь от поваленных непогодой и временем старых деревьев, а ещё чаще – от нависающих мертвых стволов, потому как по-нормальному в лесу деревьям далеко не всегда есть куда падать, и тогда висят они годами на своих собратьях и догнивают в воздухе – между землей и небом.

Наш грузовичок снабжён лебедкой. Это очень выручает. Каждый раз, когда машина застревает в колее, на ближайшее крупное дерево закрепляется конец лебедки, и автомобилю удается переместить себя дальше.

Снежные заряды усиливаются. В открытом всем ветрам кузове ужасно сыро и холодно. Промозглые сумерки и усталость довершают черное дело: от переохлаждения ноги мои схватывает судорогой. Острейшая боль в икрах. И некуда, некуда деться, и укрыться тоже нечем...

От фантомной боли я внезапно просыпаюсь. Вахтовка продолжает, переваливаясь с бугра на бугор, ползти по таежной временной зимней автодороге. Но вот звук двигателя сначала затихает, мы куда-то скатываемся, секунду-другую машина почти не передвигается и вдруг, набирая скорость, устремляется вперёд плавно и быстро.

Олег догадывается одновременно со мной: мы спустились на лёд Подкаменной Тунгуски и теперь едем по льду, как по асфальту. Ехать быстро и ровно – хорошее дело. После недавней тряски монотонное движение по льду опять навевает дремоту.

И видится мне ночной огонёк у края бесконечной с поворотами белоснежной ленты замерзшей Тунгуски, освещаемой лишь светом фар. Это Усть-Камо. Вернее, уже не сам посёлочек, а одна только избушка на переправе.

Здесь ночевал я тогда с двумя рабочими, готовившими для тяжёлого транспорта переправу через реку: каждый день из проруби они качали насосом воду и слой за слоем намораживали лёд для проезда бензовозов, бульдозеров, грейдеров и колесных автокранов, следили за тем, чтобы путь их был безопасным, расставляли вешки от берега до берега.

В избушке не было электричества, и постели как таковой: несколько матрасов и одеял, печка, нары, стол, консервы и супы в пачках. Вот и всё. Чтобы не замерзнуть всю ночь приходилось поддерживать огонь в печи.

Но какое было небо! Его вызвездило так, словно там, на небесах, сиял огромный воздушный город, каким ночью видятся земные города из иллюминатора летящего самолёта.

Там, в избушке, в темноте, лежа на нарах, я читал по памяти свои стихи, и двое моих невидимых слушателей внимали им, не прерывая мою речь ни единым словом. Потом мы долго не могли заснуть и общались при чуть видимом сквозь щели в печке свете горящих дров обо всём – житейском и лирическом, простом и сложном, смешном и мудром. Я не помню как их звали, да и лиц особо не запомнил, но то состояние – ночь, тайга, край света – осталось в душе навсегда...

Внезапно вахтовка остановилась. Из кабины постучали в стенку. Ага, надо вылезать наружу, что-то случилось. Яркое ослепительное солнце и не менее яркий снег на реке. В отдалении – мохнатые, покрытые голым листвяжьим лесом горы. Мы на льду Тунгуски. За валом из снега, убранного с ледовой дороги бульдозерной техникой – широкая белая гладь реки. Ни единого следа. Всё блестит кругом.

Перед нашей вахтовкой метрах в пяти в правой части дороги провал во льду. В этом месте в Подкаменную Тунгуску впадает речка, и лёд над ней в месте впадения выгнулся линзой, образовав под собой пустоту. По-видимому, какая-то тяжёлая машина случайно продавила ледяной панцырь. Переходим опасное место пешком. Наша вахтовка медленно, но благополучно тоже его минует. Садимся в неё и едем дальше. Дрёма снова одолевает…

Была такая же зима на реке. Андрей Данько и я делали теодолитный ход от площадки разведочной скважины до берега Тунгуски. Площадка находилась на вершине горы. Спуск от неё проходил по склону вдоль водовода. Спуск достаточно крутой, покрытый глубоким снегом и полностью залесённый. Чтобы сделать съёмку в таких условиях приходилось постоянно перелезать через упавшие стволы деревьев, скрытые снегом. А это значит – то и дело проваливаться между брёвен в тяжелой намокшей от пота одежде то по пояс, то по грудь. Вконец измотавшись, мы всё-таки дошли до берега реки.

Внизу нас ожидал вахтовый «Урал». Но прежде нужно было сделать привязку теодолитного хода к геодезической пирамиде, находящейся на другой стороне реки, на бугре.

О, как обманчивы расстояния на открытом заснеженном пространстве! Мне казалось, что до пирамиды за рекой метров двести пятьдесят, от силы триста. Отдышавшись, я направился туда, а Андрей остался у прибора, чтобы подснять поднятую мной над конечной точкой трёхметровую геодезическую рейку. Пройдя по реке метров двести, я понял, что сильно ошибся по поводу расстояния до пирамиды: противоположный берег ко мне почти не приблизился. Идти, проваливаясь, по глубокому нетронутому никем снегу, истратив всю свою жизненную энергию на рыхлом склоне, было неимоверно трудно. Каждый шаг требовал концентрации воли и сил, которых просто не было, и взять их было неоткуда.

В итоге в том месте расстояние оказалось куда больше километра в одну сторону. Естественно, столько же обратно. В какой-то момент на обратном пути стало казаться, что добрести до машины уже просто нереально. Не было сил не только для того, чтобы идти, или хотя бы ползти, но даже для того, чтобы закричать или позвать на помощь, или помахать рукой, - не было сил просто ни на что... С тех пор я твердо знаю: самое тяжкое в жизни – это не преодоление пути к намеченной труднодоступной цели, а дорога домой. Не всегда важно дошёл ли ты до конца, гораздо важнее суметь вернуться.

В самый тяжкий момент, когда в глубоком снегу оставалось только плыть, всем своим телом пропахивая его точно плугом, не ощущая под ногами ничего твёрдого, зависая в снеге, как в пене, в самый этот крайний миг почудилось мне, будто я опять там, в юности, на руднике под землёй на глубине две тысячи двести метров, где когда-то работал...

И снова та же авария, и нет ни электричества, ни связи, ни помощи, ни какой бы то ни было информации о том, что же случилось. Но там нас было трое, я замыкал группу. Мы ползли, шли, потом снова ползли по горным выработкам в кромешной тишине и темноте, освещаемой тускнеющими шахтерскими фонарями. Горная порода нависала над головой, особенно это ощущалось там, где приходилось идти согнувшись или ползти на карачках и на животе: сорок-пятьдесят сантиметров пространства для жизни между осыпающейся двухкилометровой толщей горы и вечной тьмой до самого ядра земли.

Было страшно, а бояться в этом случае категорически нельзя. Любой испуг мог плохо кончиться там, где пришлось проползать над рудоспуском глубиной около шестидесяти метров: дыра для сброса в неё руды находилась посреди узкого прохода, в котором мы находились. Ни справа, ни слева ни на сантиметр её нельзя было обойти: только проползти поверх неё, надеясь, что осыпающаяся под животом порода не увлечет тебя за собой, и ты не провалишься, не рухнешь вниз навстречу своей погибели.

Тогда я почувствовал: смерть – это зияющая пустота, молчаливо ожидающая тебя, и неумолимо притягивающая. Главное – верить, верить, верить в себя, верить наперекор неоспоримой логике; главное – не думать о ней, забыть и ползти вперёд.

Даже километровый путь наверх по шатким металлическим скобам в шахтном стволе, где день и ночь сверху дует одинаково неистовый ветер и неустанно летит промозглая водяная пыль, даже там было уже не так страшно как над рудоспуском, когда далеко-далеко внизу слышны звуки падающих из-под тебя в бездну камешков, а ты не можешь ни встать, ни присесть, ни перевести дух – только ползти вперёд, потому что некуда вставать: сверху сразу над головой – неустойчивая трещиноватая скальная порода, а внизу ничего кроме пустоты..

Вахтовка бодро бибикнула, и я очнулся от воспоминаний в районе будущего строительства ДНС. Зашел в столовку, под которую оборудован один из вагончиков. Обнаружил в ней двух дедов – нытика и хлопотуна, горячий чай, радиотелефон и даже работающий телевизор. Один из дедов постоянно ворчал на всех и вся: на порядки, на власть, на погоду, на всё подряд. Другой же был сама любезность: и чаем угостил, и конфет предложил, и помог разобраться со связью с Большой землёй. Чем-то они мне напомнили Васина, с которым мы утром попрощались.

Подкатил на «Буране» Лёша. Здесь у него свой отдельный балок. Вместе с Лёшей в нём живёт его помощник, которого Дементьев, состроив добродушно-хитроватую физиономию, зовёт то Андрюхой, то просто «студент».

Так ты правда студент? Нет? И давно, говоришь, закончил? Странно. А почто же Алексей Михалыч этак тебя кличет? А-а, шутит. Ну, понятно. Нет, раньше на «Буране» ездить не приходилось. Лиха беда – начало, давай, попробуем. До площадки ДНС, говоришь, недалеко? В гору только? Ладно, поехали.

Андрюха выглядит совсем пацаном. Потому, наверное, и подшучивает над ним Лёша. Давно заметил: на Севере люди как будто медленнее стC старятся.

Когда-то, ещё на Артемовском золотодобывающем руднике, убедился в том столь красноречиво, что больше не сомневаюсь: так оно и есть. Директорствовал там тогда Итыгин, а в штате у него был белобрысый безусый паренек – горный инженер .

Я когда увидел его впервые тоже подумал, что это либо студент-практикант, либо стажёр. И вдруг узнаю, что паренек назначен главным инженером рудника .

У меня, как говорится, чуть глаз не выпал от удивления.. Спрашиваю в кадрах о его возрасте, отвечают: «ему недавно исполнилось тридцать восемь лет». А по виду, ну, ей-богу, пацан пацаном! Внешне же он напоминает помесь главного героя фильма «Начальник Чукотки» с Петрухой из «Белого солнца пустыни».

Примерно того же плана и Андрюха, с которым мы мчимся на «Буране». Нас, кстати, здорово подбрасывает из стороны в сторону. Мелькают кусты, сугробы, заячьи следы разбегаются от нас то там, то сям. Ветер трёт по нашим лицам своим ледяным наждаком. Мои усы моментально обросли сосульками, побелели и увеличились в объёме раза в два. «Буран» внезапно почти заваливается на бок, а я изо всех сил упираюсь в него руками и ногами, чтобы не свалиться. Резкая боль в колене. Ничего, стерпим.

Остановились, пошли через сугробы по профилю. В некоторых местах пришлось буквально продираться сквозь кустарник и мелкие деревья. Когда осмотр выносов и реперов наконец завершился, колено мне подсказало, что лучше возвращаться пешком. Вниз идти – это не вверх, намного легче.

К ночи колено распухло, одевать или снимать бахилы стало почти невозможно. Каждое движение – через «не могу».

Злобинская вахтовка забирает меня и везёт на самую старую знаменитую скважину в округе – «К-2». То есть – «Куюмба – 2». Она давно обжита, там, говорят, как в городе, есть всё, даже принтер, на котором можно отпечатать необходимые документы и составить отчет о проделанной работе и состоянии объектов по факту.

И потому – снова монотонная дорога, теперь уже по темноте, при тусклом свете «аварийки» в будке вахтовки...

«Среди хлебов спелых, среди снегов белых течет моя Волга, а мне семнадцать лет...» Низкий грудной волнующий голос тёти Нины. Она обнимает меня, сына её сестры, гладит по голове. Ладонь её грубая, шероховатая, натруженная с раннего детства непосильным деревенским трудом, но такая ласковая, трепетная сейчас. «Бывает всё, сынок...».

У кирпичных развалин спиртзавода, напоминающих останки разорённого дворянского гнезда, старый пруд с зеркально тёмной водой, обрамленный разросшимися кустами. И запах черемухи по берегам... Здесь такие серебристые пузатые карасики. Махонькие, прыгают в квадрате сетки. «Паук» почти неподъёмен для малыша, хорошо что двоюродный брат Вовка рядом, помогает, а сам посмеивается.. Плавают рыбки в поллитровой банке с водой. Интересно их разглядывать. Ох, славный же улов сегодня получился для бабулиной кошки! Пусть только попробует отказаться! Сами ловили. Да-а-а...

А от другой стороны речки пылится, вьётся, словно лёгкий дымок меж изб старой Ермоловки, а потом поднимается до самого верха увала просёлочная дорога. И течёт себе дальше, теряясь в золотистых хлебных волнах бескрайних полей. « Бывает всё, сынок...», - затихает голос в бесконечной невозвратной дали...

...И теряется дорога в тумане утреннем, и снова проглядывает сквозь него. А? Что это? Где? Пихты, ели, кедры, березки вокруг. Я иду проселочной дорогой вдоль хребта, пропитанного запахом таёжных трав, омытого дождями и талыми снегами, овеянного нескончаемыми ветрами, обожженного царственным светом солнца. Раннее утро. В руках у меня легкомысленный старенький чемоданчик о двух замках с нехитрыми пожитками командировочного.

Поперек дороги – частые лужи, которые приходится обходить. Наверняка вечером здесь лил дождь.

Это моя первая командировка. Билет на поезд до маленькой станции Жайма, где остановка нескорого простого поезда местного значения – две минуты. Вот из-за тех коротких двух минут, которые ещё и в самую глухую сонную ночную пору я и «погорел»: попросил проводницу непременно разбудить, попросил из-за боязни проспать станцию. А проводница – молоденькая девчонка-стажер и рейс этот у неё тоже первый в жизни. И просьба такая – тоже первая в жизни. И она тоже боится проспать и подвести пассажира. Станции и полустанки в тайге, да ещё ночью, да ещё человеку впервые всё это наблюдающему – все кажутся на одно лицо...

В общем, проводница разбудила меня на одну станцию раньше, и я спросонья там и вышел. И прочитал вслед уходящему поезду на станционном домишке вместо ожидаемого «Жайма» совершенно нежданное и неведомое «Аргиджек». Какой такой Аргиджек? Откуда он свалился на мою голову? Куда идти? Куда деваться? Кого искать?.. Поезд ушёл. В станционном домике темно и пусто. Просидев там некоторое время, не выдержал, вышел. В окнах бились отблески полночного огня. Это костёр. Возле него греются в продымленных телогрейках, фуфайках и куртках «шишкари»-кедровщики. Здесь и зрелые мужи и мелкая пацанва. Рядом с возлежащими - колоты, вальки – нехитрый скарб кедровщика. Почти все спят. Костёр, потрескивая, светится алым огнем из-под угольев. Светает.

Маневрирую с чемоданчиком между лужами. Просёлок параллелен железной дороге и в точности повторяет все её повороты, то отдаляясь от неё, то вновь с ней сближаясь. Через десяток вёрст вдали на склоне горы завиднелись жайминские избы. А ещё через некоторое время я уже в конце деревни возле дома, в котором по описаниям меня должен ожидать... Из-за угла тарахтя выворачивает мотоцикл с коляской. За рулём здоровенный мужичара с ручищами, в которых руль смотрится детской игрушкой.

В коляске лежит какое-то человеческое тело с заросшей щетиной засаленной мужской головой, запрокинутой неестественным образом. Всё вместе лежащее в коляске напоминает кучу хлама. Если бы от водителя не разило со страшной силой всеми мыслимыми и немыслимыми видами алкоголя сразу, то совершенно невозможно было вообразить себе не только того, что он пьян, но и даже то, что он хотя бы на капельку выпивши. Настолько по-резвому он передвигался и смотрел.

Так я познакомился с Ивановым. Вообще же, это был не его участок работ. Просто нужно было выручить начальника строительства автодороги Зайцева, к которому с проверкой и ревизией явились три дня назад прокурор Медведев и налоговый инспектор Волков. Жизнь иногда почище анекдота: водителем у Медведева и Волкова, проверяющих Зайцева, был... Лисицын.

Бедный, бедный Зайцев! Только друг с вызывающей полное доверие простой несгибаемой русской фамилией Иванов мог его спасти! И спас. В коляске лежал не хлам, а прокурор района, проспиртованное тело которого Иванов вскоре успешно доставил к поезду и отправил по назначению. Примерно то же самое произошло и с Волковым, и с Лисицыным. Ну, а за машиной своей Лисицын прибыл позднее и, разумеется, уже один. Запомнилось всё это потому, что самое нереальное в этой незамысловатой истории – её абсолютная достоверность по поводу фамилий.. Ну, и всего прочего, конечно.

Старательская артель держала и терпела Иванова именно за его выдающиеся физические способности в деле уничтожения алкоголя и умение при этом не пьянеть. Или выглядеть таковым. Увы, сказок не бывает: через несколько лет тяжкой «работы» на благо артельщиков Иванов умер. Сердце...

По насквозь промороженным окнам вахтовки заметались багровые отсветы. Всё. Мы на «Куюмбе-2». Кое-как выволакиваю из машины свою окончательно занемевшую правую конечность.

В столовой целое меню: харчо, биточки, салат-обжорка, пирожки с повидлом, с мясом, чебуреки, на столах нарезанные луковицы, соль, расщепленный на дольки очищенный чеснок. По большому подвешенному к потолку телевизору - прямая трансляция передач НТВ. Почти дома, если не думать о многих сотнях вёрст тайги вокруг нас...

Заходят в столовку водители бензовозов, и тут же выстраиваются в очередь за селёдкой. Повариха, посмеиваясь, рассказывает мне после, что сама солит мороженую селедку, которую сюда, на «К-2», завозят с базы. Видать, посол украинский (повариха оттуда родом) пришелся по вкусу. С удовольствием пробую сам и убеждаюсь: не зря народ в очередь становится. Мужики в дорогу берут не только селедочку, но и пирожки с мясом, а от с повидлом не берут. Видимо, мясо в пути для них важнее сладкого.

Круглые сутки гудит над «К-2» газовое пламя из скважины. Словно по стенам, мечутся по деревьям вокруг площадки странные ночные тени. Плавится воздух над факелом, клубами белого дыма уходит в морозную тьму.

Отпечатав документы, расписываемся в них я и подрядчики: Лёха, Олег и Дима Злобин. Они торопятся обратно на свои объекты, и мы прощаемся. Вахтовка уходит. А я отправляюсь в свой самый дальний по счету «гостевой» вагончик досыпать остаток ночи. Нога болит уже не только в колене, но и выше, и ниже, и потому никак не удается успокоиться и заснуть. Закрываю глаза. Чернота. Не темнота, а именно чернота.

Открываю глаза: передо мной гигантская сорокаметровая в высоту полоса чёрного угля. Огромный чёрный кирпич длиной в два километра и шириной в пятьдесят метров.: два миллиона кубометров угля! Я стою внизу, на дне карьера. Рядом ни души. Я кажусь себе невероятно маленьким возле этого чёрного колоссального кирпича. Сказать, что мне неуютно – очень мало, чтобы передать то чудовищное ощущение нависшей опасности, какое испытывает, наверное, любое живое существо, когда ему приходится видеть перед собой нечто нечеловечески огромное. Разум отказывается осознавать это.

Ну, что, человече? Теперь ты представляешь себе: что такое абстрактная для тебя доселе цифра с шестью нулями? Четкое ощущение надвигающейся неотвратимой беды.

Слышу знакомый мягкий чуть картавящий голос, оборачиваюсь и вижу перед собой главного маркшейдера Переясловского угольного разреза Игоря Александровича Попова. Он торопливо рассказывает о текущих и грядущих планах, о недостающей (как всегда) технике – бульдозерах, самосвалах, о новом шагающем экскаваторе, который наконец-то запустили в работу. Потом разговор перетекает в нашу специфику: о методиках подсчета объёмов вскрыши, добычи, о горно-подготовительных работах, водонасыщенных горизонтах и так далее , и тому подобное...

Я почти успокоился. Мы поднимаемся на целиковую часть разреза, туда, где ещё колышется на ветру земная трава, и расстаемся у дороги, по которой Попов идет в сторону горняцкого посёлка. Вслед за ним спешит его верный любимый пёс. Чёрный , плотный - с нечеловечески тяжёлым взглядом... Той самой древней породы, которую называют «слугами дьявола», сторожащими врата ада. Той самой, которая служила Понтию Пилату, как о том пишет Мастер.

Кажется, сегодня вторник. Чёрный вторник. Я лечу в Абакан, а на дворе черный вторник для всей страны. Цены взбесились. Но рейсы не отменены, и трудяга Як-40 с одним единственным пассажиром на борту, со мной, выруливает на взлётную полосу. Удивительное ощущение одинокости, когда вот так тебя отправляют в дорогу, а ни у кого из желающих улететь (кроме тебя) нет денег, чтобы отправиться в путь этим рейсом. Я сижу в кресле, и нога моя ноет всё сильней.

Просыпаюсь среди ночи. Кажется у меня жар. Включаю чайник. Пью чай. Ложусь в постель и снова пытаюсь уснуть.

Самолет разбегается по взлётной полосе.
Оглядываюсь: это уже не Як-40, а Л-410, маленькая «элка». В ней полулёжа спят пассажиры. Рассвет. По иллюминатору текут косые струйки воды. Мы, как в вату, входим в облачную зону и более из нее не выходим. Это сон. В нём, не открывая глаз, летят во сне каждый к своей большой или малой цели. Я встаю, прохожу между рядов пассажирских кресел к кабине пилотов. И вдруг вспоминаю, где я уже всё видел: мы летим в Северо-Енисейск, на Соврудник. На дворе восьмидесятые годы, вылет из аэропорта Северный в черте города. Ширма, прикрывающая кабину пилотов полуоткрыта. Заглядываю туда и с ужасом вижу, что пилоты тоже спят. Вдруг замечаю тикающий будильник. Он отстукивает мгновения всё громче и громче, и вот уже яростно звенит. Лётчики протирают глаза. Самолет идёт на снижение. А я просыпаюсь от настойчивого стука в дверь вагончика.

«Привет! Я – Виталя.» В дверях стоит мешковатый плотный с добродушным взглядом парень. Его небрежная русая волнистая шевелюра невольно вызывает какие-то поэтические ассоциации.

Утро солнечное, морозное, прекрасное, если бы не нога. Работа выполнена. Виталя на сегодня главный на «К-2», по рации он уже договорился с геологоразведчиками о том, что в пять утра меня на базе будет ждать их «уазик», который довезёт меня до аэропорта в райцентре. А до базы меня докинет «уазик» Витали.

Что приятно, так это то, что куда бы я ни приехал, хозяева всегда угощают «странника» чаем. Так было и на Мессояхе, и в Газ-Сале у напористого Щербакова, и здесь, в окрестностях Куюмбы.

Мы с Виталей пьем душистый чай. Потом он извиняется и уходит по делам, а я почему-то вспоминаю... пролёт гусей над мессояхской тундрой прошлой осенью. Хорошо в тундре осенью, когда уже ни мошка, ни прочий гнус не портит настроения, и снега ещё нет, солнышко относительно высоко, сыроватый воздух пахнет тундровой ягодой, грибами, мхами.

Огромные гусиные косяки шуршат крыльями в нежно-голубом небе... Красота! Иногда даже слышно, как они на лету гогочут, переговариваясь между собой.

Здесь, в заснеженной дымчатой от мороза тайге, ничего такого нет, конечно. Оттого и воспоминания так греют душу, не хуже чая уж во всяком случае.

Господи! Как болит колено! Когда-то там, на Мессояхе-реке, был один человек по имени Дима Орисенко. Любил он напевать под нос, озорно глядя в лицо, какую-то старую задорную комсомольскую песенку о Севере и парнях из стали... Я - не летчик Мересьев и не парень из стали. Я просто устал, и у меня дико болит нога. А парнем из стали пусть будет кто-нибудь другой где-нибудь там, на сцене какого-нибудь шоу-центра или... Не знаю ничего, просто невыносимо болит нога.

Я ковыляю потихоньку к своему вагончику. Моя конечность никак не хочет позволить мне увеличить скорость передвижения. Ну, да Бог с ней. Всё равно скоро уже домой.

Просыпаюсь сам. Выезжать надо в четыре утра, чтобы успеть к пяти на базу и пересесть в «уазик» геологоразведки. Внизу возле гаража уже стоит машина, тоже «уазик»- булка, но Виталин, который не пойдет в райцентр, а только довезет меня и вернется на «К-2». Лица водителя я не разглядел, да это и не важно, видно, что бугай здоровый. Не руки – а лапища. Чтобы не заснуть в пути он «врубает» кассету со стандартным водительским походным репертуаром полублатных песен. Музыка гремит по всему салону. Мы едем. Под лучами фар дорогу пересекают белые струи снега, они свиваются между собой, рассыпаются, как рой мошкары, и опять закручиваются в длинные живые полосы. Свет машины выхватывает из темноты кадры: деревья, деревья, а вот пустые незалесенные места пошли. Машина подпрыгивает на кочках: одна, вторая, третья. Мы мчимся через куюмбинские болота. Въезжаем в деревню. Кругом темно. Ни единого огонечка в Куюмбе. «На ночь дизель-генератор отключают», - поясняет водитель.

Снег усиливается. Избы, сараи, заборы - то выступают из темноты, то вновь пропадают в ней, словно призраки... Вот и позади Куюмба, маленький поселочек, подаривший своё имя всей местной тайге и разведочной площади. Посматриваю на часы: вроде в графике идём. Возникают белые, как заснеженные слоны, стога сена. Начались пойменные луга. А вот и Тунгуска. Скоро дорога пойдет веселее: по толстому речному льду, как по маслу.

Едем пока вдоль берега, постепенно сближаясь с ним. Впереди замечаю габаритные огни самосвала и легковушки. Это «Тойота». В салоне горит свет, но никого ни в машине, ни рядом нет. И самосвал тоже кажется пуст. Странная группа, можно сказать, почти скульптурная в стиле арт-модерн. Безлюдье. Зябко поёживаюсь. Нога ноет всё настойчивее.

Минуем на скорости ледовый участок зимника. Приближаемся к противоположному пустынному берегу.. А вот и баржа на берегу. Это значит, что вскоре мы окажемся на базе. С берега широкая капитальная автодорога пошла на подъем. Да, база рядом. Вот уже и нижний (потому что ближе к берегу) пост. Медленно поднимается шлагбаум, и мы устремляемся мимо вагончиков, общежитий, столовой, складов, нефтяных резервуаров и центральных мастерских к выезду. Ага, вот и он, пост верхнего выезда.

Что такое? Никакого «уазика» геологов здесь нет. Водитель идет выяснять ситуацию у охранников....

Охранник сказал: машина ушла пару минут назад. Ну, что? Догоним? Поехали? Погнали! Мы того «уазика» сейчас враз нагоним, не такое бывало. А тут – всего какая-то пара минут! Тьфу и нет.

Ого, разогнались! А мы не улетим куда-нибудь в кювет? Нет, не улетим: машина – зверь, шофер – ас, не веришь? Смотри! Ух, в какой поворот вписались! А то! Легко! Шеф! Вжик-вжик – и в дамках! Смотри, как пуржит, не видно ж ни хрена! Это тебе не видно, а я вижу. Мы его ещё до «креста» догоним. А что такое «крест»? Перекресток. Его здесь вся шоферня знает; если кто опаздывает, то его обязательно возле «креста» дожидаются, ага? А водила-то наш и не подозревает о том, что нас надо подождать. Так что вряд ли он там стоять будет.

Ты что делаешь?! Мы ж сейчас вылетим к черту с трассы! Шеф, если я не вернусь к восьми, Виталя мне башку оторвёт, сегодня комиссия должна приехать, а других машин в гараже для этого нет. На бензовозе или грузовике проверяющих не возят. Так что, потерпите маленько. Вжик-вжик, как в мультике. Гы-гы-гы…

Вот и «крест» проскочили – никого. Следы вижу, свежие, правда заметает их почти на лету. Что делать будем? Шеф, тебе улететь надо? Надо. Нога болит? Болит. Тогда поехали. Ещё минут двадцать проедем вперед и, если не получится догнать, возвращаемся. Только придётся немножко потерпеть. Что? Потерпеть, говорю, придётся! Мы ехали быстро? Быстро. Догнали? Нет. А теперь приготовься: взлетаем!

Я не пойму, как ты дорогу-то различаешь? Сплошной снег метёт! Кругом «молоко»! Да, я здесь столько лет езжу, сколько на свете не живут! Каждый поворот знаю, как пять пальцев. Каждую кочку…

Держись! Ух, как подпрыгнули. Кочка? Шут её знает: кочка , не кочка – проехали и ладно. Вот! Вот габаритные огни появились! Вот я их вижу! Сигналь! Что толку! Если он в кабине у себя музыку врубил, а сам в такую погоду только вперед глядит, - ничего он не заметит и не услышит… Хоть ты ему в ухо сигналь! Бесполезно.

А, чёрт! Уходит! Да не уходит, а тебе вообще всё это показалось. Не было там никаких габаритных. И сейчас нет. Есть! А я говорю «нет и не было»! Если мы вылетим с дороги и врежемся куда-нибудь, нас найдут? Найдут, не бойся! Хотя , может, и не сразу! С Богучан бензовозы пойдут по этой дороге после обеда. Найдут. Кто его знает, снег, смотри, какой валит! Следы заметет махом. Проедут и не заметят. Запросто. Тогда тормози! Тормози уже, «супермен», тормози, говорю! Не догнали и ладно. Хорошо, хорошо, вот ещё пару поворотов сквозанем и назад. Ага?

Может, не надо? А-а-а-а! Смотри! Я же говорил! Смотри – вот же они – габаритные! Где? Да вот же! Не вижу! Сейчас догоню, увидишь! Стой, не надо! Пожалуйста! Догоним! Это не огни, тебе опять мерещится! Нет, не мерещится! Я тебе докажу! Стой, врежемся! Стой! Стоооой! Не надо, не на!.... Ах, ты! Заносит! Заносит! Ай! А-а-а!! Падаем!! Падаем!!! ... Держись!!! Держись!!!! Дер..

Дедушка! Там меня какая-то тётя зовёт. Я боюсь, дедушка! У неё на руках девочка маленькая сидит. А эта тётя плачет и меня зовет. Спрячь меня, дедушка. Она там, возле огорода. Да, да, это она. Мама?.. Мамочка, мама, это ты, мама? Правда? А это кто? Сестрёнка моя младшая? Моя? Мааама! Мне страшно, мама, а вдруг это не ты? Я так давно не видел тебя, мама. Ой, мама, какая же ты красивая! Какое на тебе платье зеленое с листочками... Аби! Аби! Мама! Мама приехала!

Ты слышишь, аби, моя мама приехала! Скорей, мама, идём, идём. Я покажу тебе всё. Ты увидишь: тут речка такая, дом, лес, ребята в футбол играют, мама моя, дай мне руку, мама, не отпускай меня больше никуда, мама, пожалуйста, не отпускай...

ЗВАН-ГОРА

- А я вам говорю - есть там пещера! Ну, как это «нет»? Ну, и что? Ну, ходили вы там двести двадцать раз, там не только вы ходили, там и до вас и без вас много народу перебывало... Только не каждому то место открывается! Не каждому!.. Почему мне открылось?.. Да, потому что... Это... А шут его знает! Буду я ещё тут с вами гадать! Открылось и открылось. В роду у нас люди были простые, работящие... Червоточины в нас нет... Может, поэтому? Не завидовали никому никогда. Работали и работали. Знали, каким потом честный хлеб достаётся.

- Егорыч, а можно кому-нибудь ещё ту пещеру увидеть? Ведь всё вокруг с пацанами излазили, везде тусовались, и по Зван-горе чуть не каждый день ходим, всё о ней слыхали, а видеть там - ничего не видели... Только один ты остался из тех, кто ту пещеру видел и сам в ней побывал... Ну, будь человеком! Своди нас туда хоть разок, покажи! Мы и отстанем. И смеяться не будем... Честно-честно!..

- Это вы-то, оглоеды, смеяться не будете?! Ну, да!.. Нет у меня к вам веры никакой! Вы ж безобразники натуральные... Сколько раз вы надо мной смеялись? Сколько озоровали, бесстыдники?.. Я вас спрашиваю!!

- Да ладно, Егорыч, наезжать-то... Мы ж по-честному хотели. Правда, Вовка? Хотели по-честному?..

- Правда!.. Своди нас туда, Иван Егорыч! Паж-жа-луста!..

- Ну, ты глянь в Вовкины глаза! Смотри, как парень в пещеру хочет! Раньше титьку у мамки так не просил!.. А тебя просит. С уважением. Да, Вовк?..

- Эх, ребята, замучили вы меня!.. Лучше отстаньте!.. Не верю я вам. Не верю!

- Ну, ладно, Егорыч... Ты уж на нас не обижайся. Мы даже думали тебе... может... денег предложить? Ну, это... как за работу, в общем... Как проводнику - за труд как бы...

- Деньги?.. Мне?!.. Ах, вы!.. А, ну, марш отсюда! Чтоб духу вашего здесь не было!.. Вот же поганцы какие!.. Ну, я тебе, Митька, припомню!.. И чтоб мимо ворот моих!.. Чтоб!.. А-а.. Ну, вас, к едрене-фене!..

Поганцы такие: всё на деньги переводят. А? И откуда в них это? Паразиты! Особенно Митька Лалетин! Вовка-то, ладно, пацанёнок ещё. А тот!.. Бугай здоровый! И шебутной - в отца! Ох, Генка Лалетин, Геннадий Иваныч не знает! Ох, он Митьку исполосовал бы ремешком-то по мягкому месту!.. Ви-идел я, как Митюня с такими же, как сам, охламонами водочку-то за огородами попивал... Поди и покуривал!... Не могёт быть, чтоб их мамка про то не знала! Значит, выгораживат... Генка дознается, ну, и влетит же поганцу! Батя на двух работах вкалывает, а сынок, значит, водочку... И Лалетихе достанется. Жалко её, да, что поделашь? «Кошка скребёт на свой хребёт».

- Иван Егорыч!..

- Чего тебе, Вовка? Что за братцем-то своим не побёг? Думашь, не знаю, что он за огородами делат? А кто прошлым летом мне на лысине зубной пастой крест нарисовал? Да ещё ведь кружочком обвели! Думашь, Егорыч не догадался?.. Самый жаркий день был в году! Ну, вздремнул я чуток возле своих облепих в своём саду... Кому какое дело?! Да, ладно, не мотай головой!.. Знаю, что братец тебя надоумил. У самого - тямы бы на то не хватило.

- Не я это...

- Не ври! В глаза смотреть!.. Вот так. Что? Голова опускается? Значит, не совсем ты ещё спорченный?.. Уже хорошо.

- А про пещеру расскажете?..

- Ишь, навострился!.. Ладно, расскажу. Слушай, только не перебивай, не то по шеям получишь... Значит, так. Чтоб тебе жизнь мёдом не казалась, рассказывать я тебе начну с самого начала, про которое ты думаешь, что ты его знаешь... Ничего подобного! В этой истории никто не могёт знать всего. Никто! Кроме Господа Бога!

А было так: давно ещё, лет, поди сто пятьдесят назад, если не больше, проходил в наших краях тракт купеческий. Как раз промеж Малой да Большой Зван-горами. И поселились там, в пещерах, лихие люди, душегубы. Шайка. Разбойничали. Атаманами у них два брата были, два Ивана: старшой да меньшой. Слыхал про золотых зайцев-то?..

- Не-ет... Из золота, что ли?..

- Ну, да! Людей так работящих называли. Старателей. Уходили они в одиночку в тайгу за лучшей долей, золотишко там мыли. Работа тяжёлая. Впроголодь жили. А потом с добычей к людям возвращались. Только мало кто из них разбогател.

Грабили их. Охотились на них, как на зверей. Отнимали у них золото, а самих - убивали. Приходилось им выходить из тайги тайно, петлять, как зайцам. Оттого их и прозвали в ту пору «золотыми зайцами». Вот на них и охотились братья Иваны с подручниками своими. Много они людских душ загубили. И купчишками, конечно, не брезговали, грабили всех подряд, кто попадётся.

Только сколь верёвочке, говорят, не виться, а концу - быть. То ли облаву на них жандармы устроили, то ли сами они друг дружку поубивали-перессорились: но кончилось их время.

Время-то кончилось, а слухи пошли, что спрятано в пещере под Зван-горой кровью омытое, награбленное золото. Нашлись, конечно, охотники. Начали его разыскивать. Говорят, находили даже чего-то в разных местах. Но мало. Основное-то место никому в руки не давалось. Будто исчезла та пещера с лица земли! Начисто.

Стали поговаривать, что дружили братья с духом Зван-горы, с хозяином, значит, и просили его напоследок зорко стеречь своё золото, не выдавать никому. И заклятье наложили. А кто шибко искать будет: либо сгинет, либо умом тронется!.. Да-а...

Мать моя, покойница, царство ей небесное, сказывала мне: в девках, ох, бойкая была! В те времена (уже советская власть началась) открыли у нас рудник золотой. Как раз неподалёку от Зван-горы. Ну, ты там по штольням лазил, знаешь. До войны-то он гремел! Ого!

- На всю Россию?

- На весь Советский Союз, дурак! Историю учить надо! Вроде ведь немного времени прошло, а вы, пацаньё, уж и не знаете ни черта! Куда учительница-то смотрит?! Запоминай, Вовка, пока я жив. Не станет меня, вырастешь, вспомнишь Егорыча. И за свои проказы стыдно станет. Вот, помяни моё слово! Так оно и будет!..

Так вот, мать моя с подружками на Зван-гору тогда по ягоду ходила. Полный короб брусники набирала. Это после смены! Она ведь на шахте стволовой работала, за клетью следила, за подъёмником значит. А тогда на работе пахали по-комсомольски - на совесть. Сейчас и близко того нет!.. И неподалёку от тропы, где вы бегаете, в войнушки играете, в Чечню эту дурацкую, завидела она покрытый мхом камень. Присела на нём передохнуть. А камень... провалился! То ли промоина, то ли яма под ним оказалась, а сбоку так в той яме - скала обнажилась. А в ней - трещина. Проход как бы...

Ну, матушка тогда - девка смелая была - комсомолка, активистка, ударница, во всякие пережитки прошлого не верила. Созвала она подруг, показала всё, место это платком своим пометила... Повязала его на лиственницу, которая возле ямы росла.

На следующий вечер после работы девчонки парней с рудника с собой позвали. Решили они вместе в трещину войти, обследовать там всё: поняли, что там пещера раскрылась. Взяли они с собой аккумуляторы шахтные, с какими горняки под землю спускаются, свечей набрали ещё. Ну, и пошли с песнями да с шутками, как обычно девки с парнями ходят: на прогулку вроде, на экскурсию...

Сначала им зал открылся. Довольно широкий. И потолки - высо-око так! А потом из зала - как бы колидор пошёл. Всё уже да уже... Кое-где протискиваться приходилось. Недолго они там были. Никак, говорила, не больше часа. Вдруг лампы чахнуть начали, аккумуляторы сели. В шахте-то они на шесть-восемь часов рассчитаны. Вроде заряженные были. А тут садиться начали. Оказалось, что и свечи у них прогорели почти...

А тут в пещере расширение началось, только они хотели в него идти, как оттуда загудело что-то. Потом крик был - жуткий такой. Мать про него как вспоминала - сразу с лица менялась. Будто мучают кого-то, убивают... И рыдания. В голос... А следом - земля под ногами у них затряслась. И вихорь чёрный из темноты - как налетит!.. Говорила, вихрь этот крутил их, крутил и выталкивать начал. Напугались все в усмерть! Вышвырнуло их вихрем из пещеры-то!

Одного за другим: как семечки! Мать говорила, только она Божий свет увидела - упала в траву и сознание потеряла! И все они одновременно сознания лишились... А ведь их там человек пятнадцать было, не меньше! Во-от...

Очухались они, оглянулись: а трещины той нет! Обвалилось всё! Пробовали разгрести. Куда там! Ещё пуще валиться стало. Осыпалась земля: и скалы уж не видно. Вот тогда-то и припомнили историю про братьев-разбойников...

- А ты, Иван Егорович, как? Ты же говоришь, сам там побывал?..

- Ээ... То опосля было. Много лет прошло. Война кончилась. Сталин умер. Я уж годов на семь старше твоего Митьки был. Взрослый мужик. Послали меня, зачем не помню, в райцентр. Председатель коня дал. Колхоз у нас был: «Заря коммунизма» назывался. Ты хоть слыхал про коммунизм-то? А? Чего молчишь?..

- Ты лучше про пещеру расскажи...

- Эх, ты! Неуч! Распустил вас Геннадий-то Иваныч!.. Ладно, лопоухий, слухай дальше. В райцентре я припозднился. Темнеть начало. Обратно еду, погода испортилась. Ну, я свернул напрямки между Зван-горами. Ветер гудит. Деревья шумят. Конь храпит. Вижу : впереди маячит кто-то: тёмный, большой. Вроде мужик. Думал: догоню, курева спрошу у мужика-то.

Догоняю. Ага. Окликнул даже. «Закурить,» - говорю, - «не найдётся?» Глядь: а это медведь. Как заревёт он! Конь шарахнулся, меня сбросил. Я об дерево шибанулся и со страху сознание потерял. Очнулся на рассвете: холодно стало. Сыро. Роса кругом. Туман.

Очнулся. Гляжу: вроде камень большой напротив меня, а за камнем на взгорке - дыра в земле. Но, не нора, а поболе будет. И с чего, не знаю, полезть туда решил, посмотреть. Дурак же молодой, чего там!

Пролез туда, в дыру эту. А там расширение. Явно. Спичками маленько почиркал: точно, потолка даже не видно. Ну, дальше лезти не стал: сообразил хоть, что освещение у меня хиловатое. Но дури хватило «ау» крикнуть. Тут такое началось!.. Всё вокруг сыпется! Стон жуткий прям из-под земли... Никогда того не забуду!.. Ух! Аж мороз по коже!.. И вихрь поднялся. Да как швырнёт меня! Раз!.. И второй!.. И наружу меня выбросило. Как взрывом... Со страху думал, что и дух из меня вон... Да нет. Очухался. Зашибло только маленько. Домой побёг. Не оглядывался даже. Тут не шибко-то и далеко. Сам знаешь.

Дня три меня колотило со страху-то. Матери рассказать пришлось. Она мне строго-настрого тогда наказала в ту сторону не ходить.

Ну, как не ходить?! Конечно, пошёл. Только не нашёл я там ничего больше. Сколько потом ни искал: не нашёл. Я ж вам с Митькой объясняю-объясняю. А вы всё понять не хотите: пещера та существует. Только открывается она редко. И входить в неё опасно. Нелюдью оттуда тянет. И не всякий её найдёт. И не всякий в неё войдёт... И не всякий потом выйти сможет.

ВОЙНА КОЛДУНИЦ

Мы, уходя от слов и обязательств,
Оглянемся: стоит Судьба с мешком
И потихоньку давится смешком
И курит козью ножку обстоятельств...

- И вот тогда-то у них и началась война!...
- Когда «тогда»? Какая война? Ой, чё ты, дед, буровишь-то?..
- Вот что знаю, о том и говорю! За сколько купил, за столько и продаю. Война, я тебе, Федька, говорю, самая настоящая началась! В самый солнцеворот, в «страшные» вечера между новогодьем и крещеньем!

- Да, ну, брехать-то! В солнцеворот - согласен. Только не в «страшные» вечера, а в страстную неделю перед пасхой!

- Вот ты меня, старика, будешь учить!.. Да ты хоть кого спроси, хоть куму мою!..

- Кого? Бабу Аришу, что ли? Ага, помнит она!.. Ты у ней какой сегодня день спроси, она тебе нагородит. У неё куры по три раза в день несутся, а потом замуж хотят.

- Ну, и не буду тогда тебе ничего рассказывать, раз ты умный такой. Ишь, выискался. Вчера вылупился, а сегодня уж всё знает...

- Ладно, дед. Бреши дальше. Интересно же.

- Не буду. Это пёс брешет, а я правду говорю.

- Ладно, ладно... Пусть будет правда.

- Тогда не перебивай. И гармошку свою убери подальше. А то звону от неё много...

- Ладно, убрал.

- А налить? Глянь: у меня уж и стопочка пустая.

- Да, тебе ж, дед, много-то нельзя. Сейчас окосеешь ведь, заговариваться начнёшь и уснёшь ещё...

- Вот это - не твоё дело! Налей-ка. Ну-ка, ну-ка, во-от столько и хватит. Дед меру знает, не то, что вы, молодёжь, пьёте да дуреете. А с нашего самогона даже похмелья не бывает. Сам знашь - как слеза.

- Ага, вонючий только.

- Ну, и что. Не нравится - не пей. Мал ещё...

- Так ты говоришь: Степаниха у Петровны огород перекопала? Ну, и что? Сам себе противоречишь, дед! Зимой-то кто копает?..

- Фёдор! Последний раз говорю: заткнёшься ты или нет?!.. Ты чем слушаешь? Задницей, что ли?! Я ж тебе объяснял про то, что раньше ещё было! До настоящей войны. С чего у них всё началось, по-русски говоря. Ты пойми: жили мы когда-то тихо, мирно. У нас, у чалдонов, волхидок прежде отродясь не бывало. Степаниха-то у нас пришлая, только живёт здесь уже долго. А раньше, по моей ещё молодости, не было её. И Петровна - пришлая. Она ещё поздней приехала с сыном-то. Ты что? Забыл поди? Помнить должен!..

Хотя нет. Тебя ещё и на свете-то не было. Сын-то ейный лет на десять тебя старше будет, так ведь?

- Ага, «на десять»!.. На пятнадцать не хочешь?

- Вот то-то и оно... А у Степанихи Нюрка уж взрослая была: ух, колдовка настоящая! Я её глазёнки как увидел - сразу понял. На меня глядит, а в зрачках-то моего отражения не видать. Чисто омуты. И чудно, и жутковато... А раз ты такой недотёпа, то я повторю для тебя кое-что с самого начала... Ну-ка, налей-ка...

- Да, ты чё, дед! Только что ж пили!...

- Лини, лини, тебе говорю! Да помалкивай... Во-от... Дай-ка картошечки со сковороды... Да хватит тебе! Мне ж закусить только, куда навалил столько-то! Во-от... Слушай, значит. Собралась как-то Петровна в своём огороде лук с репой садить. А чует, что Степаниха-то - глазливая баба. Они ведь, волхидки, всё друг про дружку чуят! Так то ж ещё доказать надо. Садит она, значит, глядь: Степаниха прётся. Ну, там «здрасьте - здрасьте», тудым-сюдым... Ага, а сама-то копает да садит. А Степаниха-то её огород всё нахваливает. Ну, поболтали маленько да Степаниха дальше пошла. А через час как Петровна-то садить закончила, подходит к её забору Степаниха и молчком банку червяков ей в огород сыпет. Высыпала она всё, что в банке было в Петровнину землицу, перекувыркнулась троекратно да и оборотилась свиньёй. Забежала свинья в огород и давай там всё перекапывать рылом-то. А Петровна углядела и давай свинью палкой охаживать да крапивой стегать! Знает ведь, чем надо!

Наутро Степаниха-то вся в синяках была. Лежит в избе своей, охает, с полатей встать не могёт. А Петровна-то и зашла. В гости как бы... Ага. «Ох, да что с тобой, соседушка?!» «Ой-ёй! В подпол лазила, чуть не убилася!..»

- Дед! А ты сам-то часом не ворожишь втихаря? Отколь у тя этакие познания, а?

- Оттель. Поживи с моё, помыкайся. Ага... Ну, живут они этак дальше. А Нюрка у Степанихи девка-то на выданье была. И присватался к ней тут один парень, не из нашей деревни, конечно. Из нашей-то её бы никто не взял. Побаивались тогда ещё... Петровна-то виду не показыват, а сама задумала нечистое дело. Сваты сговорились. По осени свадьбу играть решили. Как поехал свадебный поезд, тут Петровна себя и выказала. Наговор такой есть: с горошинами. Сказать надо: «Девять горошин, десята невеста - конь ни с места!» И кони-то встали, как вкопанные и не идут! Очумели кони-то заговорённые! Вот страху-то было! Ага!..

Степаниха сразу поняла, чьих это рук дело. А молчит сама-то. Ох, недобрые они все. До-олго свои обиды копят. Да всё равно себя проявят. Злость в них особая, ведьмовская. Нюрка опосля всё ж замуж-то вышла, от мамки уехала. Да, говорят, недолго ейный супружник протянул. Отдал Богу душу. И осталась Нюрка одна с малым дитём. А у колдуниц - оно почти всегда так. Я по-другому чтоб - и не слыхал чего-то. Не терпит рядом с ними душа человеческая. Сохнет.

Начала Степаниха грезить. Это по-ихнему, по-волхидски. У нас, на Ангаре, в прежние времена и не знали такого. Ворожить, значит, начала на соседку на свою втихаря-то. Глядь: через какое-то время Малышка, корова Петровнина, блудить зачала. Не идёт домой - и всё тут. Одичала. Убежит в елань и стоит там недоёная. Мычит только. Громко так. Жалостливо. Кто слыхал, говорят, аж плачет будто. А домой - не идёт. Ну, ни в какую! Поймать её Петровна пыталась... Кого! Как хозяйку свою завидит: бежит прочь, только копыта сверкают.

Тут и зима пришла. Сгинула корова у Петровны. Бают, волки её извели. Ну, да, волки! Куда уж... Дай-ка, Федюня, спичку деду. Подымить маленько хочу.

- Так у тебя ж курево кончилось, вчера ещё. Сам жаловался! - А! Ну, да!.. А ты уважь меня, Феденька. Угости. Я-то знаю, что у тебя заначка есть. Угости-ка «Беломорчиком»...

- Ох, и ушлый ты, дед. Ладно, бери. Скажи только, что дальше-то было?

- Дальше-то?.. А дальше самое то и началось только... Попросила Петровна у Степанихи молока. Да ещё на пропавшую Малышку наплакалась той. Будто не понимат, откуда ветер-то дул. Прикинулась, в общем. А Степаниха ей вроде как даже сочувствует. Охает да ахает, язычком своим змеюкиным цокает. Самой-то поди, ох, как приятно! Вот они, волхидки-то, какие! Сроду вида не показывают! Обе! Посидели они, языки свои бабьи почесали. А напоследок Петровна-то опять про молочко напомнила. Слёзно так. Дай, мол, соседушка молочка твоей Зорюшки испить. А ту, видать, аж, раздуло от гордости. Совсем с ума спрыгнула. Знала ведь, что нельзя из дома сторонним своё отдавать! Тем более - колдовке. На силу, поди, свою понадеялась. Ну, молоко-то она подсолила, конечно. Полагается так, чтоб корову не сглазили. А с широкого плеча взяла да впридачу Петровне ещё и масла коровьего дала. А вот масло-то нетронутое у ей было.

Воротилась Петровна домой. Не знаю, что она там наговаривала, да и знать не хочу. Страшно это знать-то. Грех большой. Только в конце наговора воткнула она нож в принесённое масло. А из масла-то кровь брызнула! В общем, сдохла корова у Степанихи. У ней ещё другая была, кроме Зорьки. Бурёнкой что ли звалась... И у той молока стало чуть. Не больше кружки давать стала. Начала Степаниха рыскать, вынюхивать. Глядь, а в хлеву у ней при входе в потолок нож воткнут! Всё ясно! Как раз «страшные вечера» начались. Пошла Степаниха прямиком к Петровне. Глаза у ей бешеные, кого встретила бы - живьём съела! Избу, прям, не стучась, распахивает: а там Петровна сидит, молочко попивает! И в вёдрах у неё молоко, и в банках - сметана. Кругом, короче... Ну, тут уж наорались они. И подрались даже!.. Ой, что было! Изба Петровнина ходуном ходила! Выбежала оттуда Степаниха, на кобеля соседского накинулась. Зашипела вся. Оторвала собаке голову живьём! Глазищи у самой горят! Собака-то на цепи сидела. Тявкнуть не успела, как головы лишилась! Ненавидят волхидки собак, потому что те нечисть чуят и выдать их могут. Ни у Петровны, ни у Степанихи - у самих сроду собак не водилось! Кх-кх-кх... Табак крепок для меня... Кх...

- А ты не кури. Курить - здоровью вредить.

- Эх, малой ты ещё... Учить меня. А что не вредно по-твоему? Жить - оно ведь тоже не всегда полезно бывает. Кх-кх... Крепко Степаниха Петровну уделала. Ох, крепко! Та с постели не вставала. И умереть не могла. Тяжело волхидки помирают. Ой, тяжело!.. Не берёт, видно, Господь нечестивые души. Мучает, а помереть не даёт. За грехи тяжкие... Сын её и врачей приглашал, и лекарей, и знахарей... А на Степаниху мы всем селом жалобу написали тогда, помнишь? Или ты ещё малой был?

- Не-е!.. Это-то я точно помню. И как с района приезжали. Даже это помню! Она ещё клялась да плакала... Вот только не понял я, почему её не забрали, не посадили?

- Ну!.. Тогда ничего ты не понял! Петровна просила её не трогать. Даже подписалась, что прощает.

- Да ты что?! А зачем?

- То-то и оно что «зачем»!.. Не хотела, значит! Она её сама наказала. Да так наказала... Никакие прокуроры так наказать не могут. Ходить-то она сама уж не могла, а сына тайно упросила. Не хотел сын в дела её лезть. Да, видно, мать пожалел. Выкрал он для матери (уж не знаю - как исхитрился!) фотографию у Степанихи. У неё их особо-то и не было... Может, где старую с паспорта?.. Шут его знает... Ну, выкрал, короче. И та наколдовала чего-то на вражье изображение. Заговор сделала. Жуткий. На смерть. Да не простую. А с такими мучениями, с такими пытками!..

Степаниха помирать начала. Крутит её всю, колдобит. Будто пытают её огнём невидимым! Раны у ней сами собой открываться начали. Гной потёк. Опухла вся... А умереть не могёт! Пустила её, короче, Петровна, по ветру. Вот так у них, у волхидок, дока на доку пошло всё...

...Думали мы, думали всей деревней тут: мужики, бабы особенно, все, в общем... Даже в чужую деревню гонца засылали к другой колдунице, чтоб вызнать: как нам двух баб от мучений избавить. Надоумили нас. Сказали, что хомут надо через них протаскивать. Три раза пробовали. Бесполезно всё. А в другой раз разобрали над мученицами доски с потолка. Ну, чтоб душам их легче уходить было. Вот это-то и помогло. Я сам разбирал: и у Петровны, и у Степанихи. На третий день померли обе. Успокоились...

- Да-а... Ну, дела у нас были!... И хорош же ты, дед, страхи расписывать. Тебя на ночь слушать даже того... боязно. Лучше на гармони сыграть. «Голубёнок белай, больше так не делай!..» Ага! Давай-ка, дедка, выпьем с тобой ещё по маленькой?! За твой живописный, как говорится, рассказ! Не знаю, как ты, а я наливаю... Эй, дед! Что затих-то?.. Дед!.. Деда!!.. Спишь, что ли? Ну-ка, потрясу его... Да ты холодный!.. Дед!.. Де-ед!!.. Ты ж курил только что!.. Папироса к губе приклеилась... прилипла... Деда! Дедуня!.. Господи!... Да, что ж это!.. Да ты же...

ВОЛКИ

В Сухобузимском районе за деревней Павловщина к парому через Енисей съехали на бортовом «Урале» . Верх его был крыт брезентом, и потому, озираясь на мелкий моросящий дождь, никто из кузова не вылез. Там , под брезентом, было как-то ловчее, чем снаружи. Мордатый Кузьмич , раскрасневшись под «Мадеру», травил свои фирменные байки. Остальные: геолог Сидоров, Витюня- местный кадр, и сам Михалыч, - слушали.

- Места здесь после войны совсем дикими стали, особенно там, за рекой. Народ поразъехался. Сейчас в деревнях-то путних мужиков не осталось, а там, где прииски раньше были: как позакрывалось всё тогда, в хрущёвские времена, так никто и не шарашился. Ну, кроме охотников, конечно. Те - да, те в любую дыру лазят за зверем. Да и они-то не шибко любили туда забираться... Неприятно там как-то человеку. Муторно... Нехорошее говорят про те места...

Кузьмич от чего-то вдруг помрачнел с лица и замолк. И сколько к нему ни приставали всю дорогу (особенно Сидоров старался), он только смолил свои «беломорины» , пил «Мадеру» из горла да отмалчивался.

...Приехали. Тишина-а кругом. Ельник. Сырость. Ручей невдалеке журчит. Темнота. Из жилья - старая полусгнившая банька с прохудившейся печкой-«буржуйкой». И всё.

Всем миром эту чёртову печку топили. Всю ночь толком не спали. Только задремлешь: дрова прогорают или гаснут (сырое же всё кругом). Вот и дежурили поневоле. А спать - разве заснёшь, когда в баньку на двух человек набилось столько народу: аж пятеро , если с шофером считать! Печка-дрянь - только сама себя греет, зато дымит - изо всех щелей. Никак дым вверх не хотел идти, всё только понизу... К утру головы у всех от дыма задурели, как у наркоманов.

Наконец рассвет наступил. Промозглый такой, серый , с осенним туманом. Хмель у всех давно прошёл. Тут работать надо, иначе - зачем же пёрлись в такую дыру? А никакого настроя на это дело... И то: добрый хозяин в такую сырь собаку не погонит, а тут сами забрались. «Экспедица называется!..» На рекогносцировку приехали. Старые золотоносные площади на месте осмотреть. А что смотреть-то, когда ночь не спамши?!

Сидорова с утра что-то отрыжка замучала. Не пошла ему «Мадера». Честно: не пошла. Глянул Кузьмич, как человек страдает, понимающим взглядом, вздохнул... И махнул рукой. Ладно , сами разберёмся. Оставайся в баньке, как полегчает - картошку почистишь. Всё равно - наездимся, набегаемся, жрать захотим. А тут - сервис...Что ещё скажешь человеку, если он сегодня больше ни на что не годен по объективным причинам?

А места-то и впрямь безлюдные. Пока по старой дороге добирались, больше бензопилой работали, чем ехали: упавшие деревья да завалы разбирали. Давно-о там ни одна машина не проезжала. Во многих местах и колеи-то нет - так, угадывается только прогал между деревьями. А кое-где посреди дороги молодняк стоит. Кое-кое-как до той баньки - ночью уже добрались. Вот с потом да с матом хмель-то и сошёл...

... Лежит Сидоров возле печки. Греется. Охает: печёнка болит с перепоя. Мужики на «Урале» уехали. А ему и приподняться-то в лом: всё боли-ит! Водички из фляжки отхлебнёт. И опять в потолок охает.

Очухался к обеду. Жрать захотел. А нету! Готовить надо. Ну, он: тык-мык...тит-твою-мать! Одна картошка! Ну, соли ещё пачка. И всё. Картошка в рюкзаке. Соль в углу. Ведро есть. Котелок есть. Нож кухонный есть. Спички есть. Вода - в ручье. Ручей - за банькой.

Кузьмич нарочно не оставил ни тушёнки, ни хлеба, ни лука даже. Сидоров сообразил почему, хотя оно и козе понятно: легче сожрать готовый (или полуготовый) продукт нежели чистить и варить картофан. А халяву все любят: Лёха Сидоров в этом смысле - суровое правило, и ни в коем разе не исключение из оного. Просто - ни под каким соусом... Вот поэтому Кузьмич и уволок с собой все продукты, не оставив голодному Сидорову ни одного шанса на халяву.

Конечно, спору нет, главным стратегом, командующим и распорядителем финансов был Михалыч. Но! Всё, что касается хозчасти, продуктов, амуниции и пр. и др. и хр. и ещё хр. - всё это к Кузьмичу. Он и завсклад, и техснаб, и промбаза с во-от такими вот наковальнями вместо ладоней... Вдобавок ко всему сегодня вместе с Витюней он исполнял (рост два метра, морда красная) роль маленького юркого дэрсу-узала в дебрях тайги. В этом тоже есть свои плюсы: по хрусту падающих стволов, хлюпанью болотной воды и смачным выражениям Кузьмича, идущего впереди, сразу становилось ясно - куда не следует направляться всем остальным.

Когда Кузьмичу становилось особенно тяжко, к нему приближался Витюня в своей вислоухой шапчонке, участливо спрашивал что случилось, не нужна ли помощь, и подробно объяснял почему сюда ходить не надо, а надо во-он туда ходить, а сюда ты, Кузьмич, зря пошёл. Спорим, что зря?..

И Кузьмич спорил. Как умел... Поэтому группа исследователей бескрайних просторов тайги только в сумерках поняла, что ей пора в баню. Тем более, что в обед перекусывали у костра чаем с сухарями (продукты-то в кузове «Урала»), а «Урал» давно уж оставили, когда поняли, что тут особо негде кататься. Водила ходил вместе со всеми, потому устал и оголодал не меньше. А что ему - весь день в кабине сидеть, что ли? Это ж не город: ни угонщики, ни милицанеры в кустах не сидят.

А вот то, что снег пошёл крупный такой да хлопьями - с обеда, вот то - проблема. Видимость почти вовсе пропала. Вот так и возвращались. Пока до машины дошли, да пока доехали до баньки - ночь на дворе! Она, банька, кстати стояла с бериевских ещё времён, конечно, если б её изредка охотники не подшаманивали, до наших годов всё бы сгнило. А так - хоть какая - но крыша над головой...

Ну, подъехали. Баньку фарами «Урала» осветили. Мужики орут. Лёху кличут. А его нет. Не выходит никто из баньки. Заглянули мужики внутрь, видят: Сидоров сидит на полати целёхонький, на них в дверь смотрит и не реагирует никак! Вроде - одеревенелый какой-то. Кузьмич сразу захотел ему по рогам врезать. За дурь. Михалыч остановил. «Постой,»- говорит, -« разобраться надо. Накостылять всегда успеем.»

Стали его разглядывать. А у него взгляд остекленевший - в дверной проём: уставился и замер...Картошка наполовину только чищена. Нож на полу валяется. Ну, стали его трясти, растирать да материть. Потом, когда отошел малость, полкружки водки (из нз) налили. Выпил. Соображать начал. И такое порассказал...

Чищу, говорит, картошку. А день-то серый, в баньке вообще - сумерки. Придвинулся поближе ко входу, где лучше видать. Тишина кругом. Неуютно как-то. Знаю же - что один здесь до самого вечера... Вдруг вроде как в глазах потемнело. Голову приподнял: глядь, а мимо меня собачонка в баньку - ныр и - под лавку. И сидит там. Хвост поджала между ног. Вся дрожит. И даже не пикнет. Замерла. Откуда, думаю, в тайге собака взялась? Нет же никого!

Так. Ладно. Чищу дальше... Раз - чувствую глядит на меня кто-то, а кто - не вижу. Холодно аж внутри стало. Трясти меня начало с чего-то... Знобит всего. Я затих. Нож в руке сжимаю... Не знаю что делать. Снег же идёт хлопьями. Да такой что не особо чего разглядишь. Вышел я из баньки. Стою. Озираюсь...Ага! Морда волчья из кустов выглядывает! Я напрягся. Жду... И вторая - позади баньки за ручьём!.. И третья - сбоку так, чуть подальше. Следят за мной. Не приближаются. Замерли. Ждут чего-то. Знака какого , что ли?..

Постоял я , подумал. Зашёл обратно, развернулся на пороге, ну, чтоб за спиной никого. Короче, только занял позицию: глядь, а передо мной, вот здесь, на пятачке перед банькой, стоит огромный волк... И взгляд у него - человечий прямо... Смотрит на меня не мигая. Не кидается. Просто смотрит. Что тут со мной произошло - не могу описать...Будто душу из меня вынимает... Почудилось мне, будто целая вечность прошла... Тут собака заскулила. Тоненько так. Никогда не думал, что собаки так скулить могут. А глаза у волчары... зелёные какие-то.

Не знаю, как я упустил... Только не заметил я в тот момент, как исчез волк. Мгновенно исчез. Словно и не было его! Как остальные волки ушли - видел. А этого - упустил... Проходит немного времени. Слышу конский топ. Стоит передо мной всадник на коне. При нём - две лайки. Спрашивает всадник про собачку. Говорит, его это лаечка. Мол, охотник он, наказал её, побил, а она убежала. А собака под лавкой сидит, скулит, выходить не хочет...

Ну, вытащил я кое-как собачонку, отдаю ему... А он схватил её в руки, как вещь какую-то, как захрипит вдруг, - и ... перекусил ей горло-то! Клыки у мужика здоровенные такие! Кровища хлынула... Оторвал он ей голову. Кровь пьёт, чавкает. Потом остальное в кусты отшвырнул. А там - тени какие-то зашевелились.

Пропала собачка... Тут же глянул на меня: вроде как молчать приказал. Я стою, как вкопанный. Совсем ошалел... И сгинул он. Будто и не было ничего... А я - как сел на лавку, так и пошевелиться не мог... Вроде - одеревенел.

Кузьмич Сидорова на смех-то поднял, конечно. Всю обратную дорогу по этому поводу балагурил. Однако, по рогам так и не врезал почему-то... Ночевать остались в деревне. Кузьмич с Витюней и шофером у своих знакомых что ли. Короче, от начальства подальше, к водовке поближе. А Михалыч с Сидоровым вдвоём в пустой избе одни остались...

Наутро Кузьмич Михалыча первым увидел. И ахнул. Стоит Михалыч на крыльце избы - весь седой, как лунь. А в избе Сидоров спит - спокойно так, сном младенца. А Михалыч мрачный весь. Говорит, всю душу из него ночью Лёха вынул: стоял у окна и выл по-волчьи. Полнолуние было.

Ну, что ж... Постояли они. Перекурили это дело. Потом «Урал» подошёл. И - поехали в город... А про случай этот Михалыч велел никому не говорить. И не ездили они больше туда . Ни на какие рекогносцировки. Ни за каким золотом...

"ГОСПОДИ, ВПРОСИНЬЯ..."

Звали её Евпросиньей. То ли родители были не шибко грамотными, то ли что-то иное имели в виду, ну, в общем, так она и выросла. Мечтательная. Навыдумывает сама про себя невесть что и ходит, и ходит с этим вокруг да около, а сказать ничего не может, только улыбается всем подряд..

Отправляли её в школу сначала, потом в институт, такой, где не учатся, а других людей изучают, потому что в школу она всё равно бестолку ходила. Нет, в том-то и дело, что глупой её признать было нельзя, но и научить ничему невозможно. Она всё заранее знала, на всё имела свои особые понятия. Просят её, к примеру, книжку почитать. Она не отказывается. Улыбнется в ответ, закроет глаза и читает, и читает с закрытыми глазами на непонятном языке что-то мудрёное. У педагогов до истерики доходило. А ей хоть бы что: стоит, улыбается.

Ну, привели её в институт, напичкали химией, электродов навтыкали, собрались показания снимать, а она спит. Не добудишься. Проспалась - опять улыбается. Стали на неё специально кричать, чтобы больше никому не улыбалась. А она глаза закрыла и улыбается никому. Ну, что с ней делать?.. Домой отпустили не солоно хлебавши.

И потянулся к ней народ разный: убогие, нервные, сирые, нищие, богатые, блатные, верующие, безбожные, старые и малые, наивные и всякие хитрющие да наглющие... И что уж там с ними происходило, никто не сказывал. Не потому, что люди так умеют тайны хранить, а потому что никто достоверно ничего не помнил: как через порог к Евпросинье ступят, так и отшибает у них всю мирскую память до самых кишок. Говорила ли она с ними о чем, творила ли чего – неведомо. Только вся их жизнь после той встречи в корне менялась: не оттого, что все их прежние желания вдруг начинали исполняться или все хворобы телесные исчезали, нет.

Просто сам народ другим становился. Чище. Улыбчивее. Совестливее. На жизнь никто больше не жаловался, ни себя, ни ближних, ни Бога не проклинал... И само собой почему-то начинала вокруг люда того, чудодейницу благокозненную посетившего, вся грязь мирская исчезать. Многие говорят: дышать стало легче, воздух иным сделался.

А когда наступал для кого-то из паломников евпросиньиных час его последний, вдруг словно открывалось взгляду его нечто великое и тайное, похожее на её странную кроткую улыбку. И вспоминал он о чем-то, и шептал, затихая: «Господи! Евпросинья...»

"ПОСМОТРИ МНЕ В ГЛАЗА..." (ПОВЕСТЬ)

Обычная материя составляет лишь 5% того мира, который известен человеку. Остальные 95% Вселенной состоят из темной энергии и темной материи. Что это такое – не знает никто...

" ...темная материя зафиксирована с помощью приборов, но что это такое, мы сказать не можем".

лауреат Нобелевской премии 2005 года академик В.Л. Гинзбург.

Первая глава

У них были крепкие стройные ноги. У каждого по одной, потому что они были деревьями. Небо погудело, разорвалось и рухнуло, сотрясаясь. Где-то неподалеку упал самолёт. Деревья согнулись. Взметнулись опавшие листья. Видимо, что-то произошло. Самолеты падают не просто так. А, может быть, и просто так падают. Кто их знает-то, этих самолетов

Наушники упрямо не снимались. Особенно здесь и теперь, когда музыка безумно нравится. И надо бы выключить плейер, и это совершенно невозможно. Особенно здесь, особенно здесь, особенно здесь, в падающем самолете.

Последние полгода они стали падать всюду и когда попало. Никакой логики. Никакой последовательности. Никакого умысла. Можно вывернуть наизнанку всех пассажиров, переворошить, перещупать все узлы, все механизмы, все гайки перебрать, всех террористов передушить ещё в колыбели, а самолет все равно развалится и упадет, или не развалится, но взорвется, или сгорит прямо в воздухе...

И тут же, тут же рядом можно напиться до чертиков водки, запалить горючее, бросить гранату посреди пассажирского салона, а самолет все равно благополучно приземлится в аэропорту назначения. Никакой логики. Никаких комментариев.

...Пришли все крупнейшие критики. Либо пан, либо пропал. Пропал.... Посмотрели, закрыли глаза, замкнули слух.. Впрочем, в основном никто не пришел. Из оставшихся каждый выступающий начинал свою речь с одной и той же фразы: « Я тут тоже нарочно не смотрел его новых картин, и потому согласен со всеми, что они никуда не годятся». Успокойся, уймись, говорят тебе. Никто не смотрел и смотреть не будет. Ты приговорен заранее. Не глядя. А что глядеть-то. Гляди – не гляди, твой самолет все равно не долетит никуда. Некогда глядеть. Время дорого. Надо зарабатывать деньги. Надо хватать от жизни своё (и чужое заодно, это вчера оно было чужим, сейчас-то оно своё) пока есть что хватать и чем хватать. Некому разбирать: кто прав, кто не прав. Времени нет ни на что. И потому бей каждого. Сходу и насмерть. Чтоб не встал никогда. Тогда всё будет только твоим. Нет выбора: враг – не враг. Все – враги. Друг – лишь тот, кого можно немедленно использовать в своих интересах. И тут же – немедленно уничтожить. Вот это настоящий друг. Хороший друг – мертвый друг.

Вот такие критики у твоих картин. Хорошие критики. До одури.

И никого на свете не волнует твоё поганое настроение, как и ты сам. Что ты есть, что нет тебя. Эка невидаль. Тоскливо? Хочется умереть? Так иди и умри! И будь счастлив от того, что осуществил хотя бы эту мечту. Пусть поганую. Последнюю. Но осуществил же. Не можешь и этого? Тогда и не рыпайся. Был ты ничем, ничем и остался. А то, что самолеты падают, - так ведь осень же. Осень. Вечная осень на все 12 месяцев, на весь год... На всю жизнь.

Никто никогда ни за какие коврижки не догадается, что связь эта всё-таки есть. И даже тебе самому невдомек, что и в тебе эта связь есть тоже ...

Аэропорт Гонолулу. 7.45 утра. На взлетную полосу выруливает Боинг-747. авиакомпании «Интерэйрлайн». Обычный рейс Гонолулу - Токио. Разбег. Взлёт. Красивый разворот над островом в голубом океане.... Через 15 минут рейс 7546 исчез с экранов радаров. Мгновенно. На полуслове. Даже за секунду до случившегося экипаж не проявил ни малейшего беспокойства. Нет, самолет не растворился во времени, его обломки и останки пассажиров нашли в океане на следующий день...

Амстердам . 23.30. Рейс на Мадрид. Через 19 минут после взлёта внезапно сваливается в штопор... Никакой реакции на крики авиадиспетчеров. Абсолютное молчание в эфире до самого падения.

Нижний Ингаш. Центральная Сибирь. Полдень. Около 12-ти часов местного времени. Из-за ближнего леса «выныривает» вертолет Ми-8, стрекочет, делая круг над поселком, и вдруг, резко накренившись, обрушивается винтами на линию электропередач.. Падение. Грохот. Дым. Огонь. Крики о помощи. Семеро погибли на месте. У тракториста Дмитрия Похабова сгорели дом и два сарая.

Мысль вещественна. И если ты посылаешь миру своё зло, то оно ведь никуда не девается и не исчезает, не растворяется, а так и виснет, невидимое глазу, здесь, среди нас, в воздухе, обращающемся в ураган, в воде, вздымающей гигантские волны, в земле, разверзающейся под нами, в космосе, обрушивающем астероиды на наши головы, в воспалённых мозгах то ли алкоголика, то ли наркомана, добивающего топором родную бабушку из-за десяти-то рублей...

Кстати, по статистике доля человеческого фактора в авиационных катастрофах равна 60-80 процентам. Невнимательность диспетчера, халатность техника, ошибка инженеров, усталость пилотов или установка на эксплуатируемом лайнере трижды списанных , отработанных узлов и деталей с целью наживы – всё это – «человеческий фактор»... Впрочем, статистика ничего не объясняет, потому что она не может объяснить при чем тут твоя обида на критиков или дикие наушники того молодого чудака, который пытался отгородиться ими от жизни и смерти до самого конца, потому что вчера его девушка пошла в кафе с другим парнем и не вернулась домой до утра, и не полетела с ним в Майами... При чем тут статистика? Его самолет должен был упасть. Он и рухнул. Вот и всё.

На улице лил дождь. Он лил и шёл, и падал, и падал, утыкаясь мокрым лицом в рыхлый живот мёртвого снега. И ты снова ненавидел всех подряд. Всех, кто всё ещё живет и не помнит о тебе. И вновь где-то срывался с неба очередной лайнер, до которого тебе не было никакого дела хотя бы потому, что ты даже не догадывался о его существовании. Оно и верно: какое тебе, собственно, дело до них, до всех...

Она проводила его на посадку. Несколько минут томительного ожидания автобуса. И вот пассажиры поднимаются по трапу в салон самолета. Он обернулся и тут же заметил её мёрзнущую фигурку там, на февральской площади за ограждением чуть в стороне от толпы провожающих... Двигатели взревели, лайнер начал выруливать на взлетную полосу, а он всё смотрел и смотрел в иллюминатор на пустеющую площадь, где продолжала стоять она.

Самолет взмыл в воздух, словно ножами, полосуя крыльями мутное северное небо. Прошло ещё несколько минут. Судорожно, до рези в глазах она всё ещё всматривалась в опустевшие небеса, как бы ожидая продолжения чуда. Наступила тишина.

Милый мой!

Господи, какой же ты родной мне стал!!!!!! Ты прав, я люблю тебя все больше и больше! Что со мной творится? Ты знаешь, сегодня, после того, как я проводила тебя и уже шла с автобуса домой, я вдруг почувствовала себя...ТОБОЙ! Как будто это Ты идешь, а не я. Как будто я в тебе, с тобой, или ты во мне - я не знаю, как это объяснить...

Какое ГРОМАДНОЕ место занимаешь ты теперь в моей душе - я раньше и не представляла, что у меня там так много места! Благодаря тебе я ощутила размеры своей души. А может, благодаря тебе она увеличилась? Как ты думаешь: может ли душа вырасти? Наверное, нет. Значит, она такая большая. Или она увеличилась, потому что к ней присоединилась твоя. Хотя у нас ведь одна душа на двоих. Ну, вот, видишь, какие глупости я пишу!!!

Пришла домой, "разула" глаза и увидела, какой бардак у меня творится в комнате! Всё, завтра же возьмусь за уборку! Как я тебя люблю, как я тебя люблю, как люблю! Боже мой! Меня ереполняет любовь!!! Я вспоминаю каждое наше слово, каждый взгляд - все-все-все - и понимаю, что я просто брежу тобой!

Я не хочу забыть ни одно твое слово. Я наверное запишу их все – каждый наш момент!

Я люблю тебя. Звони мне, пиши, я очень жду! Целую сладенько-сладенько - так же как целовала сегодня - помнишь как? Главное - не задеть снова ту ранку на губе, которой я наградила тебя в порыве страсти Ну и зверюшка же я! Надо же было так поцеловать! Нет, ТАК я никого не целовала! Прости меня, миленький, я больше не буду кусаться - обещаю!!! Ведь я люблю тебя!!!

Л Ю Б Л Ю Т Е Б Я!

Нет, всё-таки буду кусаться! Буду вредничать и кусаться, и царапаться... как маленькая кусючая кошечка!

Целую, целую, целую! Твоя Нина.

Вторая глава

Ну, где же ты? Ну, что же ты? Ну, приходи же скорей! Как мне хочется сейчас погрызть тебя, чтобы ты скорей пришёл! Когда ты придешь, я выкусаю, выцарапаю или выгрызу на тебе все те ласковые имена, которыми ты меня называл, чтобы уж точно никто не смел притронуться к моему маленькому Мишеньке.

Я очень-очень хочу, чтобы ты меня сейчас обнял!

Не могу я так, не могу я уснуть пока ты в другой комнате! Конечно, вместе, только вместе, родной мой! Правильно понял. Я ведь тебе тоже подмигнула, когда спросила, хочешь ли ты спать...

Искупать? Просто искупать? .. Ага-а-а... и кто это мне тут только что говорил: просто искупаю?!!! Твой мальчик скучает по моей девочке? Бедненький мальчик!

В губки? В губки можно. Чуть-чуть...И ещё чуть-чуть... Та-ак...Ты уже, значит, без меня решил, что и как ты мне целовать будешь?

Ну, ладно, ладно, поцелуй! На вот - подставляю! Приласкай-приласкай! Целуй же скорее, мне так этого хочется! Погладь их ещё, погладь. Вот тут еще... и спинку, и животик немножко, пожалуйста. Котик - тепленький животик, какой же ты у меня хороший!

Я?!! Не захочу?!! Ты, правда, так думаешь? И не надейся! В пупик? Ладно, и в пупик... Ой! Чувствую, теперь Ниночкин пупик весь будет зацелованный! И я люблю тебя! Очень-очень-очень!!! Ого! Так ещё её никто не называл! Она от этих слов сама почти расцвела...

А вот молчать я, наверное, не смогу. Нет, просто молчать не могу... Не могу я молча! Когда мне очень хорошо, у меня само кричится, притом очень громко - ничего не могу с собой поделать!

Мне тоже оооооооооооочень хорошо с тобой сейчас!!!!! Люблю тебя!! Только смотри, если ты меня и утром купатеньки вздумаешь, то это уж точно опять затянется не на полчаса... Какие там полчаса! Мы ж так оба с тобой постоянно будем всюду опаздывать.

Сейчас, сейчас! Попью чаю и нырну к тебе под одеялко! Жди, родной! Ни на минуту, ни на секунду, ни на долю секунды я тебя не забыла! Ты живешь во мне! Ты ведь согреешь меня, да? У тебя это всегда так славно получается... Миленький мой, хорошенький мой, скорее, скорее пусти меня под твоё крылышко - там уютно и спокойно. И ничто нас не потревожит, пока ты рядом, я уверена!

Ну, что ты смеёшься, честное слово?! Щекотно, что ли? Нет, я не извращенка, просто твои подмышки пахнут тобой! Я нюхаю их и наслаждаюсь! Имею право!

Любит-любит! Как же не любит? Кто ж это тебе сказал такое-то? Любит! Очень даже любит! И сейчас обнимет тебя опять, как всегда, руками и ногами! Какая тебе больше по вкусу - левая или правая? Могу обеими обнять сладенького папусеньку!

Мишенькин мой! Что-то ты давно не просил тебя погладить! Погладить тебя? Котеночки коготочками не прижимаются, они ими вцепляются до крови!!! Но я ведь не такая. Не хочу я Мишунькину моему причинять боль ... Конечно, папулечка умненький! Кто спорит? Мамуля? Мамулька не спорит! А вдруг не возбужу? Не возбудю?

И за ушками почешите ! Больно уж приятно! Ага-ага! Конечно-конечно! Обними меня еще разочек! Вот так! Так хорошо.. И не вздумай отпускать!

Мишунечкин мой! Дай мне погладить твои мохнатенькие ушки! Кстати, как там наш хвостик сейчас себя чувствует? Так, понятненько, хвостику опять что-то надо. Ну, хорошо, хорошо, можно девочке подумать для приличия хотя бы?...Нельзя? Так неожиданно. Прямо так сразу. Ну, да, трусики на мне! А я вообще в пижамке привыкла спать, помнишь, я ж тебе говорила тогда! Ну, вот, пока про пижамку говорила, уже и трусики исчезли. Ой, кто это там у нас в гости просится? Ну, здравствуйте, здравствуйте, раз уж во-шли без спро-са. Раз уж вы тут уже... Миленький мой, миленький мой, я люблю тебя! Люблю!!!... И у меня тоже. И тоже в прямом смысле.

А помнишь, как ты в первый раз пытался всё стянуть с себя, а потом с меня? Вспоминаю сейчас и смеюсь, как же тебя раздражали мои джинсы!!!!! Да, похоже, опять хорошенький у нас с тобой ребёночек оплодотворился! Хитрый, хитрый Михайло Потапыч! Ну, очень ты хочешь, чтобы после твоего отъезда Ниночка забеременела. Да, что ты! Как я могу обидеться на то, что ты хочешь ребёнка от меня? Это же чудесно!!!! Все правильно: мы же с тобой хотим детишек... Значит, без него и надо!

И я ведь то же самое имею в виду: быть настоящей женой, то есть жить с тобой, нарожать наших детей, быть вместе до гроба! В общем, и я думаю о том, в чем клянутся друг другу любимые во время бракосочетания: быть всегда рядом с тобой, поддерживать тебя во всем, быть верной и вообще все-все-все.

Да, да, именно так! Я точно знаю! Прекрасные детки получились бы! Очень умненькие, добрые и талантливые все до единого! Просто совершенства!

Я думаю, нам с тобой и клей не нужен! Мы как встретились, так сразу и приросли друг к другу. И оторвать невозможно!

Мишенька, родной!!! Ты мне так нужен! Если я потеряю тебя, мне будет невыносимо больно. Ты сейчас самый-самый родной человек для меня. И это правда. Я хочу, чтобы мы всегда вот так, как сегодня, лежали бы вместе рядышком и разговаривали. Я очень хочу видеть тебя постоянно, прикасаться к тебе, говорить с тобой...Ведь ты родной мой. Спи, муж мой родненький! Спокойной ночи, золотой мой!

Мишенькин! Лапушкин! Как я тебя люблю!!!!!!!!!!!!!! Люблю!!!!!!!!! Веришь, что люблю? Ты мой родной, ты мой хороший! Я так скучаю, но я так счастлива, что ты был со мной эти три дня!!!! Эти три дня - это такой подарок! Спасибо, милый, что ты сделал мне этот подарок! Я люблю тебя еще сильнее! Ты - чудо!!!! Я люблю тебя, люблю тебя, я люблю тебя!!!!!!! Я люблю не только тебя, я люблю сегодня весь мир - благодаря тебе!

Спасибо тебе за те счастливые ночи Я их никогда не забуду. Ты действительно знаешь, что нужно женщине. Ты вообще особенный, Миша.

Третья глава

Я давно поняла, что судьба меня постоянно балует.... Бог дарит мне все, о чем бы я ни попросила, но я понимаю, что этим Он что-то пытается сказать мне.

Что? Что именно? Иногда мне кажется - я начинаю догадываться об ответе!

Итак, с одной стороны, я все время прошу Его о чем-то, и Он вскоре дает мне именно то, о чем я просила. Но с другой стороны, разве я на этом останавливаюсь? Как бы не так!!! Я снова и снова разочаровываюсь и понимаю, что мне нужно и гораздо большее и совсем другое одновременно. Я прошу у него больше, и Он опять дает мне то, о чем я просила. Но.. вскоре я понимаю, что и это не то. И снова я "тыкаюсь" в поисках чего-то непонятно чего. Вслепую.

И только недавно, только теперь я начинаю прозревать, что мне нужна именно ЛЮБОВЬ. Настоящая. Немыслимо огромная. Такая - перед которой все остальное -ерунда.

И если у меня не будет такой любви, у меня не будет ничего. Я буду никем. Ты прав, родной, я только что вновь, в который уже раз, перечитала тринадцатую главу «Послания к коринфянам» апостола Павла. И поняла божественные строки намного глубже прежнего. Поняла, что никогда в жизни так не любила, потому что ради любимого человека можно отказаться ото всего. Все остальное человеку не так уж важно, он может и обойтись. А без любви он обойтись не может.

Только сейчас я начинаю понимать это. Мне нужна эта любовь...

"Если я говорю языками человеческими и ангельскими, а любви не имею, то я - медь звенящая, или кимвал звучащий.

Если имею дар пророчества, и знаю все тайны, и имею всякое познание и всю веру, так - что могу и горы переставлять, а не имею любви то я ничто.

И если я раздам всё имение моё и отдам тело мое на сожжение а любви не имею,- нет мне в том никакой пользы.

Любовь долготерпит, милосердствует. Любовь не завидует, любовь не превозносится, не гордится, не бесчинствует, не ищет своего, не раздражается, не мыслит зла, не радуется неправде, а сорадуется истине; всё покрывает, всему верит, всего надеется, всё переносит.

Любовь никогда не перестаёт, хотя и пророчества прекратятся, и языки умолкнут, и знание упразднится. Ибо мы отчасти знаем и отчасти пророчествуем; Когда же настанет совершенное, тогда то, что отчасти ,прекратится...

Когда я был младенцем, то по-младенчески говорил, по-младенчески мыслил, по-младенчески рассуждал; а как стал мужем, то оставил младенческое.

Теперь мы видим как бы сквозь тусклое стекло, гадателъно, тогда же - лицом к лицу; теперь я знаю отчасти, а тогда познаю, подобно как я познан.

А теперь пребывают сии три: вера. надежда. любовь; но любовь из них больше"

Апостол Павел

Мишенька! Я вообще ничего не знаю и не понимаю. Я понимаю только то, что ты взял и перевернул во мне все! Я знаю только то, что очень люблю тебя и, что ты скоро окончательно сведёшь меня с ума!!!

Солнышко моё ясное! Ну, скажи мне, как мне теперь делать курсовики? Спроси, родной, чем у меня снова забита голова? Угадал! И всё-таки это великолепно! Ну, их, эти никчемные курсовые, когда у меня есть ты и твоя чудесная живопись...

А характер у меня не самый сахарный. Я бываю резкой и... и... и даже грубой. У меня присутствуют в характере волевые нотки. Со временем их становится все больше и больше. Еще иногда я в плохом настроении люблю ворчать по поводу или без повода, придираться ко всему - в общем, как все женщины. Хотя я стараюсь этого не делать. Но получается только изредка. А ещё у меня есть вредная привычка: грызть ногти, когда нервничаю!!!! Все мои болячки – от нервов. Нейродермит, например, - это когда кожа рук начинает чесаться и иногда даже трескаться. Это все от каких-нибудь переживаний. Несколько раз в жизни у меня были настоящие женские истерики: с битьем посуды, неконтролируемыми криками и даже катанием по полу в невменяемом состоянии.

А ещё у меня аллергия на любую пыль, на пыльцу растений, на некоторые препараты и вещества, ещё и пищевая аллергия - на некоторые продукты питания, аллергия на шерсть животных. И вообще у меня на все, что угодно может появиться аллергия.

У меня постоянно скачет уровень гормонов в крови. И еще у меня уже несколько лет держится невысокая температура, причем, врачи так и не выяснили, что это.

(хотя то, что не СПИД – это точно!!!).

По большому счету все это мелочи, (правда же, любимый?) и я практически здоровый человек.

Даже в больнице прошлым летом удивлялись моему здоровью, так они и не смогли найти причину температуры. Свалили все на нервы или на усталость.

...Ну, как? Ты еще не передумал на мне жениться, родной? Если вспомню ещё что-нибудь плохое про себя – тут же сообщу. Между близкими людьми не должно быть врачебных тайн, ты согласен?

Я люблю тебя, люблю с каждым днем все больше и больше. На лекциях я не слушаю ничегошеньки из того, что говорят! Только вспоминаю о тебе и улыбаюсь.

Всю сегодняшнюю ночь у меня был беспокойный сон. Мне все время снился ты и твои волшебные письма.

Михаил! Ну, что же это такое происходит?! Когда я получаю твои письма, я не могу больше ничем заниматься, только отвечать на них. Когда ты не пишешь мне, я вообще не могу ничем заниматься!!! Могу думать только о тебе, вспоминать твои картины, письма, твои объятия, твои теплые слова.

Я забираюсь под них как под одеяло, закутываюсь ими и так как будто дремлю все время. Все это как сон. Во все это невозможно поверить. Сказка! Мечта! Ты затмил собою все, что было у меня. Ты занял в моем сердце все укромные уголки, в моих мыслях - все, что было свободное. Ты занял всю меня, и я не могу продохнуть!!!

Я задыхаюсь... от любви. Я не знаю, как раньше в моем сердце могло не быть тебя и как может теперь не быть?

Мишенька, я знаю, какой ты, только я одна! Я помню, как ты нес мне цветы!.. Ты был словно ураган! Если бы все так бежали с цветами к любимой девушке, я думаю, на Земле царила бы только радость!!!!

Хочешь, я расскажу тебе кое-что по секрету ? Я раздобыла карту твоего города, но не всю, а только тот кусочек, где живёшь ты.

Четвертая глава

Ты знаешь, как я люблю рассматривать твои картины. Люблю окунаться в бурлящий океан твоих фантазий, переживаний, мыслей, эмоций…. Огромный внутренний мир моего Мишеньки… Я иногда так глубоко ухожу, что могу даже потеряться в нем. Он бескрайний.. В твоих картинах есть все… Мне нравится путешествовать от одной картины к другой (как день ото дня в поиске новых впечатлений) по твоему внутреннему миру, запутываться в буре твоих чувств, желаний и страстей. С каждым новым твоим полотном я все больше влюбляюсь в твой внутренний мир. И самое главное, знаешь, мне он кажется удивительно знакомым! (Как будто это я рисовала!!!) Нет-нет! Только не болей! Только не ты!!! Лучше я сама - я к температуре уже привыкла. А ты, пожалуйста, побереги себя. Я так волнуюсь за тебя!

Да, я помню, родной. Не ты искал меня, и не я обращалась к тебе в том первом своем письме. Я верю, даже знаю теперь: всё было предопределено на небесах. Всего одна буква, одна ошибочная буковка в адресе моего письма своей давней подружке, и оно ушло к тебе, а не к ней. Теперь я понимаю: это была не ошибка, Бог водил моей рукой в то мгновение. Ты мог бы отбросить это глупое письмо с наивными девическими щебетаньями, вовсе никак тебя не касавшимися. Мог прочесть, усмехнуться и забыть… Нет, не мог. Тогда это был бы не ты, Мишенька. Ты ответил, и письмо дошло, потому что в моем обратном адресе ошибок, по счастью, не было. И я понимаю одно: наше знакомство за шесть с лишним тысяч километров друг от друга – не было случайным. Я просила тебя у Бога. Я просила, искала настоящей любви. И Он услышал меня.

Я, как маленькая девочка или котёнок, хочу на ручки! Или на коленки - свернуться клубочком и никуда не уходить. Так и лежать хоть весь день, хоть целую вечность! Только мурлыкать нежно-нежно, трогательно-трогательно...

Да, именно так: это я – та самая маленькая девочка, которой вернули веру в любовь и доброту, в бескорыстие, верность, красоту, во все, что есть святого на свете. И все это в тебе! А раз в тебе, то значит, и во мне тоже есть. И я счастлива этим.

А любить тебя я буду всегда... Буду любить тебя вечно и буду счастлива всегда, когда ты рядом. Я не могу не любить тебя - ты часть меня. А после нашей смерти мы придумаем новую сказку, и может, даже воплотим ее в новую жизнь, если Бог нам разрешит...

А я вчера сдала две курсовых на проверку. Куча ошибок! Я наверное, не выйду на сессию. Полгруппы не выйдет на сессию! Но мне все равно! Все равно, потому что есть ты!!!!!!

Ух, ты! Ты хочешь отправить мне ещё два своих художественных альбома?! Целых два!!! Шли же их скорее, я уже начала ждать!!

Лучше имени, чем МИХАИЛ, на всем свете, сколько не ищи, - все равно нету!!! Нет! Мишенька, Мишунчик, любимый! Скажи, когда у тебя будет свободное время в мастерской (я не хочу специально отвлекать тебя от творчества) - и я позвоню. Я карточку купила! Хорошо. Значит, завтра с 8:30 я буду тебе звонить! Жди, родной! Целую!

Я здесь, мое красное солнышко! Согрей меня своими ласковыми лучиками! Подставляю все свои лепесточки!!!

Мишенька! Два часа назад я тебе звонила! Как безумно приятно было наконец-то снова услышать твой голос! Жаль, что связь прервали так внезапно. Телефонная карточка оказалась слишком маленькой... Я не рассчитала.

Милый мой, за что спасибо??? Я сама так хотела позвонить и поговорить с тобой! Ура! Наконец-то это удалось! Боже мой, КАКОЙ у тебя глубокий волнующий голос, КАК ты умеешь говорить, каждое слово окутывает и зачаровывает навсегда... не то, что я... К тому же у меня голос срывался от волнения. Как же я соскучилась по твоему голосу! Завидую посетителям твоей мастерской: они каждый день слышат тебя вживую! Представляю, как приятно слушать твой голос, когда ты сам рассказываешь о своих картинах при открытии очередной картинной галереи! Я жажду слышать тебя бесконечно!

Четыре раза кто-то поднимал трубку, и четыре раза я просила позвать тебя. И когда ответил именно ты, я на это уже почти не надеялась. Твой голос до сих пор звучит у меня внутри. Мне не забыть этот мягкий завораживающий тембр. Я и не хочу забывать!

Если бы ты смотрел мне в глаза в тот момент, когда мы разговаривали, я думаю, слова бы нам даже не понадобились! Ты все прочитал бы в моих глазах. Это был бы разговор душ, ведь глаза - это зеркало души! Наши души смотрелись бы в отражения друг друга и удивлялись бы их сходству. У нас ведь даже цвет глаз одинаковый !

Мишунькин мой! Сладкий мой, родной, любимый! Я просто прыгаю от радости!!! И, наверное, не перестану сегодня прыгать - так и побегу в институт подпрыгивая!!!!!! Мне хочется кричать, кричать на каждом углу о том, что я тебя люблю!!!! Я тебя обожаю!!!! Как еще выразить все чувства, переполняющие меня, я не знаю!!!! Господи, я могла только мечтать, что когда-нибудь встречу тебя! Я так благодарна Богу за все это!!! За то, что он все-таки свел наши сердца!!!

Я сияю, я просто сияю при мысли о тебе! И пускай все смотрят и удивляются, чему это я так рада, все равно не догадаются! Эта улыбка не для них. Только для тебя!!!

Снова видела тебя сегодня во сне. И чувствовала, как ты посылаешь мне любовь - от сердца к сердцу.

Она заполнила меня всю сладким теплом и беззаботностью. Как в детстве... Так хорошо!

А ты прямо-таки до сих пор не знаешь и не слышал ни разу? Неужели я не говорила? Ах, ты хитрюшка моя! Что же, я могу еще много-много раз повторить: любимый, милый мой, солнышко мое, океан мой, радость моя, счастье мое!!! У меня никогда не хватит слов, чтобы выразить, как сильно я тебя люблю!!! Я всегда-всегда рядом с тобой - и в мыслях и душой... Ты и сегодня придешь ко мне во сне? Обещай немедленно! Я буду ждать тебя! ...там же, где и всегда.

А как мне понравилось с тобой в такси ездить - с тобой даже это - романтика! Помнишь, как ты мне посылал поцелуи и улыбался? Мне так хорошо было. Я никогда этого не забуду! Я люблю тебя, и с этим уже ничего не поделать... Да, кстати! Я сегодня фоткалась. И специально для тебя. Я скоро пришлю тебе эти фотографии! Целую!

Провожая тебя, я мёрзла полтора часа, потому что боялась, что больше никогда тебя не увижу, и это были последние минутки, когда я могла ещё видеть тебя или хотя бы только самолет, на котором ты улетаешь....

Мне очень трудно представить жизнь без тебя, я ведь к тебе уже привыкла и приросла! Разумеется, я переживаю и за тебя, это естественно...

Знаешь, моя мама всю жизнь работает с голыми цифрами. И ненавидит свою работу, потому что она творческий человек по своей природе. Как я ее понимаю!

Мне, конечно, трудно рассуждать, поскольку я не попадала в некоторые жизненные ситуации, но мне кажется, я не смогла бы сделать аборт. Мне легче самой умереть, чем умертвить собственного ребеночка! Хотя я не хочу никого осуждать.

Твой кот сейчас напомнил мне булгаковского Бегемота! А какого он у тебя цвета? Я так люблю животных, увы, на большинство кошек и собак у меня аллергия. Хотя раньше её не было... Конечно, только тебя! Я больше никого не хочу видеть во сне! Всех остальных буду отгонять.

Точно? И ты тоже? Так я и думала! А вот мама моя считает, что взрослым уже не пристало смотреть мультфильмы! Значит, мы оба обречены всегда оставаться детьми!

Мишунькин! Ты представляешь, я только что разговаривала с тобой, а когда положила трубку, мне показалось, что ты сейчас придёшь с работы из своей мастерской Ко мне... Как будто домой! Удивительное ощущение! Между нами такая бездна пространства, а оно возникло и не проходит.

Ты завтра позвонишь мне из мастерской? Я очень этого хочу!!! Только я теперь по утрам не одна дома - у меня папа в отпуск вышел. Но ничего, я запрусь у себя в комнате, заберу оба телефона и буду ждать твой любимый тёплый голос.

Пятая глава

Мама поинтересовалась: не с тобой ли я постоянно общаюсь по телефону, уединившись ото всех?. И не мне ли посвящены твои последние картины? (Она видела последние два альбома, которые ты прислал). Я молчу как партизанка. Она говорит "художники очень влюбчивые натуры, всё время в кого-то влюбляются". Ты ей очень нравишься. Но боюсь её реакции на твоё предложение, вряд ли она обрадуется, если я вдруг заявлю, что собираюсь за тебя замуж.

Как я тебя люблю, люблю, ЛЮБЛЮ, ЛЮБЛЮ!!!!!!!!!!!!!!!!!

Я самая счастливая на Земле, на свете, во всей Вселенной нет девушки счастливее меня!!!!! Мне сейчас кажется, что все это для нас, весь мир был придуман для нас одних! Хотя, конечно, это слишком самоуверенно, но мне кажется, как будто все остальные - это как муляжи, и только мы с тобой настоящие! Знаешь, как в "Матрице". Ты ведь тоже смотрел "Матрицу"?

Ладно, я уже не о том. И все-таки я еще повторюсь: я тебя очень люблю, очень, безмерно!!!

Родители только что вернулись из отдыха. На радостях мы устроили небольшой чисто семейный праздник. Ну, что ты! По нашим меркам совсем немного: мясной салат, бутерброды с сёмгой, с ветчиной, суп с фрикадельками. Под конец поели тортика и так все от этого облопались, что сразу спать завалились. Пили, конечно. Мы с мамой - вино красное, папа - водочку. Он кроме неё больше ничего не пьёт принципиально.

Да, я очень хочу, чтобы и ты покушал! Кушай маленький мой: "за папу, за маму, за Нинусю".

Вы с моим папой почти одного роста: он тоже высокий. Я не думаю, что родители рассердятся, радость моя! Но, они, конечно, будут крайне удивлены!!!

Если меня не будет дома, не грузи папу по телефону: кто ты и что ты. А вообще-то папа и не спросит об этом. Просто позови к телефону Нину, хорошо? Не надо его стесняться! Он очень добрый и хороший! Просто попроси меня к телефону - и всё. Я же звала тебя, когда звонила твоей маме.

Да, из-за голоса его все поначалу и боятся. А потом он не очень любит, когда мне звонят мужчины – ну, ты понимаешь. Но если бы ты видел его в семейном кругу - это очень спокойный и жизнерадостный человек!

Мне сегодня папа предложил банан. Знаешь как? Он сказал: "Доедай, а то всё равно выкидывать". Это называется "всё лишнее - детям!"

Конечно, в твоем городе нам удобнее жить, потому что у тебя ведь там вся творческая деятельность, не можешь же ты все это бросить. И дети твои старшие тоже ведь там. Хотя мне, конечно, было бы нелегко уехать так далеко от родных, но это уже не важно. Я же люблю тебя! Я думаю, и в нашем городке мы не пропали бы. Но ведь вся твоя жизнь - там, а не здесь!

Впрочем, пусть все будет по Божьему промыслу. Я полностью полагаюсь на Него!

А вот было бы здорово жить у нас!!!! В нашем городе! Хотя городочек маленьким тебе покажется после твоего. Но можно ведь жить еще где-нибудь, не так далеко, просто хотелось бы родных и знакомых почаще видеть.

Сегодня за окном пахнет весной, и я так этому рада! Распахнула форточку - а там птичка поёт! Я уже забыла эти звуки! Я не хочу больше закрывать окно. Очень красиво поет! Поет о любви, о весне... это и правда наша душа!

Нет, я и сама просто не мыслю тебя чьим-то чужим. Мой, только мой! И сама себе удивляюсь... Сладкий мой мишунькин, что же ты со мной делаешь?

Мама сегодня снова принялась пересматривать твои художественные альбомы. Ей твои картины всё больше нравятся. Вот и сейчас папа спит уже, и я тоже ложусь, а она всё сидит, разглядывает. Смотри, как бы она в тебя не влюбилась.

Так-так! Значит, и совсем молодые девчонки к нему пристают?!!! Ну-ну!

А я для тебя кто тогда?!..

Ну может, не убила , а вот чуть-чуть покалечила бы обязательно. Ладно, не бойся, не убью, мой сладенький. Но истерик тебе, дорогой, было бы, уж, наверное, не избежать!

Ну, что тут сказать? Любят мои иногда поворчать. Я и сама бываю порой ещё та ворчушка! Это у нас как бы семейное.

Конечно, было бы удобнее свадьбу сыграть у нас здесь. Просто, я боюсь, что мои по деньгам не смогут прилететь туда, к тебе. А друзья? А другие родственники: три тёти, брат двоюродный с семьёй?

И я своих. А твоих сколько примерно будет? Я думаю, встретить и разместить - это не проблема! Конечно, не проблема! А ты из друзей-художников никого не пригласишь?

Ты и впрямь хочешь, дорогой, чтобы я в брачную ночь кричала, как тогда? Громко-громко? Чтобы все соседи слышали? Всё в твоих руках, милый...

Ну, конечно, нам от них отдельно нужно будет жить. Я и сама второй хозяйки в доме не потерплю!

Подожди, подожди! Припаси эти слова - перед алтарём скажешь.

Обнимаю и целую, мой сладенький, медовый, малиновованный!!! Какой ласковый голос! Какие теплые слова! Сегодня я точно не замерзну!!! Мишунечка, ты меня так порадовал!!! Смотрю в зеркало и определяю твоё настроение: Ты доволен и... счастлив? Как я! Да? Мы ведь две половинки одной души?! Что одна чувствует, то и другая? Ура! Целую мою половиночку! Тысячу поцелуев! Звони скорей, я тебя очень люблю!

Ой, а вдруг я испорчусь? Стану сварливая, пилить тебя начну, как моя мама любит делать. Хотя я, конечно, стараюсь быть не похожей на маму, но от собственных ген трудно отказаться, как и от чебурашек

И вообще нервная я, ты не забывай! Верная? Кто сказал? Кто застрахован от неверности?

Ещё поцеловать? Целую нежно-нежно!

Шестая глава

Так, ну всё! Теперь я буду страшная, больная, злая, хнычащая, вредная и самая ужасная! Посмотрим, долго ли ты меня такую вытерпишь.

Мне очень не хватает тебя... Хорошо, что ты ещё меня веселишь своими волшебными выдумками , а то мне в последние дни так плохо... Не хотела говорить, но временами мне очень плохо. Я как потерянная.

Мне не хочется говорить, но мне просто страшно. Я всего лишь маленькая беззащитная девочка, и мне страшно... Так не хочется причинять столько боли... Ну просто ТАК не хочется! Я уже чувствую себя виноватой во всём. И ещё.. мне очень страшно терять всё, к чему привыкла. Можешь упрекать меня, но мне всё равно страшно.

Когда один-единственный раз в жизни мы переехали из старой квартиры в новую, сюда - мне было 8 лет. Ты знаешь, мне тогда казалось, что жизнь для меня кончилась. Хотя мы переезжали всей семьёй. Но все мои друзья остались там, а мама...

свозила меня только один раз туда и, насмотревшись на мои слёзы, сказала, что больше меня туда не пустит. Я очень страдала... А она не понимала меня... Ладно, это старая история.

Сейчас всё совсем по-другому, но мне всё равно страшно. Можешь называть меня слабой и нерешительной и ещё какой-нибудь, но я боюсь перемен! А таких грандиозных перемен в моей жизни ещё не было.

Да, я тоже как под пыткой. Родители замечают, что меня что-то гложет и спрашивают, что со мной. Мне так хочется всё это вылить, но я не могу им пока ничего рассказать. Даже намекать не хочу - зачем забивать им головы! Они такие счастливые. Не хочу пока ничем их печалить. Выношу всё в себе и даже вида не подам. Я привыкла так делать - мои родители редко понимают меня, поэтому не люблю выдавать им свои чувства.

Очень на это надеюсь! Мои родители, вроде, всегда готовы меня понять. Иногда понимают. Но когда дело действительно касается чего-то серьёзного, мамину точку зрения трудно преломить и мы с ней часто ссоримся, а папа просто отмалчивается и уходит в сторону. Если бы друзья меня не поддерживали, я чувствовала бы себя совсем одинокой в такие моменты.

Я надеюсь, что в этом не буду похожа на своих родителей. Я очень надеюсь. Я хочу быть настоящей поддержкой и опорой для своих детей. Я хочу, чтобы они мне во всём доверяли.

А у нас папа не любит конфликтов. Если бы он начал заступаться, мама непременно расплакалась бы, сказала бы: "вы меня совсем не цените, вы такие хорошие, а я одна такая плохая", в общем, в таком духе всё. Ты же знаешь, у неё нервы никудышные и комплексов целый букет. Папа просто её бережёт. Я его отлично понимаю. Это я иногда не сдерживаюсь, ругаюсь с мамой... характеры у нас с ней несовместимые.

Да, я знаю о такой примете. Судя по ней, я ко всему в придачу ещё и невообразимо ревнивая!

Одно дело - относиться к тебе хорошо сейчас, когда мама ничего о нашей с тобой истории не знает. Но потом, когда ты для неё станешь не просто ярким талантливым художником из далекого города, тут уже будут затронуты личные чувства. И я точно знаю, она плохо отнесётся к тому, что ты готов ради меня оставить семью.

Знаю я свою маму, она жуткий консерватор, и её точку зрения на эти вещи изменить очень трудно. Она начнёт представлять себя и папу на месте тебя и твоей жены. Она скажет, что с ума бы сошла, если бы папа так поступил с ней... ну и в таком духе. Одно то, что ты ей очень нравишься сейчас, не означает, что она воспримет это известие как-то иначе.

Я как раз и хотела, чтобы ты меня защитил, оправдал перед ней, сказал: "нет, ты не права, она не такая"... ну в общем, ладно...

Ты очень хороший, Мишенька! А я, когда мне плохо, ухожу в комнату, закрываюсь, включаю музыку и там уже плачу, чтобы никто не видел и не слышал.

Бедная твоя жена. Мне её, правда, очень-очень жалко. Я тоже люблю выдавливать прыщики! И когда мне выдавливают – тоже люблю!

Что поделаешь. Мы с тобой давно уже стали родными, а сейчас - ещё родней! Я же это чувствую. Правда, чувствую!!!!!!!!!!!

А жить с тобой нам лучше всё-таки в твоих краях, наверное. Потому что у тебя там работа, знакомые, связи, и главное - дети твои. Им ведь нужна твоя поддержка, а если ты уедешь, они не смогут видеться так часто, как им хотелось бы. А у меня пока нет никакой работы, а институт я скоро закончу. Правда, есть ещё друзья, родители здесь, в городе, но и друзья могут разъехаться, да, и я предполагала, что перееду отсюда куда-нибудь. Неудобно только из твоего города ездить к родителям - встречи очень редкие получатся. А им ко мне - ещё труднее. К брату в Москву - тоже труднее от вас, чем от нас добираться. Но всё-таки лучшее место для нашей жизни, если мы решим пожениться, это там, у тебя, я думаю. Целую, любимый.

Ненавидеть? Нет, я думаю, ненавидеть она тебя не будет. Переживать будет. В общем, не знаю, надо мне как-то маму постепенно настраивать, что ли. Я постараюсь.

Миленький, мой! Я с тобой так никогда не поступлю, никогда!

То, о чем ты рассказываешь, очень печально, родной мой. К сожалению, в жизни таких людей много. Им хорошо только тогда, когда кому-нибудь плохо...

Для них главное - выместить своё зло на ком-нибудь, и когда им это удаётся, они только тогда успокаиваются. На какое-то время. Знаешь, про таких поговорка есть: "у меня сегодня радость - я кому-то сделал гадость". По-моему, ими руководит какая-то тёмная неведомая энергия. Никогда не поступлю с тобой так и никому–никому этого не позволю!

Седьмая глава

Ладно, пока ты всё переваришь, что я тебе написала... В общем, ко мне скоро придет друг. Так что я пока не смогу писать. Допишу, наверное, только поздней ночью.

А ты как думаешь, хорошо я сейчас поступаю, находясь в одной комнате со спящим другом, а сама в это время пишу тебе признания! Он ведь может в любой момент проснуться. Так что ты не волнуйся, если я вдруг прервусь. Ну, как тебе Нинуся после этого? Плохая девочка, да? Не сомневаюсь!

Так как тебя - я целовала только тебя, даже и не проси целовать других так же. Тот поцелуй - только твой!

Я не представляю, как можно тебя за что-то не простить. Ты ведь самый лучший, самый добрый и ласковый! Ты - просто чудо, ты - сокровищница чувств! Среди моих знакомых никто так не умеет чувствовать и выражать свои чувства как ты. И поэтому я тебя люблю.

Мой друг хороший, он все делает для меня, но у меня нет такого же ответного чувства как у него. Раньше я его любила сильней. Но сейчас... я не знаю, что произошло. И в общем-то все было бы хорошо, но у нас с ним нет такого полного духовного взаимопонимания. Он – не ты. Мне трудно сейчас все это сформулировать и объяснить... Мне необходимо духовное общение, а он не в состоянии его мне дать.

Посмотри мне в глаза: разве там написано, что я могу тебя бросить? Я могу повторять и повторять, что я все равно буду с тобой всегда, хочешь ты этого или нет!!! И как я могу тебе что-то не простить, дорогой мой, милый мой? Целую тебя крепко-крепко! И обнимаю тоже крепко. Ничего не бойся, прошу тебя! Я с тобой. Ты чувствуешь? Я обнимаю и люблю!!!

Нет, нет! Как раз сегодня мы ничем таким не занимались! И вообще мы встречаемся с ним не только для того, чтобы любовью заниматься! Сегодня мы сначала смотрели у него фильм, очень красивый, называется "Final fantasy". Весь фильм нарисован в 3D-графике. Потом он помогал мне делать бизнес-план.

Так что, пожалуйста, больше не выдумывай себе эти душераздирающие сцены! Ты себя этим еще больше накручиваешь! Считай, что я просто провожу вечер со знакомым, поэтому не могу с тобой общаться в это время.

Нет, ты не меньше мужчина, чем он! Уж, я-то в этом убедилась!

Все-таки с одной стороны хорошо иметь сразу двух мужей, а с другой - все равно нужно разрываться! Все время думать, не обидела ли чем-нибудь второго. Хотя иногда я начинаю понимать такие семьи. Его реакция? Ничего хорошего, я думаю, он не ответил бы. Особенно, если понял бы, что это не совсем шутка. Тогда уж точно запереживал бы!

А вот тот, который у меня до Димы был - он довольно часто сильно напивался. И силу приложить иногда тоже мог. Вот звонил мне сегодня опять - прошлое вспоминал. Но у меня нет большого желания с ним разговаривать. А он всё ещё на что-то надеется...

Нет, я никуда не ушла ещё. Мне просто Дима звонил.

Я люблю вас обоих! И мне от этого и хорошо и плохо - одновременно! Миша, разве ты никогда не любил одновременно двух женщин? И еще: никогда не говори мне, что отнимаешь у меня время - это не так! Я всегда рада твоим письмам, всегда, запомни это, мой хороший, ладненько? Ты - самый лучший, мой дорогой Мишенька!

А я не только сегодня, я в последнее время каждую ночь - с тобой!

Многоженство существует во многих странах, жаль, что многомужества нет нигде.

Не хотела тебя расстраивать, но он скоро опять придет. Но мы просто пообщаемся - ничего более, я обещаю!!!

А мой друг Дима снова спит сейчас. Он думает, что я делаю курсовые и меня нельзя отвлекать. Поэтому от скуки он уснул. Вернее, это я его усыпила. Ты знаешь, у меня ведь волшебная кроватка - когда я пожелаю, человек, лежащий на ней засыпает, даже не заметив этого. И я этим пользуюсь.

Хочешь честно? Я ему не позволяю! И вообще в последнее время мы даже почти не видимся. Мы решили, что нам надо с ним какое-то время не видеться.

Мне сегодня очень грустно. Так получилось, что мы с Димой шли сегодня мимо гостиницы. Той самой, нашей с тобой... Во мне вспыхнули воспоминания, и я только сейчас ощутила, как я скучаю по тебе. Очень скучаю. Я тебя очень люблю и мне грустно. "Мне грустно оттого, что я тебя люблю...." Помнишь? Мне очень нужен ты. Боже мой, как же ты мне нужен!!!!!!

Итак, сегодня я пью шампанское! Боже мой! Мне почти никогда еще не хотелось выпить. Просто выпить. А сегодня захотелось. И именно шампанского. Я пью за то, чтобы все было хорошо! Я не могу сформулировать это как-то иначе.

Ко мне сегодня приходил Дима. Мы очень долго разговаривали и решили не видеться ещё хотя бы неделю.   Только звонить будет. Он до сих пор ничего не знает о нас с тобой.

Да, при чём здесь разница в возрасте?!!! Я знаю, что мне снова будет хорошо с тобой, но какой ценой?! Смогу я после этого спокойно жить и наслаждаться семейным счастьем?

Всю ночь во сне думала о тебе. Но ты мне не снился. И сегодня буду думать постоянно. Взгляну на солнышко, улыбнусь ему, как будто тебе.

Восьмая глава

Миша! Мне надоело врать. Врать всем: родителям, Диме, знакомым. Меня мучит совесть. Я так не могу - ты женат, но в то же время хочешь остаться со мной. Я не могу сейчас просто так порвать с Димой, но и не могу врать ему, а сама заниматься любовью с тобой в это время. Я не могу переступить через твою семью, которую ты готов оставить ради меня. Я не смогу переступить всё это. Меня всегда будет мучить вина. Я так не могу.

Я буду чувствовать себя так паршиво, если разобью твою семью. Я не смогу через это переступить. Даже после твоих слов о том, что она всё равно уже разбита. Но она пока существует, а разрушиться может из-за МЕНЯ!!! Из-за меня не стоит ничего разрушать.

Твоей Нинусе давненько не приходилось столько врать. И её корёжит от этого вранья. Я хотела бы, чтобы ты приехал. И хотела бы снова испытать с тобой самые сладкие минуты... Но если бы всё это было чисто! Если бы у тебя не было семьи, если бы не пришлось всем врать... Ведь так это должно быть. Только так.

Ты мне дорог! И я хочу тебя видеть... Не из жалости, нет! Ты мне очень дорогой человек, я тебя люблю, но я снова повторяю, что не люблю тебя настолько сильно, чтобы сейчас же решиться на всё...

А наш ребёнок до свадьбы - это тоже как-то... сам понимаешь. Я понимаю, что тебе, возможно, было бы так и удобнее, и приятнее. А мне? Вроде как: я сначала была со своим другом, а потом забеременела от тебя... И получится, что будто из-за того только, что другого выхода для меня нет, только поэтому вышла за тебя. Но ведь не так хотелось бы.

Я не хочу, чтобы ты разводился от отчаяния. Ведь ты же можешь ещё остаться с этой семьёй. А уж втихомолку я замуж не выйду - это точно.

Это легко сказать! Но я мучаюсь. Меня совесть заедает! Что, её тоже выбросить? Ты ведь знаешь, что такое совесть. Знаешь ведь? Что это не просто чувство такое... Совесть - глас Божий. И я в это верю. А жертвы оценят, по крайней мере, на небесах - это точно, разве не так? "На чужом несчастье счастья не построишь". так говорят ещё. А несчастье твоей жены не в счёт?

Да не виноват же ты ни в чём! И я тебя не виню! А погладить и приласкать всегда рада!

Я это всё поняла, я тебе об этом в самом начале сегодняшнего разговора говорила. Очень хорошо, что родное здесь... но... но... меня всё равно СОВЕСТЬ МУЧАЕТ!!! Что ж, если я родная тебе, то я даже Бога бояться не должна? Я тоже хочу счастья на земле. Только чтобы не идти наперекор Ему. А может, Он меня и вразумил. Вразумил на то, что жизнь наша должна пройти не так, не при ТАКИХ обстоятельствах. Вот я и думаю, как это сделать.

Я не знаю уже, как тебе объяснить это, но я просто прошу тебя: не приезжай больше ко мне. Так будет лучше. Я тоже очень хочу тебя увидеть, но лучше мне побыть наедине с самой собой, чтобы меня никто никуда не тянул, чтобы я спокойно могла разобраться в себе. Да, мне это очень нужно, мне нужно время - хотя бы немного времени. Ты говоришь, что для тебя время тянется долго, я понимаю, милый. Но всё равно я не хочу спешить, мне его слишком мало! Я знаю, ты меня любишь, поэтому поймешь. Не спрашивай у меня, не пытайся меня убедить, что мне нечего бояться, прошу! Я просто знаю, что мне НУЖНО побыть одной.

Если сегодня до полуночи я ничего не напишу тебе, то не жди меня больше, пожалуйста, а просто ложись спать. Целую!

Девятая глава

Родными? Наверное, останемся.

И я люблю... целую... засыпаю рядом...

ЭПИЛОГ

"И предал я сердце моё тому, чтобы познать мудрость и познать безумие и глупость; узнал, что и это - томление духа.

Потому что во многой мудрости много печали; и кто умножает познания, умножает скорбь....

И возненавидел я жизнь: потому что противны стали мне дела, которые делаются под солнцем; ибо всё - суета сует и томление духа.

Ещё видел я под солнцем: место суда, а там беззаконие; место правды, а там неправда...

И обратился я, и увидел всякие угнетения, какие делаются под солнцем: и вот слезы угнетённых, а утешителя у них нет; и в руке угнетающих их - сила...

И ублажил я мёртвых, которые давно умерли, более живых, которые живут доселе.

А блаженнее их обоих тот, кто ещё не существовал, кто не видел злых дел, какие делаются под солнцем.

Видел я также, что всякий труд и всякий успех в делах производит взаимную между людьми зависть. И это - суета и томление духа!

Всего насмотрелся я в суетные дни мои: праведник гибнет в праведности своей; нечестивый живёт долго в нечестии своём.

И обратился я, и видел под солнцем, что не проворным достаётся успешный бег, не храбрым - победа, не мудрым - хлеб, и не у разумных - богатство, и не искусным - благорасположение, но время и случай для всех их...

Нет человека праведного на земле, который делал бы добро и не грешил бы. "

из Книги Екклесиаста

Земля заструилась, вздрогнула и потекла куда-то назад: всё дальше и дальше, медленнее и медленнее. Затем - покачнулась раз, второй и начала стремительно проваливаться в густеющую дымку, словно дремлющий птичий глаз, затягивающийся белесой плёнкой. В последний раз, случайно уже, мелькнуло в разрыве облаков нечто щемяще недостижимое и исчезло...

ПРИБЛИЖЕНИЕ

А там ,за пристанью, ещё снуют китайцы,
Там пальмы шепчутся под ветром при луне,
Трещат кузнечики, и умирают зайцы,
И львы храпящие волнуются во сне...

Она жила во дворце. За ажурными арками посреди просторного мраморного зала струился фонтан. Из вечнозелёного сада она спускалась по покрытой пурпурными коврами белоснежной лестнице, подходила к фонтану, присаживалась на прохладный край его каменной чаши и слушала тишину. Дыхание знойного ветра, шелест листвы, пение птиц, нежное журчание воды - каждый звук эхом разносился под высокими сводами. У неё были голубиные глаза...

Вести от принца приходили всё реже. Где-то там, далеко, в горах его армия вела бесконечную изнуряющую войну с магами и чудовищами. А она лишь терпеливо ждала. Ждала звонкоголосых герольдов, цокота конских копыт, шороха знакомого плаща и стремительных шагов за спиной...

Каждое утро она принимала ванны из тёплого парного молока. Певцы, музыканты, танцовщицы, шуты и поэты услаждали её зрение и слух. Знаменитейшие живописцы и скульпторы стремились запечатлеть её образ в своих лучших работах. Искуснейшие кулинары создавали для неё подлинные шедевры. Учёнейшие лекари следили за её бесценным здоровьем.

Однажды, в забытьи ожидания ей привиделось огромное алое солнце за морозным окном, дымно-багровые сумерки и её, освещённые закатом, словно облитые кровью, руки!

Она вскрикнула в ужасе и проснулась от сильнейшего удара головой о чугунную батарею отопления, возле которой спала на расстеленном на полу матрасе. «Привидится же такое!» - подумала Шурочка, морщась от боли.

Её муж, механик Алексеев, второй месяц как был в командировке в этом, как его, Тырны-аусе что ли. Только они затеяли ремонт в своей трёхкомнатной квартире на Карбышева: сгрудили в кучу всю мебель, кровати, ковры и шмотки, завезли стройматериалы, как он тут же и укатил. Заусило. Впрочем, это в его духе... Тогда была сносная погода, было настроение, а теперь - ноябрь: по-европейски вроде ещё и не зима, а по-нашему, по-красноярски - уж точно не осень. То давление на улице скачет, то батареи подворачиваются. Головушка моя бедная!

Ведь только свекруха Светку с Вовкой к себе на выходные забрала, только я их проводила, как к вечеру свет отключили. Ну, прям, как назло, ну, я не знаю!.. Ни книжку почитать, ни телик посмотреть. Взяла да и легла спать пораньше. Приснится же всякая дребедень. Форточку приоткрыть, что ли? Батареи раскочегарили так, что дышать нечем. Вонища-то какая! Чем это там с коридора несёт? Опять, поди, Митяева химичит, с-стерва! (Дверь рядом сбоку на площадке). Ума на копейку. На той неделе мне дохлую крысу под дверь сунула. Думала, не пойму кто, ага! Вот у неё морда была, наверное, когда она эту крыску из своего почтового ящика доставала! Хе-хе... Уй, больно-то как, а! Всё-всё-всё. Спим.

Очнувшись от наваждения, она тут же забыла о нём. Лишь невнятная тревога растворилась в воздухе да влажный ветерок пошевелил верхушки олив... Она прогнала фрейлин, запретила придворным видеть себя. Только два свирепых мавра, охранявших её покои, слышали иногда лёгкую поступь своей госпожи.

Вестей всё ещё не было. Она почти не притрагивалась к пище, которую прислуга незаметно оставляла для неё в трапезной. У неё развилась мигрень, но ни один лекарь не смел переступить порог дворца и нарушить её запрет. Ночью в опочивальне среди влажных от слёз подушек она беззвучно повторяла дорогое имя, взирая с тоской на убывающий лунный серп.

Вдруг неясный едва различимый шорох привлёк её внимание. Звук доносился из мраморной залы с фонтаном. Она зажгла свечу и, осторожно ступая, направилась туда. Посреди зала из фонтана вместо воды струями изливались бесчисленные шуршащие насекомые. Мириады рыжих жесткокрылых тварей расползались и разбегались вокруг. А из самого горла фонтана, как из чрева, выбиралось исполинское чёрное насекомое.

Она упала без чувств ... и опять ударилась головой об эту чёртову батарею! Это ж надо - тем же больным местом удариться! Голова раскалывается. Воды, что ли, сходить попить? Опаньки! А что это в детской комнате треснуло? Там же пусто! Ой, нехорошо как-то!.. А теперь - в коридоре! Старые половицы совсем рассохлись. Вот с чего ремонт надо было начинать! А то - так: косметика одна. Вернёшься с командировки, я тебе, Алексеев, припомню, ты у меня попляшешь, механик хренов. Ой, головушка боли-ит! И дышать нечем, во рту какая-то пакость. Нет, всё -таки воды надо попить. Где там у Вовчика свечечка? Ага, один огрызок мамке оставил, поросёнок! Спички над плитой кончаются. Завтра купить - не забыть...

Да что это такое?! Откуда?! Не было же их у меня никогда!.. Я ж терпеть вас не могу! Гады! Тошнит-то как, Господи! Хоть бы кто-нибудь рядом...Хоть голос...

В раковине и вокруг - всюду кишели рыжие тараканы. Их становилось всё больше. А там, в отверстии, куда обычно стекает вода, словно доисторическое Нечто, шевелила усами чёрная тараканья голова. Шурочка взвизгнула, не помня себя рванула назад, споткнулась на пороге комнаты, и, падая, ударилась головой о косяк двери.

Она очнулась на холодном мраморном полу. Насекомых не было. Где-то в саду мирно звенели ночные цикады. Голова, словно сдавливаемая изнутри стальным обручем, раскалывалась от боли. Её подташнивало. Пошатываясь, она встала, опершись о край каменной чаши. Ей показалось, что где-то далеко-далеко зазвучали трубы . Но это был не знакомый приветственный клич герольдов, а нечто иное. Трубы были чужими с низкими и хриплыми голосами. Эти голоса приближались! Затем послышался цокот конских копыт. Сердце отчаянно задрожало. Внезапно она поняла, что находится во дворце совершенно одна: придворные, слуги, стражники - всё исчезло куда-то...

Незнакомые всадники, звеня доспехами, спешивались у входа. Но вдруг они расступились и в дверном проёме скудно освещаемая истощённой луной появилась исполинская чёрная фигура. Нечто, звеня шпорами, вошло в зал и, сбрасывая на ходу плащ, направилось к ней. Ледяной озноб охватил всё её существо. Дыша смрадом, ощупывая всю её снаружи и изнутри огненными глазами, на неё надвигалось омерзительное мохнатое чудовище! Жуткие лапы с огромными кривыми когтями вцепились в неё... Последнее, что она запомнила в своей жизни, был пронзительный, словно вспышка молнии, нечеловеческий вопль и оглушительный железный грохот.

Вся дрожа от холода и ужаса, Шурочка очнулась и медленно поднялась. Она стояла посреди комнаты лицом к коридору, до рези в ушах вслушиваясь в тишину. От стены до стены прополз отсвет далёких фар. Кровь толчками стучала в висках. Вдруг явственно послышалось, как за спиной Нечто царапнуло оконное стекло. Шурочка застыла:

- Это они! Нет... Неужели всё это правда?!

Звук повторился, мало того, он стал настойчивей. Но ведь четвёртый этаж, такая высота, ведь этого не может быть!.. И всё же Это - было.

Она не могла заставить себя обернуться. Не оставалось ничего, как только стоя смотреть в пустую ободранную стену:

- Нет, нет, нет! Только не оборачиваться! Только, только... На что я надеюсь? Мне же некого звать! Оно услышит меня первым!..

Звук становился всё явственней. Нечто неумолимо царапало дрожащее оконное стекло. Внезапно в свете фар на стене она увидела жуткую тень мохнатой руки с огромными когтями на пальцах, тянущуюся к раскрытой форточке.

- Этого не может быть! Нет!! - Шурочка крепко зажмурила глаза, вновь раскрыла их: рука продолжала тянуться, растягиваясь по стене всё дальше и выше. И тогда она закричала так, как не кричала ещё никогда в жизни! И, словно вторя ей, там, за её спиной, раздался ужасающий жестяной грохот и дикий нечеловеческий вопль, эхом разнёсшийся по всем закоулкам двора...

Обезумев от ужаса, Шурочка влетела в детскую комнату, дрожащими непослушными руками раскрыла окно, взобралась на подоконник. Там, позади неё, в спальной комнате жуткое Нечто пролезало сквозь распахнутую форточку! Она слышала это так явственно, как не может быть ни в каком сне, а только здесь, в жизни, Наяву.

- Господи! Хоть бы одно окно горело! Хоть бы где-нибудь!.. Люди!!!...

Но вокруг только непроглядная тьма, всё спит. И лишь одна она, Шурочка, обдуваемая морозным ветром с хлопьями невидимого снега, стоит на самом краю распахнутого окна! Шурочка услышала, как неотвратимое Нечто шлёпнулось на пол и застучало своими копытцами по скользкому линолеуму, покрывавшему рассохшиеся деревянные полы. Оно знало, где найти её...

Сердце бешено колотилось в груди. Идущая кругом голова разрывалась от невыносимой боли. По щекам поползли слёзы. Разом обессилев и обмякнув, она зажмурилась и, как бы нечаянно, - соскользнула вниз... Туда - где лишь стремительный ветер да хлопья снега...

Снег изысканно искрится,
Острым блеском устлан путь.
Снег ложится, как страница,
Чтобы вспыхнуть и уснуть.

Ветер снежной пылью крутит,
Тянет тонкую змею:
Это он в колодце мутит
Воду чистую мою.

Это он в дверные щели
Загоняет сквозняки...
В тёмных окнах - свист метели
И безумие тоски!..

Её обнаружили утром. Под окнами своей пятиэтажки в ночной сорочке лежала на снегу с разбитой головой Шурочка Алексеева. Глаза у неё были какие-то странные, «голубиные что-ли» - отметил про себя следователь...

В квартире нашли облезлую кошку Муську соседей Сидоровых с пятого этажа. Хозяин животного пожал плечами, сказав, что ничего не помнит, из гостей пришли поздно, изрядно выпимши, может, и перепутал окно с дверью, выкинул Муську , чтоб спать не мешала. Вот же скотинка живучая - видать, за чужой подоконник уцепилась!

Шибко горевала гражданка Митяева, - жила-то ближе всех, а новость узнала последней. В ту ночь она осталась у подруги, поскольку усыпала и упрыскала всю свою квартиру средствами от тараканов. И одолела-таки! После возвращения с удовольствием отметила: насекомые куда-то ушли.

- Ну, и дура! - сказала вечером на посиделках перед подъездом Сидориха, - Дом - полная чаша! Ремонт закатили. Муж - руки золотые, не пьёт, дети двоек не носят, свекровка помогает...

- Жила, как в раю, - вставила Митяева, глядя куда-то в сторону.

А у ног хозяйки тёрлась так и некормленная досыта Муська. Порой она вдруг замирала, с тихим урчанием глядя на дворовых голубей, и тогда в её зрачках вспыхивал незнакомый никому зловещий потусторонний блеск.

ПОЖИНАЮЩИЙ ВЕТЕР

Жизнь он вёл восторженную, беспорядочную, как стрельба на старинной кавказской свадьбе. Лишь иногда по утрам, зияя глазами, словно силясь вспомнить о чём-то, беспомощно барахталось в зеркале его изможлённое праздниками страдальческое лицо.

Ну, не может такого быть! Куда-то же подевалось всё! А раз подевалось, значит, было!
Или не было? Свят-свят-свят!.. Что если и не было вовсе? Что если и не рождался на белый свет? А так и прожил, отгулеванил своё, кровное где-то в темноте нерождения?..

Что если?!...

Тут мысль его обычно обрывалась, теряясь в непроглядных глубинах зеркального стекла, на котором бочком-бочком вырисовывался уже образ очередного жизнерадостного приятеля-собутыльника. И похмелившиеся вскоре глаза не видели более ничего, кроме стен квартиры, такой же несвежей, немытой и мятой, как её хозяин ...

И исчезнет всё...

И останется только ветер, надрывно омывающий остроугольные берега бесконечных зданий, широко выгибающий спину, стремительно падающий навзничь в самую гущу быстрокрылой сирени, в самую чащу восхищенного ливня, в самое сердце искролетного листопада, в самое логово снежнобровой метели...

И исчезнет всё...

И ветер останется...

СЛАВА БОГУ!

Слава Богу – Настоящему, Всепрощающему, Всемилостивому, Всесмиряющему и Всеутешающему, Единому, Справедливому, Безымянному, Вездесущему, Всех понимающему и Всем сочувствующему, Всезнающему и Всепомнящему, Неустанному и Несуетному, Неисчислимому и Неизменному, ибо Бог миру изменить не может. Он сам и есть – Мир, - знаемое и незнаемое, ведомое и ведущее, десница и око, мысль и пространство, всё – в Нём и нет ничего, что было бы вне Его. Без Бога – нет и нас, и без нас – нет Бога... ибо Бог есть Душа и Любовь, и пока душа и любовь существуют – мир вечен. И не быть ничему вне этого. И этому быть всегда...

И слава Богу!..

ПОСЛЕСЛОВИЕ. ОТЗЫВЫ О ТВОРЧЕСТВЕ ЭЛЬДАРА АХАДОВА

"Прежде всего я должна сказать, что есть очень интересные писатели среди представителей среднего поколения . Это и прозаики, и поэты. Многие из них отличаются активной жизненной позицией, стремясь воспитать следующее поколение литераторов. Может быть, так "аукается" тот запас энергии, который был создан поколением писателей-шестидесятников. То есть связь времён не распалась... начинается период новой художественной рефлексии, и появляются новые авторы, новые интересные произведения... вот представитель более старшего поколения - Эльдар Ахадов, обладатель "Серебряного пера Руси", который очень много и плодотворно работает и в поэзии, и в прозе, много занимается воспитанием творческой молодёжи."

Директор литературного лицея,
главный редактор журнала "День и ночь"
Марина.Саввиных

"Эльдару Ахадову – в эпоху сорняка и блефа радостно встретить очарованного культурой... Жрецам поэзии поклон. "
"Эльдару Ахадову – поэту, мудрецу, живой душе с поклоном суфиев"
"Моему Брату – энциклопедисту Эльдару Ахадову с любовью.
Ваш Тимур Зульфикаров. Москва. 2007г. "

"Дорогой Эльдар, спасибо за замечательную сказку!
Мы Вас вспоминаем... Поклон
дому. Зульфикаровы. " 23.11.2007г.

Обладатель премии "Коллетс" (Англия) за "Лучший роман Европы-93",
премии "ЯСНАЯ ПОЛЯНА" за "Выдающееся художественное произведение русской литературы" и Национальной премии "Лучшая книга года - 2005", всемирно известный писатель Тимур Зульфикаров

"**Красноярский поэт Эльдар Алихасович Ахадов – член Союза писателей, тонкий поэт-лирик, автор нескольких поэтических сборников... Книга Э.Ахадова «Державный пантеон» представляет собой стихотворное изложение русской истории в деяниях русских князей, царей и императоров, начиная от Рюрика I и кончая Николаем II. Благодаря использованию образных, ярких, ёмких и экономичных изобразительных средств поэтического языка, автору удалось на сравнительно небольшом пространстве своего произведения изложить практически все сколько-нибудь значимые события русской истории за последние 1000 лет и рассказать обо всех значительных деятелях русской истории. Книга написана добротным поэтическим языком, легко и с интересом читается...**"

Председатель красноярского краевого отделения "Литфонда России" и "Международного литературного фонда" писатель Александр Астраханцев

"**...прозаический талант известного красноярского поэта Эльдара Ахадова был признан на Всероссийском литературном конкурсе имени В. М. Шукшина, где он стал лауреатом премии именно как рассказчик. В книге "Посмотри мне в глаза..." - лучшие его** рассказы, сказки, а также три повести - "Казино", "Посмотри мне в глаза" и "R-127"... автор демонстрирует безупречное владение как литературным, так и современным разговорным языком, умение лаконично и стильно излагать сюжет, трогать за душу читателя и в то же время избегать многословного пафоса.

Вкусы, конечно, могут быть разными, но, на мой взгляд, это одна из лучших прозаических книг, вышедших за последнее время в нашем крае. Особая интрига заключается в том, что азербайджанец Эльдар Ахадов ещё раз даёт урок многим русским (по крови, но не по духу) писателям - урок русского языка. ”

известный русский писатель, член Союза писателей СССР с 1980г.
Э.И.Русаков

«Безусловным достоинством всех его произведений является хороший литературный язык и приглашение взглянуть на мир без сложившихся стереотипов мышления, увидеть в нем, пусть даже спорные, но новые грани... В его прозе много жизненных наблюдений, умения слышать народную речь, умения видеть богатства народного языка»
главный редактор Красноярского краевого Государственного Центра народного творчества
Сталина Войтюк

«Эльдару Ахадову с поклоном и на добрую память
Виктор Астафьев,
14.02.2000г.»

«Эльдар! Храни Вас Бог! 25.06.95г. Таганка»

народный артист России Валерий Золотухин

«Эльдару Ахадову – писателю, поэту, который останется в веках. Удачи, успехов, здоровья, долголетия»

заслуженный художник России Валерий Пилипчук

«Тут чистейшая, пронзительная лирика, которая, кстати, даже у истинно талантливого человека (кем Вы и являетесь) не берётся «ниоткуда», а возникает из таких глубин души, переполненной болью и страданием, что порой, читая, диву даёшься: Господи! Да как же он сумел так сказать?!!»

член Союза писателей СССР с 1970г

ПАНТЕОНЫ

ДЕРЖАВНЫЙ ПАНТЕОН

**"Истинное богатство человека в будущем
есть добро, сделанное им в мире сем
своему ближнему. Умрёт он, - и скажут
люди: "Какое имущество оставил он после
себя?" Но ангелы...спросят:"Какие добрые
дела послал ты перед собою?"
Из книги пророка**

Песнь первая
Из-под земли задумчивой и тёмной
Восходит шар малиновый, огромный.
Плывёт туман. Струятся облака.
Шумит листва. Колышутся дубравы.
Блестят росой осыпанные травы.
И, полыхая, движется река...
По ней в ладьях купцы спешат честные
Скорей пристать под стены крепостные, -
Сполна тревог досталось им в пути,
Но здесь лихие не смутят их встречи...
Чу!... Созывает колокол на вече.
Явились все, кто только мог идти...
Рек Гостомысл, отечества радетель:
«Защитник нужен нам и благодетель,
От бед премногих мир он оградит...
Нам ныне Рюрик, доблестью известный,
Готов служить своей дружиной честной,
В пределы наши с Русью он спешит...»
И лишь умолк премудрый на мгновенье, -
Явилось вдруг небесное знаменье:
Вознёсся мост в нетленной синеве,
Под ним кипело огненное море,
Но длился он в неистовом просторе -
Один подобный прочной тетиве.

Вот по нему, смотрите, всадник мчится:
И конь под ним стремительный, как птица,
И сам он дерзок и неукротим...
Что значит он? Куда свой путь он правит?
Над чем тот мост? И чьё он имя славит?
Не я скажу... Мы вместе поглядим...

РЮРИК ПЕРВЫЙ

Так начиналась Русская земля...

Сел в Новгороде Рюрик, братьям он
Изборск и Белоозеро доставил.
Как под снегами вешняя вода
В походах крепло рюриково племя.
Напрасно тщились опытную рать
Рассеять толпы храброго Вадима.
От Волхова седого до Оки
Простёрлись земли князя повсеместно...
...
Скончались братья Синеус и Трувор,
С поры той их владений государем
Брат Рюрик стал. Двух витязей своих -
С дружинами он вскоре отпускает
Искать дорогу к греческой земле...
Аскольд и Дир, счастливые, спешат
Судьбе своей и Киеву навстречу...

Стал князь великий первым самодержцем
На всей Руси, известной с тех времён.
Земли своей державный государь,
Назначил он преемником Олега -
Воителя славнейшего в дружине,
Поскольку Игорь – государев сын
В младенчестве в те годы пребывал.

134

Песнь вторая

А витязь, вновь не опуская взгляда,
Вдаль по мосту к воротам ли Царьграда
Иль к берегу высокому Днепра,
Где Киев встал, сквозь облака стремится...
И, чуя, как крепка его десница,
Томится степь, волнуются ветра...

ОЛЕГ ПЕРВЫЙ

Предсмертной волей Рюрика Олег
Назначен был правителем державным,
А княжичу могучим и надёжным
Опекуном-наставником во всём.
Он Игоря с младых его ногтей
Стал брать с собой в походы боевые.
Державы юной силы умножая,
Смоленск и Любеч взял дружиной он.
Радимичи, древляне, северяне,
Дулебов племя, суличей земля –
И многие иные под рукою
Олега единенье обрели...
На греков земли водными путями
Ходил он дважды с дерзкою дружиной.
И каждый раз склонялись перед ним
Великие владыки Цареграда...
Он княжеской столицей сделал Киев
И «матерью всех русских городов»
Нарек его. Он письменный впервые
В истории славянской договор
С Византией скрепил. И от него
Слух о Руси пошёл в иные страны...

Песнь третья

...Несётся конь под витязем небесным
Во весь опор к пределам неизвестным,
Внизу шумят леса и города,
Сменяются погосты, веси, реки...
Вот вдалеке мелькнули печенеги,
А в Коростень наведалась беда.

ИГОРЬ I РЮРИКОВИЧ

Вокняжился на киевском столе
Сын Рюрика, земли наследник Игорь.
Впервые Русь и Игорь иже с ней
Неведомых доселе печенегов
В степях бескрайних зрела. Сечью злой
Испытывать не стал их князь великий,
Хоть возмужал в олеговых походах
И тщился славой поравняться с ним.
Но не ко всем так милостивы боги,
Как к вещему Олегу... Посему
Пришлось всю горечь Игорю изведать
Досадных поражений, и набег
Его на Византию не удался.
Спас византийцев греческий огонь.
Упорен был князь Игорь, он смиряться
С обидою не стал, но год спустя
Явиться снова с грозною дружиной
Под стены Цареграда восхотел.
Однако, греки, не вступая в бой,
Дарами от дружины откупились,
И мир был заключен через послов.
За данью Игорь выехал к древлянам
И дань собрал, но, не пресытясь ею,
С обратного пути в древлянский лес
За недоимком с малою дружиной
Явился вновь... и тотчас был убит.
В недобрый час им алчность овладела...

Там, в Киеве, сын юный Святослав
И верная супруга князя Ольга
Его напрасно ждали возвращенья.
Под Коростенью у холма большого
Он в землю был навеки погребён...
Осиротела княжеская Русь.
И время Ольге править наступило,
Доныне и не мыслившей об этом...
Но мал летами княжич Святослав.

Песнь четвёртая.

Плывут над Русью облака седые,
Меняясь, дуют ветры молодые,
Искрится в небе колокольный звон...
А по мосту всё так же всадник скачет:
Сияет день, иль дождь полночный плачет, -
Но избран путь и не прервётся он.

ОЛЬГА

Она звалась Прекрасою тогда,
Когда её, рождённую во Пскове,
В тринадцать лет невестой нарекли
Младого князя Игоря ... Олег
Помог свершиться браку между ними.
Ей дали имя Ольги в честь него.
Прошли года. И вот она осталась
Одна со Святославом малолетним...
О всей Руси должна была теперь
Заботиться великая княгиня....
Усобицы и смуты прервала
Она неколебимою рукою:
Дала древлянам яростный урок,
Ввела межи на землях новгородских,
Её умом природным и смекалкой

От печенегов Киев был спасён …
С почетом император Константин
Княгиню Ольгу принимал в Царьграде,
К её послам германский император
Навстречу сам со свитой выходил.
С восторгом лицезрел Константинополь,
Как с севера великая княгиня
С смиреньем кротким целовала крест
И православья веру принимала.
Явилась Ольга первой христианкой
В язычество поверженную Русь...
За подвиг этот церковью она
К святым была причислена навеки.

Песнь пятая

Велик и славен Киев, град престольный,
Здесь время схоже с песнею раздольной,
Где каждый год - как голос над рекой,-
Возносится над жизнью быстротечной
Туда, откуда Путь сияет Млечный,
Воздвигнутый Господнею рукой...

СВЯТОСЛАВ I ИГОРЕВИЧ

Он говорил врагам «Иду на вы!»
И шёл на них отважно и умело.
Он вятичей, живущих на Оке,
Освободил от злой хазарской дани.
Он разгромил Хазарский каганат!
Кавказа горы, волжские равнины
И степи Приазовья – все плоды
Побед его блистательных познали...
Он в помощь Византии на Дунай
Явился посрамить её врагов
И превозмог кочевников упорных.
Воспряла слава Киева при нём

Настолько, что смутились византийцы:
Сам Иоанн Цимисхий, император,
Войска свои направил на него,
Союзника недавнего пытаясь
Не силой так коварством одолеть.
Но одержал победу Святослав,
А греки потерпели пораженье...
И двинулся с дружиной русский князь
Прямой дорогой на Константинополь!
Едва сумел испуганный Царьград
Премногими дарами откупиться
От грозного правителя Руси.
Но поредела славная дружина,
И за подмогой в Киев Святослав
С отрядом малым и с дарами греков
Направился, не ведая о том,
Что этот путь, увы, последним станет.
Предрешено всё было в час, когда
Прознали о добыче печенеги.
Толпой неисчислимою они
Набросились на доблестного князя.
И пал в бою неравном Святослав...
Там, где с тех пор днепровские пороги
О сече той печальную молву
Столетьями реке передавали,
А та её с водой своей несла
Покуда волны не сольются с морем,
Там, раннею предутренней порою,
Когда туман скользит над берегами,
Из воздуха летучего в тиши
Виденье Святослава возникает...

Песнь шестая
Слух о Руси расходится повсюду.
Всё больше в ней мастерового люда,
Всё чаще здесь приветствуют гостей...
По небесам всё дальше всадник мчится, -
Вот промелькнула вещая зарница,
И ждут сердца неведомых вестей...

ЯРОПОЛК I СВЯТОСЛАВИЧ

Спокоен был воитель Святослав,
На Ярополка верного надеясь:
Сбирался князь в последний свой поход,
Род и державу сыну доверяя …
Весть чёрная о гибели отца
В кругу семьи настигла Ярополка…
Великий князь и новый государь,
С державами соседними достойно
Дела вести стремился ныне он.
Оттон Второй, германский император,
Посольство ярополково к нему
С премногими обильными дарами
В своей земле учтиво принимал.
Чтоб оградить державу от набегов
И за отца родного отомстить
На печенегов Ярополк войною
С дружиною направился своей…
В степях с позором вскоре печенеги
Бежали прочь от русского меча.
Князь печенежский именем Ильдей
Взят в Киев был отныне в служенье…
Стал гибели причиной Ярополка
Изменник Блуд. Предательство его
Вдовой Преславу сделало – княгиню
Из рода византийского… Она
Была тогда беременна, и сына
Великий князь увидеть не успел.

Песнь седьмая
Встаёт рассвет над сонною равниной,
Взмывает к солнцу голос лебединый,
Шуршат за тихим плёсом камыши…
Пронизан неба синью васильковой
Над древней Русью день восходит новый,
Великий, как рождение души…

140

ВЛАДИМИР I СВЯТОСЛАВИЧ

Нет, не была княгинею она...
Лишь ключницей простой у Святослава
Служила Ольга (прозвищем Малуша),
Но родила по искренней любви
Для князя сына. С кровью новгородской
Соединилась Рюрикова кровь.
Отцом Владимир в отрочестве княжить
Был в Новгород отправлен, в те лета
Служил там воеводою Добрыня,
Тот самый, всем известный из былин.
Владимиру он дядей приходился...
И день настал, в который князь Владимир
Вернулся в Киев, чтобы править им
И Русью всей. Немало крепостей
Построил он вкруг киевской державы,
Тем оградясь от степи печенежской.
Великий князь в сраженьях умножал
Страны родной достойнейшую славу:
Ятвягов край, червенских городов
Владения, болгар прикамских земли -
В одной державе он соединил.
Взял Корсунь он и принял в ней крещенье,
И к православью обратил страну.
Впервые стали зодчие отныне
Творения из камня возводить.
Впервые слово к людям обратилось.
Впервые люд крещёный на Руси
В церквях сбираться начал повсеместно.
Владимир Русь крестил, за то к святым
Причислен он всем миром православным.

Песнь восьмая

Вельми высок и красен берег близкий.
Собор белеет Киево-Софийский
Вдали над ним. К причалам здесь и там
Подходят корабли на отдых честный...
А над рекою звон плывёт чудесный,
Сзывая мир крещёный в Божий храм.

ЯРОСЛАВ МУДРЫЙ

Он «Правды Русской» учредил законы,
В державе их впервые огласив,
И мудростью правленья своего
Навечно заслужил себе прозванье...
Ходил он в Суздаль усмирять волхвов,
А Новгород ограбившее войско
Не кто иной, но Мудрый Ярослав
Разбил и наказал другим в науку.
Он разгромил жестоких печенегов
И в память битвы Киево-Софийский
На радость миру заложил собор.
Он, дабы в Русь явилось просвещенье,
Училища и школы строил детям.
Мир о Руси с почтеньем говорил:
Дочь Ярослава стала королевой
Земли французской, дочери другие –
Норвежскую и датскую короны
И гордый трон венгерский вне сомненья
Украсили явлением своим ...
Дочь Олафа, всех шведов короля,
Была супругой верной Ярослава.
Он русича (Царьграда не спросясь)
Назначил на Руси митрополитом
И не ошибся: был к святым причтён
Илларион – святитель церкви нашей.
Таков был Ярослав – мудрейший князь,
Монастырей великий основатель, -
Из недр их в мир явились летописцы
И книжная премудрость родилась...

Песнь девятая

Дымится даль широкая степная,
И зрит с тревогой сторона родная
Как вихри половецкие, крутясь,
Всё близятся... но Бог и правда с нами, -
Как воинство с святыми именами,
Как с нами наш отважный русский князь...

ВЛАДИМИР II ВСЕВОЛОДОВИЧ (МОНОМАХ)

Без страха Русь от степи Половецкой
Оборонял великий князь Владимир.
Он распри на Руси хотел пресечь,
Чтоб брат на брата не ходил войною,
Он написал потомкам «Поученье»,
И ныне нам дано его читать...
К тому ж по воле Божьей сквозь века
Письмо его к двоюродному брату
Дошло до нас, и донесло оно
Великую тревогу Мономаха
За землю нашу и её народ.
Владимира призвали киевляне
Занять стол князя в городе великом
За ум его, и мудрость, и уменье
Без крови править землями Руси...
Женат же был он на принцессе Гиде,
В ней кровь текла английских королей,
А родился от греческой царицы
И посему был прозван: «Мономах».

Песнь десятая

Блестит над Русью солнце золотое,
Как слово жизни светом налитое,
А по мосту средь бездны голубой
Через века небесный всадник мчится.
О том, что с нами было и случится,
Ветра вещают над его главой

МСТИСЛАВ I ВЛАДИМИРОВИЧ
(ВЕЛИКИЙ)

Душой к нему стремились новгородцы.
Ведь с юных дней был князем их Мстислав.
И долго отпускать его они
В иные земли миром не хотели.
На половцев за Дон Мстислав ходил,
Отмстить Руси обидчикам постылым.
Он одолел и половцев и чудь,
И города для русичей построил.
И были прежних лучше города...
Он монастырь для Киева возвёл,
Что Фёдоровским назван, И Мстислава
Великого, что Мономаху был
Родителя во всём достойным сыном,
За нрав его и за державный ум
Правители другие уважали
И всюду почитал его народ.

Песнь одиннадцатая

Полки славян за Доном имут славу,
Им блеск её принадлежит по праву:
Бегут с полей сражений степняки.
О мужестве Задонского похода
Идёт молва средь русского народа
И шепчут воды светлые реки...

ЯРОПОЛК II ВЛАДИМИРОВИЧ

Походами прославлен Ярополк.
Был грозен он для половцев повсюду
И к Хортицкому острову ходил
Ещё в летах немногих пребывая.
С отцом своим, великим Мономахом,
Участвовал он в битве при Хороле
И отличался храбростью не раз.
Гаральд, король английский Ярополку
Был дедом с материнской стороны.
Князь разделил Задонского похода
И тяготы, и славу на Руси.
Меж пленными красавицу-ясыню
Заметил он однажды и тотчас
Был сам пленён навеки страстью нежной.
Любимой и единственной женою
Ему ясыня стала... Города
Врагов Руси он штурмом брал, а после,
Как брат Мстислав Великий, возводил
Иные, лучше прежних и свои...
Пережила княгиня Ярополка,
И близ могилы князя, вспоминая
Об их любви великой, много лет
Молилась о душе его она.

Песнь двенадцатая

Летели птицы, возвращаясь с юга,
Трещали льды и бились друг об друга.
Дни становились ярче и длинней,
И таял снег, и воскресали реки...
Всё так, как ныне, присно и вовеки,
Но север звал всё чаще и ясней.

ЮРИЙ ДОЛГОРУКИЙ

Сын Мономаха – Юрий Долгорукий
В глуши земли Залеской сотворил
Грядущее спасенье для Руси –
Могущество старинного Ростова
И Суздаля уверенную стать.
На север и восток тянуться стали
Мастеровые, знающие люди,
Росли и расширялись города,
Монастыри и церкви возводились.
Здесь славу обрела Святая Русь...
И Юрий князь был к этому причастен.
Минуло не одно десятилетье,
Когда на землю Русскую пришли
Невиданные полчища с востока.
Лишь Суздальско-Владимирская Русь
В огне войны жестокой уцелела
И сберегла великую страну.
Знать Юрию об этом не пришлось,
Но знал о том святой небесный витязь,
Что по мосту сквозь тьму веков летит,
Знал покровитель Юрия Георгий,
Украсивший собою герб Москвы,
Которой князь начало положил,
И знала та, единая над всеми,
В ком русский дух, – Святая Божья Мать...

Песнь тринадцатая

Ответственен перед людьми и Богом,
Тот, от кого зависим мир во многом, -
Власть – тяжкий крест, не ведущий утех...
Об этом предков явленном наказе
Известно всем с времён святого князя,
Чьё житие – пример живой для всех.

АНДРЕЙ I БОГОЛЮБСКИЙ

Радением его был явлен миру
Владимир-град на Суздальской земле
С воротами Златыми, что подобны
Вратам Ерусалимским. Лепотой
Собор Успенский, Покрова-на-Нерли
И храм доныне дивный Рождества
Пресветлой Богородицы сравнимы
С деяньями нерукотворных сил
Самой природы северного края...
Сын Юрия и дочери Аепы,
Что грозным половецким ханом был, -
Андрей, благочестивый русский князь,
Стал подлинным державы государем
И пекся о величии Руси.
Его веленьем воздвигались храмы
И крепло государство. Он к себе
С Европы дальней зодчих приглашал.
Во славу Божью Покрова и Спаса
Он праздники святые учредил.
В селенье Боголюбове знаменье
Господнее явилось для него.
Икону чудотворную рукою
Луки- евангелиста осенённой
Доставил он на вотчину свою...
Владимирская Божья Мать доныне
С иконы той глядит на прихожан.
Объединяя русские владенья,
Андрей из Боголюбова ходил
На волжские просторы и на Киев.
И стол великокняжеский ему
Достался после тягот, но вернулся
Он в край родной, где кучкою бояр
Злодейски был зарезан среди ночи...

Песнь четырнадцатая

Не оторвать восторженного взгляда
От крыльев белокаменного града
И куполов парящих за рекой,
Где в небеса над Русью богомольной
Торжественный широкий колокольный
Восходит звон, волнуя дух людской...

ВСЕВОЛОД БОЛЬШОЕ ГНЕЗДО

Великий князь Владимирской земли -
Он сыном Долгорукого являлся,
И матерью-гречанкой увезён
В Византию по смерти был отца...
Однако же в пятнадцать лет вернулся
На родину , когда же двадцать два
Исполнилось ему, он править начал
В краю отцом и братьями хранимом.
Имел он десять славных сыновей
Возлюбленных всей отчею душою:
«Гнездо Большое» прозвище ему
Поэтому в истории досталось...
Князь Всеволод крепил свою державу
И новые ей земли подчинял:
Победоносен был его поход
На берега болгарские по Волге,
Покорной князю сделалась Рязань.
Родам немалым Всеволод начало
На землях русских положил собой.
И ширились Владимира пределы
Всё далее на север и восток...

Песнь пятнадцатая

Настало жизни тяжкое мгновенье:
Ликует враг, горят кругом селенья,
И рушатся святые города.
Но стойкости являет Русь примеры,
Ни от себя, ни от христовой веры
Она не отречётся никогда!

МИХАИЛ ВСЕВОЛОДОВИЧ

В Чернигове и Новгороде правил
Князь Михаил. И в Киеве самом
Стол занял он пред тяжкою годиной
Нашествия монгольского на Русь.
Беда пришла. И многие погибли.
И дабы Русь от бедствия спасти
Князь к Батыю решился сам явиться
С молитвою направившись в Орду.
И принят был. И сказано ему:
«Смирись, урус, и идолищам нашим
Воздай хвалу и окажи почтенье.
Забудь про Русь, от веры отрекись,
Обласкан будешь ханом ты великим
И многими дарами одарён.
Не бойся, князь, из русичей никто
Живым о правде этой знать не сможет.
А русский Бог – Он слабый, Он смолчит.
Между костров зажженных ты пройти
И божествам монгольским поклониться
Всего лишь должен...» Молча слушал князь.
Потом взглянул в ту сторону, где Русь
За дальней далью навсегда осталась
И рек в ответ: « Ни родину, ни Бога
Предать не может русский человек».
Он лютой смертью был казнён за это
Ордою беспощадной и ... бессильной

Перед бессмертной русскою душой.
За подвиг свой причислен князь к святым,
А род его столетьями известен:
Зовётся родом Оболенских он …

 Песнь шестнадцатая
Кричит земля, дымятся пепелища…
Восточный ветер на погостах свищет.
Красна от крови, солона от слёз -
Течёт река… но в глубине небесной
По ней плывёт над огненною бездной
Всё тот же всадник средь летучих звёзд.

ЮРИЙ II ВСЕВОЛОДОВИЧ

Двух сыновей своих великий князь
Владимирский сын Всеволода Юрий
На Клязьме в сече лютой потерял…
И дочь его погибла и жена,
Когда враги в град ворвались толпою.
Узнав же о сожжении Москвы
На реку Сить он двинулся с дружиной,
Там встретил чужеземную орду
И в бой вступил отчаянный, неравный.
И был убит и обезглавлен он.
В Ростове погребение свершилось,
Но позже во Владимир тело князя
Перенесли и сотни лет спустя
Нетленным обнаружили. В соборе
Успенском мощи Юрия доныне –
Покоятся: защитника державы,
Жизнь в битве положившего за Русь.

Песнь семнадцатая
Как коршуны стремятся отовсюду
Враги на Русь безвинную, но – чудо! -

Не умерла, не сгинула она!
Пусть многие оплаканы на тризне,
Но не иссякли в страждущей Отчизне
Воителей великих имена....

ЯРОСЛАВ II ВСЕВОЛОДОВИЧ

Был Новгородом призван Ярослав,
Он с ними бил литовцев близ Усвята,
Что с Запада на Русь святую шли,
А вслед за тем с дружиной новгородской
Без всякого насилия крестил
На землях финских диких корелян.
По смерти брата Юрия на стол
Владимирский сел Ярослав великий.
Когда же вести до него дошли,
Что, пользуясь державы разореньем,
Хотят Смоленск литовцы захватить,
Князь, невзирая на ордынский ужас,
Пошел к Смоленску и освободил
Смолян от их обидчиков литовских.
Политиком был мудрым Ярослав,
В Орду он дважды ездил, чтобы с нею
Договориться о судьбе страны,
И принят был, и Батыя сумел
Отговорить от новых разорений
Земли родной, хоть скорою кончиной
Ему за это заплатить пришлось.
Среди детей его единокровных
Все и поныне знают Александра
Что по заслугам Невским прозван был...

Песнь восемнадцатая

Как лютая германская волчица, -
Ночь за кустами тёмными таится.

Нависла тишь над маревом болот...
Но вот зари полоска багровеет,
И от земли подмокшим снегом веет,
И, словно меч, сверкает чудский лёд!

АЛЕКСАНДР НЕВСКИЙ

Уже огнём нашествия Батыя
Рязань и Киев были сожжены,
И пали в битвах многие герои,
Когда услышал Новгород великий
От невской стороны худую весть.
Там, на Неву, в том месте, где Ижора
В неё впадает, рать на кораблях
Явилась иноземцев в землю нашу.
То было войско шведское. На Русь
Шли шведы, полагая, что державы
Такой уж и на свете боле нет,
Что сметена нашествием восточным
Великая и гордая страна.
Лишь двадцать лет в ту пору Александру
От роду было. Только двадцать лет!
Народ поднялся и пошёл за ним.
Отряды ополченцев новгородских
И княжеская малая дружина
Пелгусием, старейшиной ижорским,
О стане вражьем предупреждены,
Явились скрытно к лагерю и сходу
Обрушились на шведов. Враг бежал!
Был так ошеломителен разгром,
Что боле о Руси не смели шведы
И помышлять, покуда Александр
От пришлецов берёг родную землю.
Чрез год отряд германский выбил он
Из крепости Копорье, вслед за этим
Взял штурмом Псков, освободив его
От рыцарей ливонских чужеземных.

И двинулись немецкие войска
На озеро Чудское, дабы Русь
Примерно наказать за непокорство.
И поплатились... Сказ о битве той
В потомках и доныне сохранился.
Бог православный, русский меч и лёд -
Все гению святого Александра
В тот день явились в помощь. И спаслась
От нового нашествия Россия!
  Враг посрамлённый мира попросил,
От прежних притязаний отрекаясь...
И третий враг, настырная Литва,
Был побеждён в трёх яростных сраженьях,
А новгородский город Торопец
Отбит у ней дружиной Александра.
Направил Иннокентий, римский папа,
Посольство к Александру, предложив
В обмен на помощь западных соседей
В сражениях с языческой Ордой,
На веру католическую Русь
Перевести из веры православной...
Но с гневом справедливым Александр
Отверг чужую веру и обычай
За власть мирскую иль спасенье плоти
Своей душой бессмертной торговать!
Наслышан был Батый об Александре.
И, после встречи, восхищенный им
Он произнёс: «Всё, что мне говорили
О князе этом – правда. Равных нет
Ему среди князей ни одного!»
Политикой умелой Александр
В Монголии сумел договориться
О том, чтоб русских витязей никто
Не привлекал в ордынские походы.
Кода ж народ крещёный басурман
(Купцов хивинских) в гневе бил повсюду,
Лишь Невский смог уговорить Орду
Не насылать карателей на русских.
За подвиг жизни отданной стране,
За преданность твердыням православья
Вовеки чтим великий Александр...

Песнь девятнадцатая

Спешит за море птичий шар летучий,
Сырой закат скрывается за тучей,
С берёз листва последняя летит...
Седой ковыль в широком чистом поле
Один за всех томящихся в неволе
И днём, и ночью с ветром говорит...

ЯРОСЛАВ III ЯРОСЛАВИЧ

Стал для него Переяславль-Залесский,
Не только местом, где родился он,
Но болью тяжкой горестного сердца...
Здесь в страшный день нашествия Батыя
Он потерял любимую жену:
Её убили подло и жестоко.
Но и на этом не унялся враг:
Отнял он и детей у Ярослава.
Их навсегда в неволю увели!..
Брат Александра Невского по крови -
Он первым князем после стал в Твери.
Ходил он вместе с сыном Александра
На рыцарей ливонских. Город Дерпт
Он штурмом взял. По смерти старших
братьев
Он князем стал владимирским, затем
И новгородским тоже, а позднее
Так напугал походами германцев,
Что берега у Наровы-реки
Они ему без боя уступили...
А смерть за ним явилась в день, когда
Он из Орды враждебной возвращался..

Возможно, яд тому причиной был,
Поскольку и отец его и брат
Такой же странной и внезапной смертью
Скончались по дороге из Орды.

Песня двадцатая.

Там, где вчера лишь вороны кружились,
Селения сегодня появились,
Везде запахло свежею доской,
Запахло ветром свежим по Отчизне,
И в городах царит кипенье жизни,
И только ночью грезится покой...

ДМИТРИЙ   АЛЕКСАНДРОВИЧ

Он схимником близ Волока почил,
Отрекшись от великого княженья...
Но прежде послужил родной державе
Сын Александра Невского уж тем,
Что дяде Ярославу помогал он
В Ливонии одерживать победы
И с ним же Дерпт упрямый одолел.
Ещё и тем известен Дмитрий ныне,
Что рыцарей под Раковором он
Сумел разбить, а также корелян
Он взял на щит и города, и земли,
И каменную крепость заложил
Там, где допреж лишь в дерево одетый
Стоял Копорье – малый городок.
Пусть не был он таким же знаменитым,
Как Александр, но всё-таки и он
Внёс вклад свой в становление державы.

Песнь двадцать первая

Легко пустеют отчие пороги.
Влекут, текут, расходятся дороги....
Поклон последний. И с молитвой в путь.
И снова – Русь: и в снег, и в зной, и в слякоть.
Всё хорошо. Уже не надо плакать.
Мы встретимся ещё... когда-нибудь...

МИХАИЛ II ЯРОСЛАВИЧ

В Твери, которой был он верный сын,
Князь заложил Собор великолепный.
Спасо-Преображенским ныне
Зовётся он повсюду. Михаил
Отстроив, освятил тот Божий Храм.
Андрея - князя в Кашине принудил
Он заключить с ним мирный договор
А позже Дюденевых рать на Тверь
Нашествия лишь он помог избегнуть
Приготовленьем к сильному отпору.
Посредничеством мудрым меж сынов
Святого Александра он стремился
Усобицы унять на долгий срок.
В Переяславле, в Дмитрове сей князь
Не раз старался примирить вовеки
Враждующие стороны. Затем
По воле Божьей он в Орду поехал
И принял мученическую смерть
По приговору хановых вельмож...
Святым он назван на Руси великой
За стойкость веры и любовь к земле

Песнь двадцать вторая

Над Русью, высоко за облаками,
Как за седыми долгими веками,
В далёкие надзвёздные края
Стремится мост всё так же, как вначале,
Через ветра, пожары и печали,
Как строки из святого жития.

ДАНИИЛ АЛЕКСАНДРОВИЧ

Сын Александра Невского, святой,
Московский князь, он в памяти народной
Навек прославлен тем, что не пролил
Ни капли братской крови в час, когда
Шел на него войною брат родной
Москву и власть, и жизнь отнять пытаясь.
У стен Дмитрова встретил Даниил
Андреево задиристое войско.
И мирно братья разрешили спор.
Душою чист и сердцем простодушен
Был Даниил, когда войска чужие
По просьбе их, уставших и голодных,
Впустил в Москву, как в дом порой гостей
С дороги подкрепиться принимают.
Тотчас они разграбили столицу!
Несчастный князь. Он так переживал!
Моленьем и усердием своим
Он от князей премногих отличался.
Заботили его людские судьбы:
Сиротам и больным, и погорельцам
Всегда помочь стремился Даниил.
Он схимником в обители почил,
Той самой, где воздвигнут к Божьей славе
Крещёным людом чтимый монастырь,
Даниловым когда-то наречённый...

Песнь двадцать третья

От свейских скал до пустоши сибирской
Сияет свет из кельи монастырской,
Где инока смиренною рукой
Рождается из времени былого
За слогом слог живительное слово,
Волнуя душу каждою строкой...

ЮРИЙ III ДАНИЛОВИЧ

Когда скончался Даниил святой,
То Юрия просил Переяславль
Стать князем в память светлую отца
И править в граде, как отец в Москве
Ещё недавно правил... Позже стал он
Владимирским великим и московским
Правителем известным на Руси.
Ордынский хан Узбек свою сестру
Любимую ему отдал в супруги.
Ходил он с новгородцами к туманным
Брегам Невы и крепость заложил.
В истории российской многократно
Звучало имя, данное ей князем..
«Орешком» он нарек её тогда.
Пройдут века. Петру-самодержавцу
Отдаст ключи Орешек-Шлиссельбург...
А ныне Юрий мирным договором
Войну с упрямым шведом завершил.
Пермь миновав, и Камою в Орду
Едва доплыв, немедля в ставке ханской
Он был убит почти перед глазами
Всесильного правителя Орды.

Песнь двадцать четвёртая

Светлеют души и людские лица,
Растет и крепнет новая столица.
Хотя ещё за стенами Кремля
Почти незримы жизни юной всходы,
Но ждут от ига русские свободы,
И верит князю русская земля!

ИВАН I ДАНИЛОВИЧ (КАЛИТА)

Не зря Иван был прозван Калитою:
Рачительством хозяйским преуспел
Брат Юрия Москвы прославить имя.
Великим князем в ней впервые он
Именоваться стал. Митрополита
Он убедил Владимир на Москву
Сменить затем. И Божий храм Успенья
(Собор Успенский) заложил в Кремле.
 А следом и Архангельский собор
Воздвиг Иван Данилович на радость
Крещёному московскому народу.
К святым причислен церковью был Пётр –
Митрополит московский за служенье
Духовное народу своему.
Дубовый крепкий Кремль заложил
Великий князь Иван и принял схиму
От дел мирских в мир Божий отходя...

Песнь двадцать пятая

Во чистом поле ветру да неймётся.
Во чистом поле ворон чёрный вьётся.
Во чистом поле пыль из-под копыт,
Поёт стрела, не молкнет речь булата,
На стенку стенка, брат родной на брата...
Пылает Русь, и колокол не спит.

СИМЕОН ИВАНОВИЧ ГОРДЫЙ

Из Новгорода Нижнего в Орду
Он поспешил, когда отец скончался.
Там дали титул князю Симеону:
Великим и московским называться
Ордынский хан теперь ему позволил.
Оттуда чрез Владимир и Москву
Явился он в Торжок, чтоб закрепившись
В княжении, на Новгород напасть.
Великий древний город подчинился
Земле московской. Гордый Симеон
Впервые именуется не просто
Московским князем, но – всея Руси!
Великий князь литовский Гедимин
Чрез сыновей с ним вскоре породнился.
Велел митрополиту Феогносту
Алексия поставить Симеон
Епископом Владимира-на-Клязьме.
Митрополитом позже стал московским
Алексий. По деяниям своим
Причислены к святым с времён далёких
И он, и верный Богу Феогност…

Песнь двадцать шестая

О, сколько их – могучих и блаженных,
Каравших и безвинно убиенных,
По воле Божьей стороны родной
На плечи крест безропотно приявших,
Святых, в земле российской просиявших,
Сменилось на престоле чередой…

ИВАН II ИВАНОВИЧ

По смерти брата, князя Симеона, -
Ивана хан ордынский Джанибек
Руси великим князем объявил.
Князей тверских великий князь Иван
Мирил, созвав правителей удельных
На съезд, однажды, во Владимир-град.
Пытался он усобицы и розни,
От коих Русь страдала каждый год,
Прервать или утишить хоть на время.
Бог наделил Ивана сыновьями,
И имя одного из них навек
Прославлено в державе будет нашей.
Димитрием нарек его отец,
Донским он станет в памяти потомков...
Шесть лет всего лишь правил князь Иван
И иноком в Москве родной скончался...

Песнь двадцать седьмая

Минувших лет правдивое сказанье,
Забытых слов нетленное дыханье -
Таится в книгах летописный век.
И, зачитавшись древнею былиной,
Вникает в строки повести старинной
Всяк чтящий предков добрый человек...

ДМИТРИЙ III КОНСТАНТИНОВИЧ

Князь суздальский, прямой потомок брата
Святого князя Невского, Димитрий
Историю отечества любил
И собирал повсюду письмена
Старинные. И «Летописи» список,
Что преподобный Нестор создавал,
Хранил для нас, потомков, князь усердно.
Ивана сын был невелик летами,
И потому князь Дмитрий сам в Орду
С дарами от Руси святой явился
И был объявлен ханом Наурусом
Великим князем. Во Владимир он
На Клязьме находящийся вернулся
И занял стол. Переяславль – Залесский
К Димитрию склонился в тот же год.
Болгар казанских хана Дмитрий сверг
И каменной стеною оградил
Впервые Нижний Новгород от полчищ
Ордынских, и отрекся добровольно
От ярлыков поганых на княженье.
И Дмитрию Ивановичу сам
Деяньями своими дал понять он,
Что для него святая Русь важнее
Любых ордынских милостей. С тех пор
Покуда жив был славный князь Димитрий
Он почитал Донского выше всех...

Песнь двадцать восьмая

В великий день в побоище суровом
Воспряла Русь на поле Куликовом,
И, словно лебедь, белые крыла
Раскрыв в неувядающей лазури,
Через века, смятения и бури
Души своей сиянье вознесла...

ДМИТРИЙ ИВАНОВИЧ ДОНСКОЙ

Войска свои победою прославил
Впервые Дмитрий свет Иванов сын,
Когда неугомонного Бегича
Изгоном направлявшего на Русь
Полки очередных головорезов,
С дружиною он встретил на Воже,
В краю лесном приокском. и... впервые
Русь прогнала всесильных чужеземцев!
А после – было поле Куликово.
О битве той написано немало:
Писатели, поэты, летописцы
Веками воспевали каждый миг
Бессмертного сраженья. Потому
Не станем повторять всего, о чём
Другие так прекрасно написали.
Но, главное: Донской объединил
Земли родной разрозненные силы
В один кулак и стал непобедим!
И после в завещании своём
Великий Дмитрий выразил надежду,
Что дань Орде ни дети, и ни внуки
Его платить не станут никогда.
Да, было после бегство в Кострому,
И Тохтамышем страшное сожженье
Москвы престольной, и посла принятье
Униженное из самой Орды...
И всё ж была, была, была победа!
Та самая, с которой весь народ,
Ограбленный, сожжённый и распятый -
Впервые осознал, что он – Народ,
Что Бог – за нами, и что Русь – бессмертна!

Песнь двадцать девятая.
В свой новый век жестокий и кровавый
Вступает Русь, овеянная славой
И доблестью испытанной не раз ...
И, словно путь свершая с ней совместный,
Средь облаков стезёю поднебесной
Стремится витязь, не смыкая глаз.

ВАСИЛИЙ I ДМИТРИЕВИЧ

Отцом Василий послан был в Орду,
Чтоб право на великое княженье
Орды владыка подтвердил Донскому.
Василия заложником оставил
Хан Тохтамыш взамен на подтвержденье...
Три года пробыл юный князь в неволе.
В Молдавию он совершил побег,
Окольными путями чрез Литву
Вернулся отрок на святую Русь.
И вот по завещанию отца
Наследовав великое княженье,
На дочери правителя Литвы
Женился князь и укрепил державу
Стремленьем к миру княжеской Москвы
С окрестными удельными князьями
И с тестем, князем Витовтом. На Русь
Надвинулся Тимур непобедимый.
Устроил Тохтамышу он разгром,
Вошед в Рязани земли, взял Елец...
Великий князь навстречу Тамерлану
С полками русских вышел из Москвы.
Свершилось чудо чудное! За Русь
Владимирская Божья Мать с иконы
Заступницею стала. Тамерлан
Вдруг повернул войска свои обратно
И, Русь не тронув, двинулся на юг.
Не прекращались смутные года.
И новый полководец Едигей
Напал на Русь и лагерь свой устроил
В Коломенском близ от самой Москвы.
Но начались усобицы в Орде,
И Едигей, не взяв Москвы, вернулся
К делам своим ордынским из Руси.
Тем временем Василий отстоял
Права свои в нижегородских землях.
Мир сохранив с Литвой, доверил он
Владетелям её опеку сына,
Который стал наследником его.
Так князь московский и всея Руси,

164

Сил не жалея в тяжкую годину,
Потомков ради родину берёг...

Песнь тридцатая

В стране сожжённой, данью оскорблённой,
Где правит князь, врагами ослеплённый,
И пахнет кровью почерневший снег, -
Униженный, растоптанный, убитый,
Слезами материнскими омытый
Встаёт из мёртвых русский человек...

ВАСИЛИЙ II ВАСИЛЬЕВИЧ ТЁМНЫЙ

Ему от роду было двадцать пять,
Когда митрополита Исидора
В Успенском храме всенародно ересь
Он гневной речью страстно обличал.
Рек Исидор о единенье с папой:
Вот, дескать, флорентийского собора
Артикулы гласят уже об этом...
«Ту веру православную, с которой
Отцы и деды шли на смертный бой,
Как можно в миг единый променять
На папские посулы и похлёбку?!
Как можно Божьей Матери глаза,
Что с образов слезоточа спасали
От гибели и разрушенья Русь,
Вдруг позабыть, склоняясь раболепно
Пред алтарями западных витий?!
Тогда отца и мать свою забудьте!
Забудьте имена детей своих
Им православьем данных при крещенье!»
Василий не кричал, душа сама
Его в соборе в этот час кричала.
Внял речи княжьей православный люд...

Отправил князь умелых воевод
Чтобы Литвой захваченные земли
Вернуть державе русской, только сам
Тем временем Ордою был разбит
Под Суздалем и в плен захвачен ею.
Под стражей был он вывезен с Руси.
Когда за князя выкуп был получен,
Униженный вернулся он в Москву.
И здесь над ним злодейство совершилось.
Боярина Шемяки приказаньем
Василий схвачен был и ослеплён.
И вот лишенный зренья и престола,
Истерзанный врагами русский князь
Свезён сначала в Углич, а затем
И в Вологду на выселки с семьёю.
Но, надругавшись над великим князем,
Враги его не чаяли, что он
Ослепший и осмеянный сумеет
Вернуться вновь в престольную Москву!
А он сумел. И правил много лет!
Восточных патриархов не спросив,
Митрополитом сделал он Иону,
Который за усердье и молитвы
Причтён к святым. Не ведали враги,
Что князь слепой державу приумножит
Землёй можайской, что его войска
Ударом мощным Русу одолеют
У Новгорода отобрав её...
И боровское княжество Василий
К земле московской присоединил.
Таким был князь, лишившийся очей,
За что и прозывался всюду – Тёмный.

Песнь тридцать первая.

Струится птичий гомон над водою,
Бегут под небом волны чередою,
Прохладой синей веет от реки.
Желтеет хлеб в широком русском поле,
И, как дождинки лёгкие на воле,
Мелькают в нём повсюду васильки.

ИВАН III ВАСИЛЬЕВИЧ

Он при полках московских отражать
Жестокие казанские набеги
От муромских, владимирских пределов
Ходил ещё восьми от роду лет.
А в девятнадцать у брегов Оки
Иван остановил поход ордыский.
По смерти же отца великим князем
По праву стал именоваться он.
Два года кряду государь московский
Рать на Казань и черемисов слал.
Он Пермскую землицу покорил,
Построил Грановитую палату
И начал воздвиженье стен Кремля,
Тех самых стен, которые и ныне
Незыблемой твердыней государства
Российского среди Москвы стоят!
Германский император Фредерик,
Ивану руку дружбы предлагая,
К нему послов и грамоты направил.
С Менгли-Гиреем, ханом крымским, он
Союз впервые заключил, а вскоре
Ахматово нашествие отбив
Навеки сбросил иго, что над Русью
Висело гнётом сотни лет подряд.
Удел верейский, Рузу, Тверь и Вятку
С землёй державной он соединил.
Близ Нарвы он Ивангород построил,
А воеводы Холмского руками
Великий князь впервые взял Казань!
Владимир Гусев, дьяк, помог Ивану
В работе над державным Уложеньем.
Мир и союз с Литвой был заключён,
В Константинополь первое посольство
Направил князь. Наместника в Казань
Впервые Русь отправила при нём.
До Ревеля в Ливонии войска
Ивановы почти уже добрались.

Югорскою на западе Сибири
Землёй Москва в то время овладела.
И серебра открылись рудники
Близ Цильмы, что течёт в Печерском крае...
Так сорок три на свете белом года
Москвой и Русью правил князь Иван.

Песнь тридцать вторая
Ещё в степях белеют вражьи кости,
Но уж в Москву диковинные гости
Из разных стран с поклонами спешат,
И с государем русским честь по чести
Правители земель далёких вместе
Дела отныне общие вершат...

ВАСИЛИЙ III ИВАНОВИЧ

С Ливонией Василий договор
Ганзе весьма полезный заключает.
Землёй рязанской прирастив Москву
И с Орденом немецким укрепившись
Союзом мирным, принимает он
Цесарского посла, честь воздавая
Барону Герберштейну на Руси,
Как Кесаря посланнику. Затем
Он направляет воевод в Литву...
До Вильно с войском русским добираясь,
С победой возвращаются они.
Царём Казани от своей руки
Василий-князь назначил Шиг-Алея.
А позже Еналею он доверил
Казанью беспокойной управлять.
Султан Бабур – раджа индийский вскоре
Василию почтение своё
Диковинным посольством оказал
С премногими восточными дарами.
С достоинством вёл русский государь

Дела   страны воспрянувшей своей.
И с брата – князя Юрия - он клятву
На дней своих закате взял о том,
Что станет брат заботиться о сыне
Василия - Иване, и хранить
Младому князю верность, и державу
От смут великих сбережёт ему...

Песнь тридцать третья

Однажды ночью ветреной и звёздной
Я видел, как шагает призрак грозный
Вонзая посох в грудь живой земли...
На взгляд его, и шёпот полудикий:
«Кто я? Монах? Убийца? Царь великий?» -
Лишь колокол ответствовал вдали...

ИВАН ЧЕТВЁРТЫЙ ВАСИЛЬЕВИЧ, ГРОЗНЫЙ

С трёх лет Иван остался без отца.
В тринадцать самодержцем объявив
Себя, он управленье государством,
Не доверяя боле никому,
На плечи принял: заложил Свияжск,
Собор созвал, под именем Стоглава
В историю российскую вошедший.
Осадой непокорную Казань
Он остудил и штурмом взял её.
И ханство Астраханское пред ним
Главу свою склонило вскоре тоже...
Уже не князем, а царём державным
Башкир он принял в подданство России.
Завёл он типографию впервые
В Руси печатных книг не издававшей
Допреж времён Ивановых и сам

Со тщанием и трепетом великим
«Апостолов Деянья» изучал.
Он с Англией торговый заключил
Трактат впервые. Он же заложил
Собор Покровский, что известен боле
Под именем Василия, который
Блаженным звался на святой Руси...
Земскую Думу он созвал впервые.
Нашествие Гирея на Москву
И полчищ крымских он остановил.
Он Строгановых роду поручил
Владеть землицей Пермскою вовеки.
Сибирью, покорённой Ермаком,
Он русские владенья приумножил.
От Стефана Батория посольство
К нему явилось: польским королём
Баторий стал и Грозному почтенье
Своё тотчас решился изъявить....
Он не царём, но иноком скончался,
Ионы имя приняв на себя...

Песнь тридцать четвёртая.

Изба. Деревня. Полночь. Плачь метели.
Качает мать ребёнка в колыбели.
«Спи, маленький, не бойся. Баю-бай...»
И молкнет тьма, объятая морозом,
И лунный свет струится по берёзам,
И благодать нисходит в спящий край...

ФЁДОР I ИВАНОВИЧ

Был при отце в Ливонском он походе
И нрав его не понаслышке знал.
Но вот Ионы-инока не стало
И на престол иной Руси властитель
Ступил и коронован был в Москве.

Монархом Рима третьего объявлен
Был Фёдор вскоре. С изначальных дней
Правления его рукою правой
Стал Годунов, любимый брат жены.
Архангельск высочайшим повеленьем
Царь Фёдор строить указал, затем
Присягу принял он от Александра –
Грузинского (иверского) царя
На подданство российское, а после
В столице Белый город основал.
Беспошлинно он аглицким торговцам
Вести дела в России разрешил.
Тобольск столицей сделал он сибирской,
И новый для России, патриарший
Церковный сан он учредил, назначив
Иова патриархом на него.
Водил он лично рать на дерзких шведов
И Ямбург взял. Ивангород с Копорьем,
По договору швед вернул Москве.
Когда же рать Бориса Годунова
Казы-Гирея крымского смогла
Разбить в бою жестоком под Москвою,
Царь Фёдор в память битвы повелел
В том месте, где произошло сраженье
И вновь по воле Божьей Русь спаслась,
Построить монастырь. Донским его
Сегодня именуют. Шах персидский
С царем Руси был дружен неспроста:
Полки свои уже направил Фёдор
К пределам южным в знойный Дагестан.
Затем в Смоленске каменную крепость
Велел построить русский государь.
Увы, недолго Фёдора правленье
В России длилось. Рюриковский род
На нем прервался. Смутные года
Державу нашу вскоре ожидали...

Песнь тридцать пятая

В боярской розни, в низости вельможной,
В нужде кабацкой, в ярости острожной -

Течёт, не умолкая ни на миг,
Мирская жизнь и ведает едва ли,
Как на неё в смиренье и печали
С икон взирает материнский лик...

БОРИС ГОДУНОВ

Царь и великий князь всея Руси,
Сменил он древний род на русском троне.
Борис, как шурин прежнего владыки,
Ещё при нём начало положил
Для переписи всех земель Руси
И населенья городов и весей.
Он перемирье с Польшей заключил
На двадцать два последующих года.
Открыть в столице университет
Хотелось Годунову. Он учёных
Профессоров германских приглашал
В Москву явиться. В дальние края
Детей боярских отправлял не раз
Учиться царь. Великого Ивана
Возвел он колокольню средь Кремля
И основал Царицын и Туринск,
В сношения с Флоренцией, Тосканой
Вошел он через крымский договор.
Крестьянам разрешил он в Юрьев день
С помещиком прощаться нерадивым.
Ему дары персидский шах Аббас
Преподносил через своих посланцев.
Старался царь Борис всю жизнь свою
Власть укреплять державную в России,
Границы государства расширял,
И русских честь отстаивал умело
Пред странами иными. Патриарх
Ему обязан саном был своим.
Скончался ж он внезапно в трудный час
Для всей страны, когда в неё явился
Неведомый до той поры Лжедмитрий.
Настала смут ужасная пора!

Песнь тридцать шестая

В Кремле, собравшись под ночным
покровом,
Ведомые злодейским тайным словом,
Убийцы душат юного царя.
И на позор истерзанное тело
Влечёт толпа глумящаяся смело,
Усердьем пред убийцами горя.

ФЁДОР II БОРИСОВИЧ

В шестнадцать лет стал Фёдор, сын Бориса,
Царём Руси, престол отца заняв.
Но правил он недолго. Через месяц
В стенах кремлёвских заговор назрел.
И свергнут был он в первый летний день,
А на десятый с матерью своею
Задушен тайно. Тут же на позор
Враги тела их выставить решили...
Но, несмотря на юные лета,
В делах державы под отца присмотром
Своё участье Фёдор принимал:
Встречал он императора Рудольфа
Посольство, что в Москве бурггграф Доне
Пред ним и пред Борисом представлял.
На двадцать лет с Литвою перемирье
Он для России заключить сумел!
Быть для Руси великим государем
Учил его заботливый отец.
Увы, судьба с ним обошлась жестоко...

Песнь тридцать седьмая

Клубятся тучи тёмными рядами,
И молнии сверкают временами,
И гром гремит, и плачет небосвод.
Мелькают всюду капли дождевые,
И шепчутся о чем-то, как живые...
Безмолвствует и крестится народ.

ВАСИЛИЙ ШУЙСКИЙ

Ещё на свадьбе Грозного Ивана
Он дружкой был у жениха-царя...
Хотя являлась свадьба та седьмою
По счёту уж, оказанную честь
Запомнил крепко молодой Василий...
Стал Шуйский разбирателем, когда
С Димитрием царевичем случилась
Беда, и он в младенчестве скончался.
Василий месяц в Угличе пробыл
И объявил, что не было убийства,
А волею всему – несчастный случай.
И прекратилось следствие на том.
Под Серпуховым правою рукою
Был Шуйский для Бориса в славный час
Победного сраженья с крымским ханом.
Лжедмитрию нанес он пораженье
В упорной жаркой битве близ Добрынич.
Царем Василий по избранью стал.
Короновали Шуйского в Кремле,
И государь смутьянов по России
Искоренять усердно принялся.
Князь Телятевский со слугой своим
Болотниковым крепко досаждали
Земле державной, с ними Шаховской,
Все трое грабежами занимались
И власть не чтили. Шуйский под Калугой
Болотникова одолеть сумел.
Со Швецией союз он договором
О помощи России закрепил.
Но горький час и для него настал...
Когда в Москве Лжедмитрий воцарился,
А Шуйский был низложен, не страшась,
Изобличать он начал самозванца.
Василия схватили и на казнь
Уж было привели, но в миг последний
Помиловали, а затем насильно
В монахи был пострижен царь. Его
В монастырях держали поначалу.

Затем Жолкевский, важный польский
гетман,
Увёз его и заточил в свой замок.
Скончался на чужбине русский царь...
Чрез много лет сам Михаил Романов
Его останки возвратил в Москву,
И было тело предано земле
В Архангельском соборе православном...

Песнь тридцать восьмая.
Извергнут враг. В столице праздник бурный.
А в небесах из глубины лазурной
Сияет мост. И всадник мчится вновь...
И правит род отныне новый царский
Страной, к которой Минин и Пожарский
Явили беззаветную любовь.

МИХАИЛ ФЁДОРОВИЧ РОМАНОВ

Пришлось быть очевидцем Михаилу
С лет отроческих горьким дням Руси:
С печалью зреть московскую разруху,
Невольником поляков пребывать.
Собором земским избран был на царство
В семнадцать лет Романов Михаил.
Но не было покоя для него
Пока в плену ужасном находился
Отец его, томясь в чужой стране.
Вчерашним притеснителям России
Он ради вызволения отца
Безропотно отдал Смоленск и Киев,
И Северское княжество... И вот
Митрополит, родитель государев
Поставлен патриархом на Руси.
Сибирью прирастала Михаила
Держава год от года. «Ратных дел

Устав» издал он, а затем впервые
Железные заводы начал строить
В той стороне, где зиждется Урал.
Когда же в Польше Сигизмунд Четвёртый
Почил, а с ним кабальный договор
Утратил силу, Михаил войною
Решил России земли возвратить.
И начата война была успешно.
С державами заморскими дела
Торговые Романов стал вести.
Он с Францией и странами другими
Достойно договоры заключал.
И долгим было царствие его.
И больше стало на Руси покоя…

Песнь тридцать девятая

Ещё с поляком споры будут долги,
Ещё плывут челны по вольной Волге,
Ещё вдали тунгус грозит стрелой,
Но крепнет быстро Русская держава,
Растёт её блистательная слава
Под Алексея верною рукой…

АЛЕКСЕЙ МИХАЙЛОВИЧ

В младые дни державой управлять
Ему Морозов – «дядька»-воспитатель
Помог весьма. Все важные указы
Рукой своею лично Алексей
Подписывал. Законов русских свод
Он утвердил, одно лишь «Уложенье»
Могло б составить истинную славу
Иному государю! Алексей
Свершил немало и иных деяний…

Устав Новоторговый принял он
И Кормчую издал впервые книгу.
Во дни его правленья вышла Русь
К брегам великим тихоокеанским.
Царь Северскую землю и Смоленск
Вернул России, воссоединилась
При нём с державой нашей Украина.
И, несмотря на разинский поход,
Раскол церковный и другие смуты,
Он за правленье, за спокойный нрав,
За величавость назван был «Тишайшим».
Пред смертию на царство сына он
Благословил и приказал из тюрем
Всех узников отправить по домам
И сосланных вернуть, и всем, кто должен,
Простить долги их раз и навсегда...

Песнь сороковая

Земное царство с царствием небесным
Нельзя сравнить по признакам известным:
Небесное не знается с земным...
Но всех прости и потерпи немного:
Поймёшь и ты, что всё вокруг от Бога,
А прошлое не может быть иным.

ФЕДОР III АЛЕКСЕЕВИЧ

На царствие отцом благословленный
Стал править Русью Фёдор в двадцать лет.
Московской академии занятья
При нём возобновились. Речь текла
В ней на латыни, греческом, славянском
Классических учёных языках.
Он ярмарку в Архангельске бессрочной
Отныне объявил. На двадцать лет
Царь с Турцией и Крымом заключил

Трактат Бахчисарайский... И сожженьем
Разрядных книг извёл по всей Руси
Он местничество. Старшим Фёдор был
Среди детей «Тишайшего», и после
Его кончины правили страной
Сестра родная Фёдора София,
А следом – братья Пётр и Иван...

Песнь сорок первая

Над Русью синеокой и раздольной,
Волнуясь, звон восходит колокольный,
Моления в стенах монастырей
Звучат из келий тесных. Отовсюду
Ко храму люд стремится, яко к чуду.
И нараспев читает иерей...

СОФЬЯ АЛЕКСЕЕВНА

Почил царь Фёдор в молодых летах,
И Софья, государева сестрица,
Державой русской править начала.
Духовной академии она
Немало привилегий даровала...
С поляками Московский договор
О вечном мире Софья заключила,
Навечно за Россией закрепив
Смоленск, Чернигов и великий Киев.
Под страхом смертной казни на вино
Не повышать в Руси отныне цены
Она велела. Сало, мясо, лес
Царица указала не возить
В иные страны, в Швецию – особо.
Шесть лет страною правила она,
Покуда братья Пётр и Иван
Не вышли из младенчества и сами

Державой править в возраст не вошли...

Песнь сорок вторая

Взломав покой старинного уклада,
Петра над Русью вознеслась громада!
Как вешних рек бурлящая вода,
Сметая прочь покровы ледяные
Рождает всюду времена иные,
Так жизнь иная раз и навсегда
России лик земной преобразила!..
Одной души стремительная сила
За краткий миг мирского бытия
Предтечей стала для таких свершений,
Что замер мир, узрев российский гений,
Великого почтенья не тая!

ПЁТР ПЕРВЫЙ ВЕЛИКИЙ

С Иваном вместе начал править Пётр,
Но холоден Иван был к управленью
Великим государством и тому ж
Имел он зренье слабое с рожденья,
А речь его страдала   заиканьем...
Решенья в одиночку принимать
Пришлось Петру касательно державы.
Когда же в тридцать лет Иван почил,
Под царскими указами осталась
Печать одна - Петровская... Итак,
В младенчестве потешные полки,
Из баловства придуманные вроде,
С годами Пётр превратил в войска
Отборные. Семеновским назвал он
Один из тех полков, ну, а другой
Преображенским был наименован.

Царь у голландца Франца Тиммермана
Учился математике и с ним
Азы фортификации освоил.
На озере Переяславском он
Постройкой кораблей весьма увлекся.
В том мастер Карцев помогал Петру.
Свою морскую первую поездку
В Архангельск царь в те годы совершил.
А следом стал походы учинять
Державный Пётр и крепость взял Азов,
К тому усилий приложив немало.
Влекло Петра полезное ученье
И заграницу сам поехал он.
Прошедши курс наук артиллерийских
В немецком Кенигсберге, царь затем
Стал плотником обычным в Амстердаме,
На верфях постигая мастерство
Строительства отменных кораблей,
А после курс теории о том
Учил усердно в Англии дождливой…
С великими учёными царь Пётр
Беседовал, встречаясь. С самодержцем
Ньютон и Лейбниц лично говорить
Имели честь на равных. Закупал
Приборы, книги ценные, оружье
По всей Европе мудрый государь…
Чрез многие лета почетным членом
Парижской Академии наук
Его не зря учёные избрали!
Он выводы умел из поражений
Глубокие тот час же извлекать.
Под Нарвою разгром ему от Карла
Был учинен, но вследствие того
Не Карл, а Пётр сумел за краткий срок
Так армию свою перекроить,
Что не было числа её победам…
И в долголетней Северной войне
Виктория осталась за Россией.
Военный гений отличал Петра
Во всех его державных начинаньях:
Он антишведский Северный Союз

Создать сумел со странами Европы,
А с Турциею мир был заключен
На юге после взятия Азова.
Из битвы Нарвской Пётр извлёк урок:
Дворян обрек на воинскую службу
С младенчества, повинность учредил
Он рекрутскую для иных сословий
Устав Морской и Воинский создал...
И армия в России регулярной
Отныне стала. Ружьями войска
Он оснастил отменными, а пушек
Тринадцать тысяч разного калибра
Страна в петрово время отлила!
Осадой крепостей, войною «малой»
Он навыки солдатам прививал.
Пётр требовал приказов исполненья
Скорейшего и чёткого, притом
Предписывал нередко генералам
Устава буквы слепо не держаться,
А прежде думать ясной головой
И действовать согласно обстановке.
Он конницею фланги усилял
И полевые возводил редуты...
А в силе русских штыковых атак
И быстрых конных сабельных ударов
В сраженьях вскоре убедился швед.
Пётр учредил военные награды,
Заботясь о моральном духе войск.
За храбрость – повышением в чинах,
Медалями, (солдат - порой деньгами)
Он лично не чурался награждать!
И вот он, результат его трудов:
Взят Нотебург у шведов, Нарва, Дерпт,
Сдан ими Ниеншанц (отныне – Охта),
Взята Митава, весь Остзейский край,
Кексгольм и Ревель, Рига, Динамюнд,
И Выборг взят, и в Шлезвиге немецком
Швед крепко бит, в Финляндию войска
Уже вошли с викторией Петровы!
Пытался Карл чрез Украину путь
Пробить себе победный на Россию.

Но... Кто не знает битвы при Лесной
И битвы под Полтавой результата?
Блистательной победой завершил
Сражение морское при Гангуте
В нём личное участие приняв
Великий Пётр и мирным договором
К России земли присоединил.
На Персию возглавил он поход
И закрепил за матушкой Россией
Дербент, Баку, Гилянь и Астрабад, -
Все ханства, что на Персию глядели,
Вдоль побережья Каспия на юг
Предгорьями своими простираясь....
В Хиву царь экспедицию послал,
Чтобы найти на Индию дорогу,
А Беринга отправил на Камчатку,
Подробнейшей инструкцией снабдив
О Ледовитом и о Тихом море...
Воитель и отменный мореход,
Пётр и в иных делах был прозорливым:
И на брегах Невы Санкт-Петербург
Возвёл и оный объявил столицей.
В чины производить установил
Он табелью о рангах не по знати
Родов своих, но по заслугам личным.
Собранья книг и рукописей царь
Велел отныне собирать в столице.
Великий Пётр учредил Сенат
И новый календарь с началом года
От первого (как ныне) января!
При нём возникло много по стране
Мануфактур и горных предприятий.
Железо, злато, медь и серебро
Россия стала добывать и плавить.
Каналами велел соединить
По рекам и озёрам всю державу
От Балтики до Каспия наш царь.
Тарифами промышленность страны
Поддерживал российский самодержец.
Петром открыто светских школ немало,
Театр общедоступный он открыл,

Публичную открыл библиотеку,
Кунсткамеру (фактически музей)
Для лицезренья общего открыл он...
Таких «открытий» в множестве таком
Никто ещё не совершал в России.
Впервые стала русская газета
Печататься в стране! И в первый раз
Картографы петровские державу
На карты стали всюду заносить.
Именовать империей Россию
Отныне будут Запад и Восток...
Пётр высочайшим учредил указом
В столице Академию наук!
С тех пор в России учат медицине,
Артиллерийским и морским делам,
Искусствам, математике, уменью
Переводить с различных языков.
Сподвижники, «птенцы гнезда петрова»,
С ним вместе поднимавшие страну,
Потомков благодарности достойны:
Князь Меньшиков, Толстой и Шереметев,
Куракин и Шафиров, и Репнин –
Фамилий их бессмертное сиянье
Во множестве история до нас
Через века прошедшие доносит...
Лишь об одном мне ныне сожалеть
Приходится, песнь эту завершая:
Так был велик и всеобъемлющ Пётр,
Что мне его деяний даже части
Едва ли перечислить удалось...

Песнь сорок третья

Ушёл титан дорогой невозвратной...
Сквозь сонмы туч пробился луч закатный,
Скользнув по волнам царственной реки.
Притих дворец. И замерла столица.
Лишь из окна глядит императрица,
Смахнув слезу платочком со щеки...

ЕКАТЕРИНА I АЛЕКСЕЕВНА

Родившись католичкою, она
В дни юности носила имя Марта,
Но позже православье приняла,
Екатериной стала и Петра
Достойной и любимою супругой.
Святой Екатерины в честь неё
Пётр орден учредил и за заслуги
И личные достоинства ей сам
Торжественно вручил награду эту.
По смерти мужа бремя всех забот
Она о государстве приняла...
Был ею новый орден учреждён,
Доселе почитаемый в России:
В честь Александра Невского его
Теперь вручают лучшим полководцам.
Совет Верховный тайный создала
Велением своим Екатерина.
Трактатом Венским с Австрией союз,
А Петербуржским с Пруссией сумела
России честь Европе указать
И сохранить державное величье
Императрица-матушка, затем
Петровской Академии она
Открыла зданье первое, а следом
Указ дала для выделки монет
Металлы благородные как должно
Скупать. О состоянье городов
И положенье всех земель державных
Она пеклась, комиссию о том
Велением особым учреждая.
Увы, всего два года было ей
Отпущено страной своею править....

Песнь сорок четвёртая.

Как облака, что ветром вдаль гонимы,
Пути Господни неисповедимы
И промысел Его сокрыт от глаз...
Но мчится витязь по мосту, как прежде,
Даруя жизнь бессмертную надежде,
Что Бог и ныне не оставит нас.

ПЁТР II АЛЕКСЕЕВИЧ

Пётр, внук Петра, ему двенадцать лет,
Но он страны великой император...
Уж так сложилась мальчика судьба...
В Москве он был на царство коронован
И право дал свободно торговать
Повсюду табаком, а также руды
Отыскивать свободно, кто как может.
Он подписал Буринский договор
С Китаем о границах Поднебесной
С державой русской, и издал наказ
Для воевод и глав земель губернских...
Но не везло в те времена России:
В пятнадцать лет скончался Пётр Второй,
На третий год короткого правленья ...

Песнь сорок пятая

Храм. Полумрак. Священник. Полотенца.
Купель. Иконы. Свечи. Крик младенца
И крёстных шёпот ласковый над ним...
Нечаянным предчувствием смущённый
Во храме плачет крохотный крещёный
О том, что Богом ведомо одним...

АННА ИВАНОВНА

Племянница великого Петра,
Родная дочь болезного Ивана,
В Москве короновавшись, начала
Повелевать империей российской.
Решила учредить она полки

Лейб-гвардии Измайловский и Конный,
Открыла Анна первый на Руси
Кадетский корпус, вскоре ж освятила
Оконченный строительством собор,
Что ныне Петропавловским зовётся.
Она войскам велела штурмом взять
На польских землях крепкий город Данциг.
И взят он был. Фельдмаршалов своих
Послала Анна воевать в Крыму
С владычеством турецким, угрожавшим
России с юга прежде много лет...
Когда ж она скончалась, на Руси
Царем объявлен был Иван – младенец,
Племянницей её рождённый сын,
А регентом стал казнокрад Бирон,
Бессовестный и беспощадный малый.
Шел от роду Ивану третий месяц.
И ясно, что не правил он страной,
А именем его временщики
Растаскивали под шумок державу.
Чрез три недели матери царя
Фельдмаршал Миних помощью военной
Способствовал вхождению во власть.
Так Анна Леопольдовна России
Правительницей стала, но... всего
Пятнадцать дней ей править довелось.
Родная дочь Петра, Елизавета
Переворот свершила в ночь одну.
О ней иной особый будет сказ.
Ивана же Шестого миг правленья
Столь краток был, что, кажется, ему
Постигнуть это удалось едва ли...

Песнь сорок шестая

Не каждому из подданных случится
Танцующей узреть императрицу!
И смех её, и фейерверков треск
Под невским небом слушать восхищённо,
И вспоминать молитвенно-влюблённо
Её очей неповторимый блеск...

ЕЛИЗАВЕТА ПЕТРОВНА

Она пришла в Преображенский полк
И заявила преданным солдатам:
«Ребята! Вам известно, чья я дочь!
Идите же за мной!» И полк поднялся.
Так дочь Петра императрицей стала
Ни капли крови русской не пролив.
Любил народ свою Елизавету
За бойкий нрав - весёлый, незлобивый!
Французским и немецким в совершенстве
Она владела, итальянский, шведский
И финский языки могла понять.
Её уменье танцевать ценили
Все знатоки великие балов ...
Провозгласила курс на возрожденье
И продолженье дел в стране петровских
Отныне государыня. Она
Сената роль усилила в России.
При ней Московский университет
Студентов первых принял. Мельпомена
Российская при ней высот достигла.
Казны доходы подняла весьма
Таможенной политикой царица.
Шедевром мировой архитектуры
Столица наша стала! В дни её
Имён таких созвездье засияло,
Как Ломоносов, Волков и Растрелли!..
Дав в юности обет не применять
В России смертной казни, никогда
Она его уже не нарушала,
И приговоров смертных никому
В стране не выносила дочь Петра!..

Песнь сорок седьмая
Как по морям корабль идёт летучий,
Как месяц ясный движется за тучей,
Как гул восходит из земных глубин, -
Так о России крепнет всюду слава,
И верит в Бога русского держава,
И дух её по-прежнему един.

ПЁТР III ФЁДОРОВИЧ

Родился Пётр Фёдорович в Киле
От Анны, старшей дочери Петра
Великого. В Россию позвала
Его Елизавета. И племянник
На зов её, конечно же, явился.
Женой его была Екатерина,
Великою которой назовут
Впоследствии. Стать шведским королём
Пётр запросто бы мог по родословной.
Его о том просили. Отказался
От чести этой Пётр внук Петра..
Взошед же на престол российский он
Права дворянству дал весьма большие
И наказанья в армии солдат
Он отменил, «бесчестными» считая
Терзавшие их батоги и «кошки».
Он распустил указами тот сыск,
Что тайной Канцелярией являясь
Жестокие дознанья проводить
Права имел. Улучшил он чекан
Монеты русской. Но, увы, недолгим
Правленье было на Руси Петра...

Песнь сорок восьмая

Волнует ветер русские знамёна.
Походным маршем движется колонна.
Сраженья дым клубится впереди...
Играй, трубач! За нашу Русь святую
Идут на смерть солдаты в штыковую
И побеждают с верою в груди.

ЕКАТЕРИНА II   ВЕЛИКАЯ

Её именовать императрицей
При воцаренье мужа стал народ.
Когда ж отрёкся от престола Пётр,
На царствие она короновалась.
Основан ею Смольный был затем,
Пажеский горный корпус тоже ею
Открыт в столице был, дабы руда
Из-под земли умело добывалась.
Указом в Академии художеств
Она реформы провести велела.
Дала она сословиям российским
«Наказ», и «Уложенье» было ею
Учреждено для подданных своих.
О новых орденах императрица
Указы издала: святой Георгий
Своё дал имя одному, другой же
Владимира отныне имя носит.
Явив пример отваги всей стране,
Она вакцину привила от оспы
Себе и сыну первой на Руси!
Для русского журнала «Живописец»
Екатерина делала статьи.
И банки ассигнаций были ею
Учреждены в стране, и ею был
О соли и вине, и водоходстве
Подписан разработанный Устав.
Заемный банк был ею же открыт.
В Америке владениям Руси
Она дала великое начало.
И ею Крым был присоединён
К империи великой. Приняла
Екатерина в подданство России
Ираклия, Кахетии царя.
Устав училищ был императрицей
Подписан лично. Множество побед
В баталиях Россия одержала!
Блестящих полководцев удалось
Взрастить Екатерине, на полях
Сражений многих не было им равных .

Её войска везде громили турок:
Чесменский бой, и доблестный Кагул,
Фокшаны, Кинбурн, Измаил и Рымник...
Суворова стоять за православных
Она послала в Польшу. Штурмом взял
Воитель-гений Прагу и Варшаву...
Литву и область Гродненскую вслед
Забрать себе позволила держава.
Смирила страшный пугачевский бунт
Екатерина. Шведам же не раз
На море наносили пораженье
Державы нашей чудо-адмиралы.
Курляндию она приобрела
От герцога курляндского Бирена...
И длилось долго царствие в Руси
Екатерины прозванной Великой...

Песнь сорок девятая

Звучит в горах раскатистое эхо
Лавиной шумной говора и смеха,
Шагов людских и ржанья лошадей...
Под пушек громогласные раскаты
С небес альпийских движутся солдаты
Суворовские к Родине своей.

ПАВЕЛ I ПЕТРОВИЧ

В пятнадцать лет в Москве наследник Павел
Больницу иждевеньем основал.
А после смерти матери он тело
Отца с ней рядом перехоронил.
В Москве короновавшись по обряду,
Вернулся править Павел в Петербург,
В тот город, где когда-то он родился.
«Устав военный флота» он издал,
Штат утвердил лесному управленью,
Губернии в России возродил

И договор с Британией союзный
Он подписал. Российский государь,
Чтя тяготы альпийского похода,
Возвёл в генералиссимуса чин
Суворова – защитника державы
И гения стремительных побед.
Трактат о дружбе Павел заключает
Впервые с Португалией, страной
Доселе неизвестной и далёкой.
Дарует покровительство своё
Царь на дела в Америке российским
Промышленникам крепким и купцам.
Портовых, пограничных карантинов
И банка для российского дворянства
Затем Уставы Павел утвердил…
Доныне возвышается дворец
В туманном Петербурге, имя Павла
Носящий, романтической твердыней …

Песнь пятидесятая

В путь корабли уходят кругосветный,
С полей сражений гром гремит победный,
Блистает время пушкинской строкой,
Казачьи речи слышатся в Париже,
Звон над церквями всё ясней и выше,
Как новый день над северной рекой.

АЛЕКСАНДР I ПАВЛОВИЧ

Приветствуя, Россия Александра,
Младого императора, ему
Свои вверяла чаянья и мысли
И от него отнюдь не зря ждала
До той поры неслыханных свершений!
Он уничтожил пытки на Руси,

Он Крузенштерна вкруг земли отправил,
Он университеты основал
Во множестве и присоединил
К России земли новые повсюду
От берегов Аракса и Куры
До островов на Балтике Аландских!
О нём с почтеньем в зрелости писал
Великий Пушкин, юность вспоминая:
«Он взял Париж, он основал Лицей!»
Он в Петербурге биржу учредил,
Он из страны изгнал иезуитов,
Союз Священный европейских стран
Был заключён по воле Александра!
Когда непобедимый прежде враг
Вошел в страну, то волей государя
Сумел Кутузов дать ему отпор,
И, несмотря на бедствия, Россия
Свой дух великий сохранить смогла
И вскоре приумножила победы.
Викториям российским несть числа
Во времена правленья Александра:
Бородино, Тарутино, Люцен,
Кульм, Лейпциг, Ленкорань, Рущук, Свеаборг

Везде знамёна русские несли
Победы весть империи российской!
Тем в памяти народной навсегда
Запомнилась эпоха Александра...

Песнь пятьдесят первая

Мелькнув, исчезла за окном столица,
А поезд всё стремительнее мчится:
Леса, холмы, озёра, города...
Живой восторг и тайная тревога.
Россия. Царь. Железная дорога.
И дальний путь... И это навсегда.

НИКОЛАЙ I ПАВЛОВИЧ

Брат младший Александра, Николай
В час неспокойный Русью править начал,
Но смуты и броженья превозмочь
Сумел десницей твёрдой государя...
Он огнеборцев утвердил Устав
И, с Персией войну окончив миром,
К России земли присоединил
Армянские. Для женщин учредил
Впервые знак почётный Мариинский
За службу беспорочную наш царь.
Турецкую войну окончил он
Пять крепостей доставив для России:
Ахалкалаки, Поти, Ахалцых,
Анапа и Ацкур отныне стали
Российскими, а плаванье в Босфоре
И Дарданеллах сделалось свободным
Для всех держав. Впервые Николай
Издал собранье полное законов
И ранним бракам положил предел:
Не раньше восемнадцати годов
Для юношей, а девушек не раньше
Шестнадцати, чтоб замуж выдавали.
Военной Академии он дал
В империи достойное начало.
Для моряков российских император
Училище торговое открыл
И вуз технологический затем,
Чтоб инженеров больше становилось.
Он ордена святого Станислава
И Белого Орла ввёл на Руси,
Из Польши их заимствовав, а после
Царь учреждает университет
Владимира святого в Киев-граде.
Великий император понимал
Истории отечества значенье
И, чтоб знакомить просвещённый мир
С источниками древними, открыл он
Комиссию научную. В столице
Училище, где правоведом стать

Студент прилежный мог бы для державы
Он учредил. Значение дорог
Железных было ясно Николаю,
И положенье утверждает он
Об учрежденье общества, что будет
Строительством дороги первой ведать.
Топографов он Корпус основал
А следом и лесничих... Астрономам
Наш царь обсерваторию открыл.
Меж царством польским и Россией он
Таможни снял. И лично государем
Железная дорога меж Москвой
И Петербургом публике открыта
Была почти в конце его правленья,
Немало благ принесшего стране...

  Песнь пятьдесят вторая

В стране любви, тревоги и печали
Одни его безмерно величали,
Другие же молились на него,
А третьи молча вслед ему смотрели,
Когда же смерть пришла на самом деле...
Не оказалось рядом никого.

АЛЕКСАНДР II ОСВОБОДИТЕЛЬ

Сын Николая, Александр был
Учеником Жуковского, поэта.
И, может, потому в его душе
Так много было места романтизму
В те дни, когда вступил он на престол.
Он объявил амнистию для всех,
Кого сослал отец его за смуты,
Закрыл наш царь цензурный комитет,
Затем в стране крестьянскую реформу
Замыслил государь произвести.

Он крепостное право отменил.
Теперь надел земельный мог свободно
Иметь в России подданный любой.
Реформ немало Александр в державе
Своей провёл неслыханных: в печати,
В армейской жизни, в университетах,
В судах и в земском самоуправленье.
Стране реформы эти помогли:
Подъём экономический заметен
Повсюду стал. Нефть, уголь и железо
Россия стала в недрах добывать
В таких объёмах, что в иные страны
Могла отныне поставлять, себя
При этом обеспечивая тоже.
Освободил Болгарию от ига
Турецкого России мудрый царь,
Войска свои на помощь ей направив.
Россия Средней Азией при нём
Расширила владения на юге.
Китаем признан Уссурийский край
Российской территорией в то время.
Армейской службы срок был сокращён,
И наказаний в армии телесных
Не стало вовсе. Ныне суд присяжных
В России применяться всюду стал.
Искал он с оппонентами согласья,
Но первый раз в истории Руси
Бичом страны явился терроризм.
И вот царя, что даровал свободы
И либерален был к своим врагам,
Безродные казнили террористы,
Не давшие России ничего.

Песнь пятьдесят третья

А над Россией блещет полог звёздный,
Искрится воздух утренний, морозный,
Сияет солнце в полдень над рекой,
Играет луч на куполах закатный …
И всё струится с неба благодатный
Самим Творцом дарованный покой.

АЛЕКСАНДР III МИРОТВОРЕЦ

И новый Александр заступил
На царствие российское. Отца он
Достойно на престоле заменил.
Готовя к управленью государством,
Его учили лучшие умы
Истории, военному искусству,
Литературе, праву на Руси...
Знал и любил он русскую культуру
И превратил свой Гатчинский дворец
В собрание шедевров мирового
Значенья. Достоянием России
Он сделал их. Доныне Третьяковка
И Эрмитаж, и Русский, и иные
Музеи Александрово собранье
Хранят для нас. Великий государь
В истории был назван Миротворцем,
Поскольку всё правление его
Прошло без войн жестоких и кровавых.
Политикой своей он отразил
На Русь святую внешние нападки.
Движение империи на юг
Царь завершил границы проведеньем
Афгано-русской с точностью большой.
Он общество в державе основал
Ревнителей истории российской
И сам был председателем его.
Дал льготы царь трудящемуся люду,
Понизил выкупные платежи,
Что на плечах крестьянских возлежали,
Старообрядцев государь велел
Гоненьям никаким не подвергать
И Банк земельный для крестьян России
Он учредил, заботясь, как отец,
О нуждах и о чаяньях народных.
Он был отцом и для детей своих
Заботливым и жизни не щадившим
Во благо их. И вот пример тому:

Однажды поезд с царскою семьёю,
Спеша в Москву, внезапно претерпел
Ужасную в дороге катастрофу.
Сошли вагоны с рельсов. Царь-отец,
Недюжинною силой обладая,
Один вагона крышу на плечах
Держал, пока жена его и дети
Не выбрались наружу. Надорвавшись,
Болел он долго после и почил
Безвременно... Служение его
России нам не должно забывать.

Песнь пятьдесят четвёртая

Небесный витязь скачет на просторе.
Шумит под ним пылающее море,
Грохочет буря, вьётся вороньё...
Но нет к мосту дороги силе чёрной:
Хранит Россию Спас нерукотворный
И Божья Мать, заступница её...

НИКОЛАЙ II СВЯТОМУЧЕНИК

Всю жизнь свою пытался Николай
Российские традиции, основы
Для поколений будущих хранить, -
Всё то, что, к сожаленью, уничтожить
Стремились «просвещённые» слои
Во всём российском обществе. Увы,
Противоречье это не сумел
Никто преодолеть согласьем общим...
Что сделал для державы Николай?
В его правленья годы населенье
России приросло на шестьдесят
Мильонов человек. А это значит:
Народы наши лучше стали жить!

Промышленности рост у нас превысил
Подобный рост всех мировых держав.
За время императора правленья
В пять раз (и это факт!) Россия стала
Производить продукции своей
На рынок больше, чем могла доныне.
Сибирская железная дорога
Великая построена была!
Две тысячи железных километров
В России возводилось каждый год.
Столыпина крестьянская реформа
В правленье Николая привела
К достатку семьи русских землепашцев.
Был крепок в вере император наш
И в царствие его святых в России
Прославилось великое число.
Одним из них стал Серафим Саровский,
Которого деянья государь
И весь народ крещёный чтили свято...
Об участи и муках Николая
Премного было сказано допрежь
Высокими сердечными словами,
Не стоит всуе снова повторять
Того, что лучше сделано другими.
О ком немало сказано, о том
И после будет молвлено немало...
Поклонимся же памяти его
И всей семьи его, приявшей муки
За веру, за Россию, за престол...

РОДИНА

Очей твоих живые отраженья
Хранит озёр небесный окоём...
Печать любви, страданья и прощенья
Лежит на светлом облике твоём.
Глядишь ли ты с молитвой на дорогу
Родные поминая имена,
О правде ли печалуешься Богу, -
Всё та же ты в любые времена,
Всё та же ты – за рокотами грома,
Сияньем вьюг и листопадом дней...
Страна моя! Чем дальше мы от дома,
Тем голос твой дороже и слышней.

ГОДЫ ПРАВЛЕНИЯ

Рюрик, Князь Новгородский (862-879)
Олег Вещий, Князь Новгородский (879-882);князь Киевский (882-912);
Игорь, Кн. Новгородский до 912 г. Вел. кн. Киевский в 912 - 945 гг.
Ольга, Вел. кн. Киевская (945-969),правительница при сыне Святославе до 955 (крестилась)
Святослав Вел. Кн. Киевский <u>946-972</u> ,
Ярополк, Вел. кн. Киевский в 972 - 980 гг
Владимир Святой, Кн. Новгородский в 969 - 977 гг. Вел. кн. Киевский в 980 - 1015 гг.
Ярослав Мудрый, Кн. Ростовский в 987 - 1010 гг. Кн. Новгородский в 1010 - 1036 гг. Вел. кн. Киевский в 1016 - 1018, 1019 - 1054 гг
Владимир Мономах, Кн. Ростовский в 1066 - 1073 гг. Кн. Смоленский в 1073 - 1078 гг. Кн.

Черниговский в 1078 - 1093 гг. Кн. Переяславский в 1094 - 1113 гг. Вел. кн. Киевский в 1113-1125 гг.

Мстислав Великий, Вел. Кн. Киевский в 1125-32г.г.

Ярополк, Вел. кн. Киевский в 1132 - 1139 гг

Юрий Долгорукий, Кн. Ростовский и Суздальский в 1096 - 1149 гг. Кн. Переяславский в <u>1135</u> г. Вел. кн. Киевский в 1149 - 1151, 1155 - 1157 гг.

Андрей Боголюбский, Кн. Вышгородский в 1149, 1156 гг. Кн. Туровский, Пнинский и Дорогобужский в 1150-1151 гг.. Кн. Суздальский и Ростовский в 1155-1169 гг. Вел. кн. Владимирский в 1169-1175 гг.

Всеволод Большое Гнездо, Вел. кн. Киевский в 1173 г. Кн. Персяславский в 1176-1177 гг. Вел. кн. Владимирский в 1177-1212г.г.

Михаил Всеволодович, Вел. Кн. Киевский в 1236,1238,1241-1246 г.г.

Юрий Всеволодович, Вел.кн. Владимирский 1212-1238г.г.

Ярослав П Всеволодович, Кн. Переяславский в 1201 - 1206 гг. Кн. Переяславль-Залесский в 1212 - 1238 гг. Кн. Новгородский в 1215, 1221 - 1223, 1224 - 1228, 1230 - 1236 гг. Кн. Торжский в 1215 - 1216 гг. Вел. кн. Киевский в 1236 - 1238 гг. Вел. кн. Владимирский в 1238 - 1246 гг.

Александр Невский, Кн. Новгородский в 1236 - 1240, 1241 - 1252, 1257 - 1259 Вел. .кн. Киевский в 1246 - 1263 Вел. кн. Владимирский в 1252 - 1263 гг.

Ярослав Ярославич, Кн. Тверской в 1247 - 1272 гг. Кн. Псковский в 1254 г. Кн. Новгородский в 1255, 1264 - 1272 гг. Вел. кн. Владимирский в 1264 – 1272

Дмитрий Александрович, Кн. Новгородский в 1259 - 1264, 1272 - 1273,1276 - 1281, 1285 - 1292 гг. Кн Переяславский в

1263 - 1294 гг. Вел кн. Владимирский в 1276 - 1281, 1284-1292 г.

Михаил Ярославич, Кн. Тверской 1285-1318г.г.

Даниил Александрович, Кн. Московский в 1263 - 1303 гг., Кн. Переяславский в 1302 - 1303 гг.

Юрий Данилович, Кн. Московский в 1303 - 1325 гг. Вел. кн. Владимирский в 1319 - 1322 гг. Кн. Новгородский в 1322 - 1325 гг.

Иван Данилович, Великий князь Московский в 1325 - 1341 гг. Великий князь Владимирский в 1328 - 1341 гг. Князь Новгородский в 1328 - 1337 г.

Симеон Гордый, Вел. кн. Московский в 1341 - 1353 гг. Вел. кн. Владимирский в 1341 - 1353 гг. Кн. Новгородский в 1346-1353 гг.

Иван Иванович, Великий князь Московский в 1354 - 1359 гг. Великий князь Владимирский в 1354 - 1359 гг. Князь Новгородский в 1355 - 1359 гг.

Дмитрий Константинович, Кн. Суздальский к 1354 - 1383 гг. Вел. кн. Владимирский в 1359 - 1363 гг. Кн. Новгородский в 1359 - 1363 гг. Вел. кн. Нижегородский в 1365 - 1383 гг.

Дмитрий Донской, Вел. кн. Московский в 1359 - 1389 гг. Вел. кн. Владимирский в 1363 - 1389 гг. Кн. Новгородский в 1363 - 1389 гг.

Василий Дмитриевич, Вел. кн. Московский в 1389 - 1425 гг.

Василий Темный, Вел. кн. Московский в 1425 - 1433, 1434 - 1462 гг.

Иван Ш Васильевич, Вел. кн. Московский и всея Руси в 1462 - 1506 гг.

Василий Ш Иванович, Вел. кн. Московский и всея Руси в 1506 - 1534 гг.

Иван Васильевич Грозный, великий князь с 1533, русский царь (1547- 1584).

Федор Иванович, царь всея Руси в 1584 - 1598 гг

Борис Годунов, царь Всея Руси 1598-1605

Федор II Борисович, царь всея Руси в 1605 г.

Василий Шуйский, царь всея Руси 1606-1610

Михаил Романов, первый русский царь (1613 - 1645г.г.) из династии Романовых,

Алексей Михайлович, русский царь 1645-1676г.г.

Федор Алексеевич, русский царь 1676-1682г.г.

Софья Алексеевна, правительница при малолетних Петре и Иване в 1682-1689г.г.

Петр Первый, русский царь совместно с Иваном Алексеевичем 1682-1696г.г., 1696-1721г.г. – русский царь, 1721-1725г.г. – император Всероссийский,

Екатерина Алексеевна, императрица Всероссийская 1725- 1727г.г

Петр II Алексеевич, император Всероссийский 1727-1730г.г.

Анна Ивановна, императрица Всероссийская 1730-1740г.г.

Елизавета Петровна, императрица Всероссийская 1741-1761г.г.

Петр III Федорович, император Всероссийский 1761-1762г.г.

Екатерина Великая , императрица Всероссийская 1762-1796г.г.

Павел Петрович, император Всероссийский 1796-1801г.г.

Александр Павлович, император Всероссийский 1801-1825г.г.

Николай Павлович, император Всероссийский 1825-1855г.г.

Александр II Освободитель, император Всероссийский 1855-1881г.г.

Александр III Миротворец, император Всероссийский 1881-1894г.г.

Николай II Святомученик, император Всероссийский 1894-1917г.г.

ИЗ ОТКЛИКОВ ЧИТАЛЕЛЕЙ О «ДЕРЖАВНОМ ПАНТЕОНЕ»

Вы совершенно правы, когда пошли по пути описания деятелей государственных династий, обрамив личности их историческими деяниями, иначе это могло превратиться в бесконечную историю. С поставленной перед собой задачей (а именно соответствия содержания названию) Вы справились безупречно, описав историю Государства Российского. По выбранной форме изложения времен русских исторических летописей и взятой на вооружение последовательностью Карамзина и Соловьева, ваша вещь смотрится беспроигрышно. Повторяю: Вы блестяще справились с поставленной задачей.

Вот уже несколько месяцев я подумываю написать или цикл стихов или небольшую поэму об этом времени и событиях так, как я их вижу. Если хватит сил и я все-таки сяду за этот труд, считайте, что вдохновителем были Вы с вашим поистине грандиозным трудом «Державный пантеон».

Владимир Коркин

Несомненно, такой большой труд автора по популяризации Российской Истории можно только приветствовать. С интересом буду следить за публикациями.

Иван Трифонов

Историю не изменить, но писать о ней надо и Вы это делаете прекрасно. Ваш "Пантеон" можно было бы назвать кратким историческим обзором в стихах, но Вы вложили в него столько души, любви к России, к её истории, что это безусловно прекрасное художественное произведение, и каждая его строка найдет ответ в сердце человека, любящего Россию. Работа сделана огромная, написано талантливо и с душой. Столько любви вложено! Восхищаюсь. Спасибо Вам за этот труд!!

Елена Шварцман-Нелидова

Настолько плавен переход от рифмованного к белому, что только после чужих слов обратил внимание на то, что рифмованно не всё! Читается удивительно легко! Вы - настоящий мастер!

Геннадий Антонов

Так ведь это подвиг! Такую эпопею написать, да таким языком. Откуда у вас азербайджанца(?) такое знание и любовь к России великой и несчастной? Откуда этот эпизм? Обязательно надо издать потом.

Джелал Кузнецов

Великолепный труд! И нужный. У меня с давних-давних пор сохранилась книжка Натальи Кончаловской "Наша древняя столица", где вот так же, прекрасным языком рассказывалось об истории Москвы. А сейчас это очень нужно - может быть, молодежь Вашими чеканными строфами загорится...

Надежда Шляхова

Несомненно это колоссальный труд. Когда-нибудь в школах на уроках истории именно по таким произведениям будут изучать историю государства нашего.

Галина Кравец

СЛАВЯНСКИЙ ПАНТЕОН

**С ТЕХ ПОР, КАК СДЕЛАН   ПЕРВЫЙ
ВЗДОХ,**
И до последнего мгновенья
«Я верю в Бога, дай мне Бог» -
Мы шепчем, как стихотворенье.

Мы уповаем на Него,
Поскольку с нами Он повсюду,
И жизни этой естество
Ему обязано, как чуду.

А Он – во всём, а Он – везде,
А Он присутствует незримо
В земле, и в небе, и в воде
Всегда быстротекущей мимо...

Как бессловесный часовой, –
На грани зрения и слуха
Он – Луговой и Домовой,
И Щур, и Леший, и Воструха...

Он – Велес, Ящер и Сварог,
Семаргл и Макошь, и Купало...
Я верю в Бога... Дай мне Бог!
Дай столько, чтобы всем хватало:

Земле – и солнца, и дождей,
Душе – и счастья, и тревоги,
Заблудшему – живых людей,
А путнику – его дороги...

АВСЕНЬ

Божественный покровитель лошадей и коней – Авсень навещает славянскую землю в начале каждой весны и каждой осени. Скачет он по лесам и лугам на своем золотисто-рыжем коне, возвещая приход нового времени, о наступлении перемен: весной напоминая собой луч солнца, а осенью – яркий кленовый лист…

По осени как и весны в начале
На золотисто-рыжем скакуне
Спешит Авсень то в счастье, то в печали
Нам возвестить о жизни новом дне…

Всем пастухам и лошадям защита,
Лучист, как солнце и кленовый лист,
Он весть свою несёт для всех открыто,
И путь его – стремителен и чист!

АУКА

Прячется в лесной чаще маленький пузатый Аука, поджидает случайных путников. Как только появится кто-то в лесной глуши, - тут же Аука начинает аукать, с дороги сбивать, запутывать человека. Закружит по лесу, заблудит странников, напроказничает и сгинет сам, спрячется, будто он тут ни причём.

Ни летом, ни зимой не спит –
Пузатый, маленький Аука,
Он в чаще спрятавшись сидит,
Не издавая там ни звука.

Но стоит лишь кому-нибудь
В его лесную глушь явиться,
Он щёки начинает дуть
И эхом сделаться стремится,

И бедных путников кружит
По лесу тёмному часами,
А сам, аукая, спешит
Опять укрыться за кустами

БАБАЙ

Издавна непослушным детям, которые не хотят
засыпать вечером, рассказывают старую, как мир,
байку о загадочном духе по имени Бабай, который
непослушных детей забирает в котомку и уносит в
камыши. Верь- не верь, а спать-то надо вовремя
ложиться!

Пела мышка: «Баю-бай,
Не заснёшь – придёт Бабай.»

Спит мышонок чутким сном,
Оттого, что снится,
Как Бабай скребётся в дом
И в окно стучится.

Он пришёл из камышей
В час, когда потёмки,
Сто капризных малышей
У него в котомке.

БАННИК

С Банником надо быть осторожным, проявлять к нему внимание и уважение. Не то он и кипятком ведь ошпарить может, и иную пакость натворить. Поэтому, будьте любезны, в бане оставлять лоханку чистой воды, свежий березовый веник, и главное - хороший пар!

И главное – больше трех раз подряд не париться, четвертый пар – Баннику...

Будь ты хозяин, гость иль странник –
Воды лоханку, веник, пар
Оставь-ка в бане, чтобы Банник
Не обратил свой гнев в угар.

Оставь ржаного хлеба с солью
И – выходи по одному!..
Привычен Банник наш к раздолью:
Четвёртый пар – всегда ему!

БАЕЧНИК

Если перед сном на ночь рассказывать страшные-страшные байки и сказки, то ночью может присниться не очень приятный тип – Баечник. Чтобы отпугнуть его достаточно включить свет или зажечь свечку. И нет никакого Баечника, и не страшны совсем страшилки детские.

Ой, не сказывайте на ночь баек страшных, сказок тёмных!
Могут тени появиться рук невидимых огромных...

208

Если Баечник усатый малым детушкам наснится,
То горящая лучина им немедля пригодится:

Разлетятся прочь от света потревоженные тени,
Старый Баечник метнётся то ли под пол, то ли в
сени...

А наутро всем казаться станет байкою смешною
То, что ночью так пугало и дышало за спиною...

БЕРЕГИНИ

Берегини у славян были ангелами-хранителями. У
каждого человека – свои берегини. Всю жизнь они его
сопровождают и по возможности стараются уберечь от
опасностей.

Везде – и дома, и в лесу, на суше, на воде:
Где жил когда-то человек, и где живет он ныне, -
Незримо следуют за ним, чтоб не бывать беде,
Таинственные существа – подруги-Берегини.

По берегам озёр и рек, и среди дальних гор
Звучат, как чистые ручьи, их голоса повсюду, -
Как непременный оберег, спасавший до сих пор
И тех, кто им не доверял, и тех, кто верил чуду.

БОЛИБОШКА

Лукавый дух Болибошка появляется на самых ягодных лесных полянах. Встретится он человеку и начинает ему плакаться, жаловаться, дескать, сумку потерял, а найти не может. Сжалится прохожий, начнет искать эту сумку да так заблудится, что голова кругом! А Болибошке только того и надо было. Сберег он ягоды свои, а сам исчез – будто и не было его.

Дедун лукавый Болибошка
Живёт по ягодным местам,
Хитра в лесу его дорожка,
Он на неё наводит сам.

Внезапно встретится и хнычет:
Мол, сумку где-то потерял,
А сам – в кусты куда-то тычет,
Чтоб ты помог да поискал.

То – под коряжину заводит,
То тянет за руку в овраг...
И если что-то и находит, -
Так только в чаще буерак.

ВЕДЬМАК

Ведьмак – дух, следящий за тем, чтобы ведьмы не строили козней против людей. Он, не тот, кто помогает ведьмам, а тот, кто помогает людям, а ведьмам – мешает, препятствуя их замыслам. Вампиры, ожившие мертвецы и прочая нечисть – все боятся встречи с Ведьмаком.

Чтобы ведьмы не шалили, -
Ими ведает Ведьмак.
О его чудесной силе
Знает каждый встречный маг.

Строить козни он мешает,
Побеждает мертвецов,
Судьбы нечисти решает...
И решит в конце концов.

ВЕЛЕС

Славянский бог по имени Велес – покровитель зверей
и домашних животных. Люди представляли его себе
мудрым старцем с клюкой, одетым в звериную шкуру,
который появляется там, где нужна его помощь и
помогает больным, ослабшим, всем, кому это
необходимо.

Он идёт заповедной тропою –
Седовласый с клюкою старик,
Поправляя травинки рукою,
Понимая звериный язык.

В ожидании мудрого слова
Перед ним раскрывают сердца
Старый лось и больная корова,
И с ягненком дрожащим овца...

Даже серый зайчишка, осмелясь,
Показался у дальних кустов...
Исполать тебе, дедушка Велес, -
Бог животных, людей и лесов!

ВОДЯНОЙ

Как при встрече узнать Водяного? Да, очень просто!
Левая сторона его одежды – вечно намокшая, по ней
сочится, скатывается наземь вода. Шуток с Водяным
лучше не шутить, накажет. Мельнику он – верный
помощник, покуда не иссякнет вода в реке, на
которой стоит мельница, - будет мука у мельника в
достатке.

По его одежде слева
Вечно катится вода...
Довести его до гнева
Не пытайтесь никогда!

С позволенья Водяного
Мелет мельница муку.
Места нет в воде такого
Где б он не был на веку:

И в колодцах он ютится,
И по омутам живёт, -
И вкусна его водица,
И прохладна круглый год.

ВОЛХ

Сын всесильного бога Ящера – божество удачной
охоты Волх ... Лунной серебристой ночью, медленно
колыхаясь, вздымаются над озерными водами
шелковистые белесые туманы. И вдруг тень
промелькнула вдоль берега! Будто вздрогнуло что-то.
Это молчаливый и вездесущий Волх вышел на свою
ночную охоту...

Свет лунный лился серебристым шёлком,
С озёр туман вздымался в небеса...
Волх обернулся Серым Вещим Волком
И заспешил за горы и леса, -

Мелькнул в степи, помешкал на болоте,
Нырнул в овраг, объятый тишиной...
Вновь до зари был нынче на охоте
Сын Ящера бегущий под луной...

ВОСТРУХА

Воструха - нашему Домовому родной дедушка.
Воструха всегда настороже: эвон, сколько бродит по
миру лиходеев! Не ровен час - к нам забредут! Уж
Воструха-то их отвадит от дома, отвадит! А если ещё и
внучек поможет ему, - ну, тогда берегись, вражья
сила! Красных девушек, невестушек защитнику, дома
родимого сторожу, Вострухе нашему – земной поклон!

От воров и злых людей,
Как родное ухо,
Дом, в котором ты живёшь,
Бережёт Воструха.

Домовой, Вострухин внук,
Подсобляет деду,
Чтоб над лихом в трудный час
Одержать победу,

Чудо-девичью красу,
Как зеницу ока,
От соблазнов дед хранит,
Борется жестоко.

Все невестушки ему
Благодарны очень.
Коль Воструха в доме, есть –
Счастлив он и прочен.

ВСТРЕЧНИК

Встречник – дух встречного ветра, вихря, ищущего
души злодеев и грабителей, чтобы наказать их за
черные дела. Чтобы Встречник случайно не задел
невинного человека, есть способ избежать этого:
следует только бросить вглубь вихря обыкновенный
нож, как Встречник сразу же исчезнет.

Пыль дорожную развеяв,
Ищет Встречник – дух ветров
Души подлинных злодеев
И бессовестных воров...

Чтоб случайно в нём не сгинуть,
Ни к чему кричать «не трожь!», -
Вихрь исчезнет, - стоит кинуть
Вглубь его обычный нож.

ГАМАЮН

Вещая птица Гамаюн прилетает к людям на рассвете
с востока вместе с бурными ветрами, вместе с
неистовым ураганом. Она прилетает и говорит о
грядущих днях, только трудно расслышать её голос ,
различить его среди шума ветра, шелеста листьев,

скрипа и стона лесных деревьев в час надвигающейся бури.

О богах, о героях, о зверях и о людях
Повествует с рассвета на ветру Гамаюн.
Птица вещая эта знает правду о судьбах:
Всё, что в мире случится через тысячи лун...

Лес шумит и трепещет, вьются вихри сурово,
Скрип и шелест повсюду, но в заветный тот час,
Кто сумеет расслышать Гамаюново слово,
После вещую птицу вспомнит в жизни не раз.

ДАЖЬБОГ

Помните выражение «дай бог»? Произнося его, мы каждый раз поминаем имя Дажьбога – бога солнечных лучей. В колеснице, запряженной четверкой золотогривых коней, летит он по славянскому небу с сияющим щитом и жезлом в руках. А ещё, говорят, когда-то он был первым древним правителем славян, утвердившим среди людей первые самые справедливые законы и календарь.

Податель благ земных, бог солнечного света!
Твой щит сияет так, как будто всюду - лето...
Славянской стороной ты первым правил встарь,
Ты первым учредил закон и календарь.

Четвёркою коней ведома колесница,
И гривы их горят, и жезл твой лучится...
Дажьбог – дающий бог, даруй же вечный день,
Где чем теплее свет, тем благодатней тень!

ДАНА

Великая, божественная Дана – хранительница вод небесных! Льет она на землю животворящие воды весенних дождей и летних ливней. Поит - томящиеся жаждой поля и леса. А громовержец Перун купает в её облаках само небо!

Рождённая в летучей мгле
Животворящих вод богиня,
О, Дана, ты одна доныне
Даруешь ливни всей земле!..

И вновь твоих звенящих струн
Ждут тёмный лес и колос хлебный,
Когда в воде твоей волшебной
Купает небо сам Перун!

ВОРОВОЙ

Ну, вот и вышли мы, наконец, из дома во двор! А во дворе – Дворовой верховодит: нечистую силу прочь со двора гонит, с псом Кабыздохом да с козлом Борькой в пятнашки играет. Но как завидит сивого мерина, как заметит белую кошку во дворе – ох, и злится, ох, и ругается! Что тут поделать? У дворовых тоже причуды могут быть! Имеют право...

Во двор он не пустит нечистую силу,
Но есть в нём черта непонятная всем:
Не любит он сивых коня и кобылу,
А беленьких кошек не терпит совсем!

Зато как он дружит с козлом и собакой! –
Играют в пятнашки, рогами трясут...
И люди на вилах вкуснятины всякой
Порой ему в тёплые ясли несут.

216

ДЕДЫ

Древнейшими почитаемыми духами у славян были духи предков – Дедов. Деды – основатели рода людского, те, с кого ведет свою родословную каждая семья. Пока живы потомки, жива и память о своих предках. Духи предков оберегают своих правнуков, помогают им в трудах и тяготах. В Родительский день люди посещают кладбища, поминают и благодарят Дедов своих...

Деды! Храните род людской –
Дотошный, неразумный, разный...
Да обретёт земля покой
От зла в личине безобразной!

Средь наших сёл и городов,
Где жили мы и где трудились,
Не раз просили мы Дедов,
Чтобы за нас они молились.

И в День Родительский у вас
Мы просим вновь и вновь прощенья,
Неся в заветный скорбный час
К могилам вашим угощенья.

ДЕННИЦА

Денница – чудесная звезда, возлюбленная ясного Месяца. Каждое утро первой встречает она лучи просыпающейся зари. Она как бы указывает путь солнцу, зовет его. Но чем ярче разгорается заря, тем быстрее в лучах её исчезает Денница, как бы отдавая свою жизнь ради грядущего светлого дня. Но звёзды – бессмертны, и следующей ночью Денница вновь возвращается на предрассветное небо.

Звезда Денница! На восходе дня
Едва лишь свет зари тебя коснётся,
Как таешь ты, из-под земли маня
Великое сияющее солнце!

Возлюбленная Месяца, всю ночь
Сверкаешь ты вослед ему, Денница...
Мрак одолеть и гибель превозмочь
Твоя душа лучистая стремится.

Мир пред тобой распахнут, как всегда,
Ведь ты – светило первого порядка,
Та самая бессмертная звезда,
Что каждый день сгорает без остатка!..

ДОЛЯ

Доля – помощница Макоши, это она – Доля –
приносит счастье в дом, не зря же у глагола
«преодолеть» - тот же корень слова! Без Доли – человек
обездоленный, а с Долей – ему ничего не страшно.
Прекрасна Доля и лицом, и статью, вьются и сияют
при солнечном свете её золотые волосы...

Даже если холод веет,
Даже если всюду ночь, -
Доля всё преодолеет,
Чтобы Макоши помочь.

Нет для Доли-златовласки
Ни препятствий, ни преград:
В путь далёкий без опаски
С ней пуститься каждый рад.

С ней не встретишь дней дождливых
И не вылетишь в трубу...
Ткёт она для всех радивых
Их счастливую судьбу

ДОМОВОЙ

Домовой – дух, обитающий в доме, вечно он хлопочет, заботится по хозяйству, предупреждает хозяев об опасности, радеет за мир и покой в семейных отношениях. Домашний он, домашний...

Заботливый ворчливый хлопотун,
Незримая душа родного дома,
Ты – ночью половицами скрипун,
Ты – за стеной шуршащая солома,

Ты – хоть волшебный, но домашний, свой,
В избе хранитель мира и уюта:
Дух предков наших, добрый Домовой,
Косматое хозяйственное чудо.

ДРЁМА

А вот и бабушка Дрёма пришла! Пора ребятишкам баиньки, глазоньки пора закрывать да зевать сладко-сладко... Дрема одеялко подправит, подушечку подложит, проследит, чтобы сон твой никто не потревожил...

Добрый дух, ночная Дрёма,
Верь или не верь, -
Просочилась в щели дома,
Проскользнула в дверь...

Чтоб не падала подушка
У того, кто спит,
Хлопотливая старушка
Ласково следит:

Поправляет одеяло,
Навевает сны,
Чтоб ничто нам не мешало
...Кроме тишины.

ЕРУСЛАН

Знаменитый сказочный герой-богатырь Еруслан, как и его былинные «братья» Илья Муромец, Добрыня Никитич и Алеша Попович, в тяжкую годину олицетворял собой мечты народные о великом герое, мужественно принимающем удары судьбы и преодолевающем все...

Повидал немало стран
Храбрый витязь Еруслан:
В бой вступал с богатырями,
Вражьи полчища громил,
За морями и горами
Змея в битве победил!
Царь-Огонь на восьминогом
Повстречался с ним коне,
Стала битвы той итогом
Слава витязя вдвойне.
На царевне он женился
Им спасённой как-то раз,
Вскоре сын у них родился,
Но настал прощанья час:
Еруслан ушел в поход
Не на месяц, не на год,
И, от города родного
Много лет пробыв вдали,
Встретил витязя другого
На глухом краю земли,
В битве грозной с ним сразился,
И... заметил по кольцу –

Это сын к нему явился -
Витязь-юноша – к отцу!
Так вернулся Еруслан
В дом родной из дальних стран.

ЁЖ

Ёж – маленькое, колючее лесное существо, с которым не в силах справиться ни лиса, ни волк, - кладезь земной мудрости и доброты, способной, если нужно, успешно постоять за себя. Предки наши многое подмечали в окружающей их природе, дивились её гармонии, уважали и почитали её бесконечно. И тут уже ёжик лесной – не просто обыкновенный ёж, а Ёж волшебный – у которого и совета спросить не зазорно никому.

Кто в лесной полночной мгле
Бродит без опаски?
Солнцу, небу и земле
Кто даёт подсказки?
Чей совет всегда хорош?
Это мудрый добрый Ёж!
Он во сне и наяву
Всех оберегает
И хранит разрыв-траву,
Что замки вскрывает!
Отличить от правды ложь –
Может сразу только Ёж!

ЖИРОВИК

Это что за обжора по ночам на кухне сковородками да кастрюлями гремит, везде свой нос сует? Это кто там такой вечно голодный, до продуктов шибко любопытный? Ах, это дух Жировик - шустрый да пухлый ищет чем поживиться, радуется немытой посуде, не брезгует - доедает да облизывает. Любит он повеселиться – в смысле поесть...

Толчётся он всю ночь возле еды
На кухоньке – в заботах и печали:
То лижет дно большой сковороды,
В которой днём оладушки шкворчали,

То по тарелкам носом – тык да тык:
Мол, не пристало ль где какой жиринки?..
Не зря же он зовётся «Жировик»
И спит в тепле в хозяйкиной корзинке.

ЗВЕЗДА

Когда люди видели падающую звезду, они считали, что видят, как чья-то живая душа покидает наш мир. А ещё есть поверье: пока летит звезда, пока она падает, нужно успеть загадать желание, и оно непременно исполнится.

Если падает Звезда
В темноту спеша,
Значит где-то навсегда
Добрая душа

Покидает мир земной
И летит на Суд,
И её уже с собой
Ангелы несут...

Но пока летит она
И пока горит.
Кто заметил, тех сполна
Отблагодарит:

Коль успеют в этот миг
Загадать мечту,
Всё исполнится у них,
Видевших Звезду...

ЗНИЧ

Огонь почитался у славян священным божеством. Некоторые из племен почитали его настолько, что посвящали ему храмы. Люди молились огню, называя его именем Знич.

Его неугасимое горячее дыхание даровало людям тепло и свет холодными зимними ночами, служило для приготовления пищи и прижигания ран, очищая их от загноения.

Не напрасно обожествлялся Знич. Без него людям было не выжить.

Источник жизни, Знич, огонь священный!
Ты вечен! Ты вовек неугасим!
Тепло и свет ты даришь всей Вселенной,
Мрак разгоняя пламенем своим!

Ты – покровитель воинской отваги:
Для раненых в неистовом бою
Ты животворен, словно капли влаги
В смертельный час пустыни на краю...

ИРИЙ

Сказочная неведомая страна, волнующая своей недостижимостью людские сердца... Во все времена душа человеческая стремилась куда-то далеко-далеко, словно птичьи стаи, мелькающие среди облаков, в поисках своего небесного Ирия.

Даль всё пустее и шире.
Тает осенний закат.
За море в сказочный Ирий
На зиму птицы летят.
Змеи ползут по деревьям,
Листьями тихо шурша,
В Ирий по древним поверьям
Каждую осень спеша...
Словно незримые души
К обетованным краям
Тянутся за море с суши
В даль по ночным небесам.

КЛЕТНИК

Клетник – дух деловой, хозяйственный. И то сказать: в клети обитает ведь, «на складах»! А там всё учесть надо, пересчитать, убыли не допустить. На такой работе да при таких заботах - и борода отрастет до земли, и одежда перепачкается, пока, к примеру, мешки с мукой пересчитываешь. Зато всё на учете!..

В клети, в кладовке он живёт,
Продукты там перебирает,
Каков в еде приход-расход
Всю ночь настойчиво считает.

Он ростом мал, длиннобород,
Мукой испачкана одежда...
Покуда он в клети живёт,
Есть на припасы нам надежда.

КОРС

Вечно пьяненький Корс – тоже божество. Были и в старину любители крепкой выпивки в славянской среде. Славили они его на дружеской попойке. И хотя пьянство ни к чему хорошему никогда не приводит, но...что поделать?... Из песни слов не выкинешь. Что было, то было.

Сидит он на бочке, повсюду – кувшины,
Спешат к нему выпить юнцы и мужчины.
Любителям пива и крепкого мёда
На радость придумала Корса природа.
Вот снова на бочке в венке из-под хмеля
Он силится вспомнить: какая неделя?
...Но с шумом из рук его валится кружка,
А рядом всё так же ликует пирушка!

КУПАЛО

Божество яркого солнечного лета. Купало - полевой жатвы начало. Радуются люди Купале, хороводы водят, песни поют, влюбляются, водой обливаются, чудят... Ну, что тут скажешь?.. Купало – он и есть Купало!

По лугам, по разнотравью ходит лета бог:
Из купальниц ярко-жёлтых у него венок,

А в руках – плоды земные стороны родной...
Дышит лёгкий свежий ветер за его спиной.

И приветствуют Купалу летние костры,
И танцуют в небе искры, словно комары,

И средь ночи хороводы водит молодёжь,
И качается волнами в чистом поле рожь...

ЛАДА

Со всеми поладит, всё уладит, с детьми в ладушки поиграет, в семье всё на лад настроит богиня-заступница матушка Лада. Двенадцать месяцев в году – все её сыночки и доченька любимая Леля... Рожаницей её зовут, потому что Родовых корней она. Мёд, хлеб и сыр приносили ей в жертву в славянских храмах.

Мать двенадцати месяцев – Лада,
Плодоносная осень земли, -
И заступница ты и отрада:
Быть счастливыми всем повели!

Пусть в ворота беда не стучится,
Пусть в семье торжествует покой...
Не оставь нас одних, Рожаница,
Приголубь материнской рукой!

...Всё уладит великая Лада,
Мать-богиня славянских корней, -
Только мёдом да хлебушком надо
Поделиться, ребятушки, с ней.

ЛЕДАЩИЙ

Говорят, живёт в соломе дух Ледащий: ленивый-
прелениый, сонный-пресонный, вздохнёт иногда,
зевнёт сладко-пресладко и... опять затихнет. Почему
только говорят?... Да, не видел его никто! Всё на свете
Ледащий проспал.

Соломы дух пьянящий
Всё тянет на покой.
Опух от сна Ледащий
И дремлет день-деньской.

Вздыхает да зевает,
В соломе свежей спит...
Никто, увы, не знает
Каков же он на вид.

ЛЕЛЯ

Юная тоненькая девушка Леля – родная дочка Лады,
божество нежных весенних ростков, радость и
надежда девичья. Праздновали девушки Лелин
праздник в конце апреля, водили хороводы под луной,
мужчин на девичий праздник не приглашали...

Дочь Лады – Леля-Рожаница!
В миг пробуждения земли
Явись, чтобы на свет родиться
Ростки весенние смогли!

На праздник девичий апреля,
На хороводы под луной –
Мы ждем тебя сегодня, Леля –
Богиня юности земной!

ЛЕСАВКИ

Если у Домового дедушку Вострухой кличут, то у
Лешего дедушку с бабушкой Лесавками кличут.
Шуршат в осенней листве Лесавки, будто ёжики,
кряхтят по-стариковски, спать устраиваются. А когда
облетит листва окончательно, да начнет в лесу по-
зимнему примораживать, засыпают Лесавки до
следующего года, до теплых времен.

Шебуршат, шелестят, гоношатся
Две Лесавки в осенней листве
И вовсю от души копошатся,
Словно ёжики ночью в траве!

Это Лешего бабушка с дедом,
Вспомнив молодость, снова резвы
Среди в воздух взлетающей следом
Опадающей с неба листвы...

Вот уже на кустах ни листочка.
Лес прозрачен, как призрак себя...
Спят два серых лохматых клубочка,
Еле слышно кряхтя и сипя.

ЛЕШИЙ

О Лешем много всяких баек сказывают. Одни
говорят, что высокий он – выше всех деревьев в лесу,
другие – что он маленький, ниже любого кустика.
Просыпается Леший ранней весной и до осени носится
по лесу, следов не оставляя: глаза зелёные, без шапки,
без пояса, волосы серовато-зелёные, одного уха нет и
отродясь не было, хитрющий-прехитрющий.

То он всех деревьев выше,
То он ниже всех кустов,
То он дальше, то он ближе –
Мчится вихрем без следов:

Шапки нет, неподпоясан,
Волос серый сзелена...
В нём по сказкам и рассказам
Сила дивная видна.

Вот глаза его зелёным
В чаще светятся лесной
Вот он духом окрылённым
Всюду носится весной...

Будь ты конный, будь ты пеший,
Будь ты хоть никем не зван:
Всех в лесу приветит Леший –
Одноухий хитрован!

ЛИСТИН

Старенький слепой дух – Листин – прячется в куче опавших листьев, шелестит ими всю ночь, словно жалуясь на что-то. А когда приходят к нему в гости Лесавки, они вместе всю ночь слушают шуршание опадающей осенней листвы.

Старый дух слепой Листин
В куче листьев прячется
И шуршит всю ночь один,
Словно тихо плачется.

Палых листьев хоровод...
Осень, запустение...
Дух Лесавок в круг зовёт
Слушать шелестение.

ЛУГОВОЙ

Дух луга – Луговой, скачет босиком под струями дождя, ловит скрывающихся в высокой траве птиц, радуется косарям и ароматному свежему сену в стогах. Одежда его из яркой луговой травы...

Он запахи земли читает по слогам
И солнечных лучей сплетает золотинки,
В одежде из травы шагая по лугам,
Где яркие цветы и тонкие былинки.

И радуется он, когда идёт покос,
И ловит лёгких птиц, скрывающихся в травах...
И даже под дождём в летучих искрах слёз
Он скачет босиком и тешится в забавах.

МАГУРА

Вот и Магура, Перунова дочка родная прилетела! Вдохновляет она воинов на дерзкие подвиги, зовет в битву, крыльями своими осеняет поля сражений. И если падал смертельно раненый в битве герой, и закрывались уже глаза его, то последним, что он чувствовал в этом мире – был нежный поцелуй крылатой девы Магуры, благодарящей его за храброе сердце.

Дуб священный, Отечества древо!
Помнишь ты, как вселяла в сердца
Дочь Перуна, крылатая дева,
В битвах веру в победу отца!

Как в сверкающем шлеме Магура
Вдохновляла в сраженьях полки,
Как её возникала фигура
Там, где их окружали враги,
Как был каждый с ней рядом спокоен,
Не взирал ни на боль, ни на страх!
Как в бою умирающий воин
Ощущал поцелуй на устах...

МАКОШЬ

Мать-Сыра-Земля – прекрасная и вечно молодая славянская богиня Макошь... Это она, распустив свои чудесные волосы, прядет по ночам нить судеб человеческих. Она поит и кормит всё живое... Она насылает удачу на тех, кто упорно добивается своей цели, а от тех, кто не хочет сам бороться за свою мечту, а только ждет, кто бы что бы за него сделал, - она отворачивается навсегда. И горе тому, от кого отвернулась сама Макошь.

Лишь ею нить судьбы прядётся
Людских тревог, надежд и слёз,
Покуда солнце не коснётся
Её распущенных волос.

О, Макошь вечно молодая -
Богиня-мать - Сыра-Земля!
Спешит вода твоя живая
Досыта напоить поля!

Ты шлёшь Удачу тем, кто верен
Всему наперекор - мечте,
А тех, в ком веры свет потерян,
Ты оставляешь в темноте,

Где ждёт их с Лихом Одноглазым
Старух чудовищная рать,
Чтоб от Кривой, теряя разум,
К Нелёгкой в лапы попадать...

МАРА

Мара – богиня смерти. Славяне чтили всемогущую
Смерть... Всё, что родилось, рано или поздно должно
будет умереть, считали предки наши, но, как мертвые
ледяные снега обращаются с приходом весны в
живительную воду, так и смерть самим приходом
своим служит продолжением для будущей жизни.

Всё можно пережить: страх, униженье, голод,
Бездомность, нищету, отчаянье, болезнь,
Бессилье жгучих слёз, разлуки лютый холод
И глухоту друзей, и ненависти песнь...

Всё можно пережить, принять любую кару,
Стерпеть любой хулы неистовую плеть
И даже Смерть свою - саму богиню Мару
Бессмертную - и ту возможно одолеть.

Зимы, небытия, беспамятства богиня!
Чем больше у неё стремительных снегов, -
Тем звонче грохот вод в небес весенней сини,
Где смерти вовсе нет, как нет и берегов...

МОРОЗ

Мороз славянский – это вам не старенький дедушка
с красным носом, пришедший к нам с чужих краев.
Наш Мороз – богатырь, кузнец, весельчак, затейник и
до старости ему – ох, как далеко ещё! Радуются люди
Морозу: это он усмиряет нечисть водяную, ремеслом
своим блистая кузнеческим, он приносит ясную погоду
да солнышко, хоть неяркое зимнее, но как прежде
приветливое... Кутью да кисель исстари в дар Морозу
готовили.

Пришел Мороз нешуточный, ударил, как кузнец,
Сырой дождливой осени он объявил конец

И силу всю нечистую речных, озерных вод
Калёными морозами загнал под толстый лёд.

Вот Солнце с Ветром – верные морозовы друзья
С ним вместе входят в зимние притихшие края...

Встречайте, люди добрые, кутьёй и киселём
Мороза перед окнами и Солнце над селом!

НАМНОЙ

Ах, ты, Намной! Вот, оказывается, из-за кого просыпается порой человек невыспавшимся да ещё и помятым основательно!   С таким ухарем и во сне бдительность терять не следует...

Кто заснул без синяка,
А проснулся – вот он,
Знай: Намной тебе бока
Мял всю ночь. Да что там!
Мелочь - маленький синяк!
Не проснуться мог бедняк...

НЕБО

Народы, обожествлявшие весь окружающий мир, всегда отдавали должное и самому Небу . К нему во все времена обращены были взоры людские Оно – вместилище богов, солнца и звёзд, с него льётся на землю благословенный свет, животворный дождь и бесконечные холодные снега. Милостью его существует всё, что есть на Земле, да и сама она.

Небо радовалось, злилось,
Небо плакало дождём
И, однажды, отворилось
Вечным, звёздным, ясным днём.
И покрыло землю небо:
Горы, реки и леса,
И поля в колосьях хлеба,
И людские голоса...
Словно в зеркале бескрайнем
Средь планет, комет и звёзд
Растеклись земные тайны
Зыбкой речью птичьих гнёзд.

НЕЧУЙ-ВЕТЕР

Вот ведь как образно, ёмко называли пращуры наши волшебную траву. «Нечуй-ветер»... Найдешь такую траву, и замрут на месте великие ураганы, и оставят в покое человека бури земные, не тронут его злые ненастья. Только вот не всякому её по силам найти. И не во всякое время...

«Нечуй-ветер, Нечуй-ветер» - шепчут зимние снега,
Под глубокими снегами спят речные берега.
«Нечуй-ветром» называют чародеи ту траву,
Что январской первой ночью прорастает наяву.
Та трава смиряет волны средь бушующих морей,
И спасти одна лишь может утопающих людей.
Лишь незрячему под силу отыскать её во тьме -
На морозе среди снега ровно в полночь по зиме.

ОБЛАКОПРОГОННИКИ

Облакопрогонники – удивительные волшебные существа, помощники роду людскому. Роста они громадного-прегромадного: выше облаков. Силища у них неимоверная. Поворачивают они вспять ветра встречные, разгоняют они тучи свинцовые, а уж если чью сторону в войне приняли - там противнику сдаваться пора.

Исполины Облакопрогонники!
Бьют челом поклоны вам поклонники:

Загляните снова в небеса!
Защитите веси и леса -

От ветров немилосердно дующих,
От врагов бессовестно колдующих,

Помогите солнышку взойти
Из-за туч, лежащих на пути!

Обратите вспять ветра небесные,
Словно вражьи полчища бесчестные,

В тяжбе, сваре, распре и в войне –
Будьте лишь на нашей стороне!

ОВИННИК

Если девушка, дождавшись полночи на овине, вдруг почувствует, как кто-то невидимый дотронулся до её руки, - она сразу догадается: быть ей замужем в этом году. Верной примете этой тысячи лет, Овинник - дух-хранитель овина - никогда не обманывает. А иногда он просто балуется, как ребенок: лает по-собачьи, хохочет по совиному, хлопает в ладоши по-человечьи.

Хохочет, лает, хлопает в ладоши,
Следит за тем, чтоб не сгорел овин, -
Овинник-дух гаданьям верит тоже:
Кто выйдет замуж, знает он один.

Он долю каждой девушке подскажет,
Дотронется – и сразу та поймёт,
Что суженый судьбу с ней скоро свяжет,
Что всё случится в этот самый год!

ОЗЕМ И СУМЕРЛА

Озем и Сумерла – муж и жена, подземные боги, хранители земных сокровищ. Стерегут они в золотых одеяниях от алчных глаз людских несметные золотые руды, камни-самоцветы, угольные леса и нефтяные озера и другие богатства, хранящиеся под землёй. А ещё – они так любят друг друга, что когда наступает зима и там, наверху, ложится на горы , леса и поля глубокий пушистый снег, они даже засыпают в обнимку.

Жадные руки и мысли никчемные
Тянутся, алчут сокровищ земли...
Озем и Сумерла – боги подземные,
Эти богатства не вы ль сберегли?

Много здесь жил золотых да серебряных,
Нефти горючей, камней дорогих –
Неразворованных, нерастеребленных,
Вами лелеемых в недрах земных!

Если ж в снегах и полярных сияниях
Мир наш окутают зимние сны, -
Там, под землёй, в золотых одеяниях
Боги, обнявшись, уснут до весны.

ПЕРУН

Бог-громовержец Перун, покровитель княжеской власти и воинской дружины: летит он в колеснице среди клубящихся туч, стремительно несут её белые и черные крылатые кони, сами похожие на вспышки молний. Прекрасен и могуч Перун: черные, словно грозовые тучи, кудри с серебристой проседью, огненно-рыжая борода, суровый взгляд воина из-под кустистых бровей. Сражается Перун с гигантским Змеем, порождением вечного мрака, освобождает солнце из плена. И вот уже хлынул на землю ливень, утоляя её жажду, а там, где ударили молнии, взошла самая яркая, самая свежая трава.

Он клубится, гремит в небесах
И повсюду грозит непогодой –
Бог неистовый рыжебородый
В брызгах молний на темных кудрях...

Чтоб творился лишь праведный суд
В мире стихнувшем, как на ладони, -
Вороные и белые кони
В колеснице Перуна несут!

Под крылами волшебных коней
Вихрем капли летят дождевые,
Бьются молнии в землю живые
И травой прорастают на ней.

Посвежевший, по-вешнему юн,
Удаляется тучей синея –
Победивший постылого Змея
Бог славянский, владыка Перун!

ПОЛКАН

А вот Полкан – вовсе не собака, хотя и сохранилось ныне имя этого божества в качестве имени «друга человека». Хотя Полкан – древний кентавр (получеловек - полуконь) действительно был людям другом, помогал им в сражениях... Помню гору Полкан на Севере: самая высокая в округе, словно недремлющее божество – под ветром, снегами и дождями...

Когда войны слепой огонь
К славян жилищам подбирался,
Полкан – великий полуконь
С врагами доблестно сражался.

И равных мужеству его
Не много мы примеров знаем,
Он, как святое божество,
С времён далёких почитаем.

ПОЛУДНИЦА

Полудница – дух полдневной жары и истомы, девушка в длинной белесой рубахе, - бродит она под жарким полдневным солнцем, ищет тех, кто не успел укрыться в тени.Кого найдет Полудница, тому она начинает загадки задавать без конца, до солнечного удара уморить может. А вот молодым девушкам, стремящимся научиться прясть или танцевать, она и помочь может.

Жарко. Полудница бродит полями.
Ветра не слышно, а солнце – печёт.
Кто там надумал заняться делами?
В руки к Полуднице он попадёт:

Девушка в длинной белесой рубахе
Живо загадки начнёт задавать...
Рады ей юные дерзкие пряхи:
Учит и прясть она и танцевать!..

В полдень трудиться довольно опасно,
Всем, кому это пока что не ясно,
В час, когда солнце восходит в зенит,
Встреча с Полудницей всё объяснит.

ПОРЕНУТА

Поренута – надежда всех моряков,
четырехликое божество, способное уследить за
всеми четырьмя ветрами. Именно к нему
взывали о помощи древние славянские
мореходы в самую отчаянную минуту. И ,
говорят, бывали случаи – вызволял Поренута
людей из беды...

Когда на море грозная минута,
И шторм ревёт, и рвутся паруса, -
Всем кораблям на помощь Поренута
Явившись, усмиряет небеса...
Всегда следить за четырьмя ветрами,
Что с четырёх торопятся сторон,
Привык он, дружелюбный с моряками,
И справедливый, как морской закон!

ПРОК

Божество торговой сметки, удачных сделок,
покупок и продаж - всего, что идет впрок
человеку – оно ведь так и зовется: Прок. Без
него ни одна сделка не обходится! Где он – там
и выгода , там и прибыль, там и успех. Прок

всё рассчитает верно. Вот только обманщикам
да лентяям – Прок не помощник.

То «Прока нет», то «вПрок», то «будет Прок», -
Мы говорим, не вдумываясь в слово...
А Прок – он кто? А он – славянский бог,
Из тьмы веков нас посетивший снова.

Пронырливый, расчетливый во всём,
Стремится он, чтоб дело процветало:
Что заработал – всё в семью, всё в дом,
А не куда-нибудь куда попало!..

Приумножать богатства он не прочь,
Но что ещё давно о нём известно:
Он только тем всегда готов помочь,
Кто хлеб свой зарабатывает честно.

ПУЩЕВИК

Пущевик – дух лесной заповедной пущи, от грозных
лесных пожаров избавитель. Неказист он с виду: руки
– как корявые сучья, вздыхает – будто пар болотный
восходит...Зато душа у Пущевика добрая, бережет он
красоту лесную.

В пуще тёмной и сырой
Промелькнул на миг
Заповедный дух лесной –
Зоркий Пущевик:

Руки – сучья, вздох – как пар,
Зелены глаза...
Гасит он лесной пожар,
Если вдруг гроза...

РАДУНИЦЫ

Радуницы – волшебные сущности, хранящие души умерших в покое и мире там, где кончается этот мир и начинается иное...

Где мира явного границы
С неявным пересечены,
Хранят усопших Радуницы
В чертогах вечной тишины.

Их души там, где всё – иное,
В чудесном пребывают сне...
Сияет небо неземное
Бессмертной радуясь весне!

РОД

Величайший из славянских богов – Род. Неспроста даже у глагола «родиться» корнем слова является «род»! Родиться – значит произойти от Рода, потому что только он может вдохнуть жизнь во всё на свете. И земля, и небо, и звезды, и люди, и даже другие боги, божества, сказочные духи и волшебные сущности – всё сотворено Родом, во всём – от муравья до медведя, от маленького ребёнка до глубокого старца – живет бессмертная частичка его души. Он – создатель нашего мира. Он незримо присутствует во всём.

Бог вечный, вседержитель Род!
Во всём, чему дано родиться,
С мгновенья первого живёт
Твоя бессмертная частица!

Тобой одухотворено
Всё, что живое от живого, -
И в землю павшее зерно,
И в сердце вспыхнувшее слово...
Твой дух летал в безвидной мгле
Над распростёртою водою
Томясь о будущей земле
И небе с быстрою звездою...
Мгновенье минуло, - и вот
Ты в нас и с нами, и над нами:
«Природа», «родина», «народ» -
Всё к Роду тянется корнями!

РУСАЛКИ

Русалки – прекрасные волшебные сущности,
в пору летних гроз ночами они поют свои
чудесные русалочьи песни и раскачиваются
на качелях, сплетенных из цветных девичьих
лент, привязанных к светлым ветвям берез.

Средь ветвей берёз плакучих в пору летних
гроз
Вьются ленточки цветные с девичьих волос.
И качаются русалки на ветвях сырых,
И на небе месяц ясный слышит песни их.

Голосам волшебно-нежным, звонким, как
ручьи,
Тихо внемлют до рассвета в чащах соловьи.
И блестит роса наутро, словно капли слёз...
И дрожат цветные ленты на ветвях берёз.

САРАЙНИК

Ой, беда-то, беда! В сарай зашел, на грабли
наступил, сам себя ударил граблями этими!..
Сам да не сам: Сарайник опять подшутил,
грабли под ноги подложил и шуршит теперь в
темном углу сарая, хихикает, проказник... Вот
он каков – дух сарайный. С ним ухо востро
держать надо! Уж больно шутки ему
нравятся... всякие.

Проказник Сарайник в сарае живёт,
Он спуску давно никому не даёт.
Простая постройка, обычный сарай –
Но там для Сарайника – истинный рай.

Кто с ласковым словом к нему обратится,
С тем худа в сарае не может случиться.
А, впрочем, внимательней надо быть , чтоб
Впотьмах не удариться граблями в лоб.

СВАРГА

Великое звёздное небо называли славяне
Сваргой. Сварга – это не божество и не дух, а
волшебная и бессмертная сущность. Славяне
знали о знаках зодиака – двенадцати
созвездиях, знали, что небо совершает один
оборот за 27 тысяч лет (астрономически –
почти точно!): когда Земля переходит из
одного знака к другому, как сейчас перешла
из созвездия Рыб в Водолея. Откуда это им
было известно? Факт, поражающий
воображение.

Двадцать семь тысяч раз над землёй небо звёзды раскинет, -
И земля завершит по созвездиям замкнутый круг,
И владыка Перун ось небесную медленно вынет
Из Полярной звезды, колеса не роняя из рук...

Сварга – звёздное небо, которое движется вечно,
Колесо, что, вращаясь, законы Вселенной вершит,
Где великая жизнь, повторяется в нас бесконечно
И рождается вновь, и, бессмертная, тленья бежит!

СВАРОГ

Всё, что связано на земле с созиданием – неизменно соприкасалось у славян с именем бога Сварога. Он – и строитель, и кузнец, и гончар, и плотник... Все ремесла на земле обязаны своим появлением ему, великому Сварогу.

Вовеки славен Бог-творец
Издревле прозванный Сварогом!
Гончар и плотник, и кузнец
Ему обязаны во многом...

Вот всё, о чём вчера мечтал,
Из камня скульптор высекает,
А вот пылающий металл
Кузнец из горна вынимает.

Покуда в тайнах ремесла
Сварожье теплится начало, -
Душе не выгореть дотла
С куском горячего металла.

СВЕТИ-ЦВЕТ

Свети-цвет – сказочный цветок, указывающий кладоискателю, где в земле клады сокрыты. Алый свет его далеко виден в ночном лесу, да редко кто его видит, а кто и видит – вряд ли расскажет о нем другим.

Там, где ночью ветер шалый
Шелестел в лесу листвой,
Вдруг цветок раскрылся алый –
Весь, как молния, живой!

И всю ночь чудесным светом
Лепестки его горят,
И зовётся Свети-цветом
Он у тех, кто ищет клад.

Раз в году он только светел
И по сказочному ал...
Если кто его и встретил,
Так другим не показал.

СВЯТОВИТ

На крылатом коне с сияющим , как луч солнца, победоносным мечом в руках, летит по небу великий бог Святовит, рожденный по замыслу Рода для того, чтобы каждый день на земле наступал рассвет, чтобы ночная мгла всегда уступала   место дню ... Пока не явится Святовит, - день не наступит.

Свет Рода, воин-всадник Святовит -
Ночную тьму преследует повсюду:
Сверкает меч, служа добру и чуду,
И искры звёзд летят из-под копыт.

Мрак отступает пред сияньем дня,
Последние усилия ничтожны...
Блестят меча серебряные ножны,
И длится бег крылатого коня!

СЕМАРГЛ

Семаргл – крылатое божество в образе сторожевого
пса с огненными глазами. Засеянные хлебопашцами
поля нужно было сберечь от нашествия незваных
гостей, охочих до дармовщинки. Потому хороший
сторож хлебного поля порой становился спасителем
всей семьи от голода. И в глазах людей Семаргл – всем
сторожам сторож – не меньшее божество, чем другие.
Охранял он и конское поголовье...

Там, где шёл вчера оратай,
И зерном полна земля, -
Охраняет пёс крылатый
Хлебородные поля.

У него перед глазами
День сменяется за днём,
А в глазах такое пламя,
Что... гори оно огнём!

Не попортят ниву козы,
Не подступится ворьё:
От любой спасёт угрозы
Сторож полюшко своё.

Что Семарглом он зовётся –
Бог посевов и коней, -
Помнят все – от иноходца
И до кончиков корней!

СТЕПОВОЙ

В степи тоже есть свой дух – Степовой.
Ходит он по степным дорогам,
сопровождаемый своей свитой - крутящимися
степными вихрями. Борода у Степового
длинная, пепельная, а взор ясный,
пронзительный: взглянет – будто в душу
войдёт...

В крутящихся вихрях хозяин степной
Идёт и косматой трясёт головой.

Хоть пепельный цвет у его бороды,
Не просит тот странник питья и еды.

Вот сивые вихри застыли на миг,
И замер на месте высокий старик:

Широкую степь неспеша оглядел
И вихрям крутиться опять повелел.

СТРИБОГ

Бог всех ветров земных – Стрибог, бог чувств, бог
вдохновения... Не зря ещё в «Слове и полку Игоревом»
древний летописец называл славян стрибожьими
внуками. Как наполняется парус ветром, так
наполняются сердца человеческие чувствами,
даруемыми Стрибогом.

Едины в нём стремительность и ярость:
Он вечно юн, он всюду впереди –
Летит, струится, в клочья рвёт, как парус,
Рубаху на распахнутой груди...

Он не смолкал на поле лютой брани,
Когда, смыкаясь заново в строю,
Стрибожьи внуки – гордые славяне
Шли умирать за Родину свою!

Он не стихал, когда в часы разлуки
Стихи любимой посвящал поэт…
Он и сейчас опять колышет звуки
Из чащ лесных летящие на свет.

СТОЖАР

Стожар – тоже потайной лесной цветок, но совсем по
другому поводу. Стожар защищает лесных жителей от
обидчиков и браконьеров. Если же натворят они
недобрых дел в лесу, то Стожар найдет способ
наказать обидчиков. Прикинется репьем, прицепится
к их одежде, окажется в их домах и ночью, когда все
спят, превратившись из цветка в неугасимое
беспощадное пламя, спалит огнем весь дом хозяйский.
И поделом.

Средь мелких красных лепестков
Таит он яростное пламя,
В лесу глухом среди кустов
Огнём сверкая временами.

Когда ж, губя зверей лесных,
Из сёл являются невежды,
Он проникает в избы их
Репьём цепляясь за одежды.

За всё, что брали задарма
Или сгубили злым ударом,
Дотла сжигает их дома
Огонь, запущенный Стожаром.

СПОРЫШ

Спорыш – божество-подросток, гуляет по крестьянскому полю, и удваиваются, тяжелеют на глазах полновесные хлебные колосья. Уж если где чего вдвое прибыло – точно - его работа!

Божество изобилия, всходов, семян –
Паренёк белокудрый, гуляющий в поле,
Жатвы дух, от которого весел и пьян
Василёк, зацелованный ветром на воле.

Спорыш – прежде пшеницы двойное зерно,
После – зрелый двойной тяжелеющий колос, -
Лишь тебе одному от природы дано
Пробуждать урожая торжественный голос,

Чтоб повсюду звучал он обилием трав,
Овощами, орехами, ягодой спелой…
Лишь бы ты показал нам свой истинный нрав,
Паренёк белокудрый чарующе смелый.

СУДЕНИЦЫ

Суденицы – три сестры, приходящие к колыбели новорожденного ребенка со свечами и повествующие о дальнейшей судьбе его в этом мире. То, что они скажут: сбудется неминуемо. В час, когда приходят Суденицы, все в доме засыпают, и потому их не видит никто.

Спят вершины в облачной постели,
Дремлет лес в туманах голубых…
Три свечи горят у колыбели,
Три сестры пред нею держат их.

Не скрипят под ними половицы,
Ровно дышит спящее дитя...
О судьбе ребёнка Суденицы
Говорят, нисколько не шутя:

О судьбе – от самого рожденья
И на весь его грядущий век...
И того, что скажут три виденья,
Изменить не в силах человек.

ТИРЛИЧ-ТРАВА

Ай-да, травушка-муравушка! Выжал её сок, обтерся и, пожалуйста, ты уже человек-невидимка! Ну, это если кому надобно немедля исчезнуть... Вот только вначале, будь добр, сыщи её – в ночной-то темноте да на крутых горах. Если сможешь, конечно.

Не нужны волшебные слова,
Чтоб в кого-то тут же превратиться,
Подрастает ночью и таится
На крутой горе тирлич-трава.
Выжать сок её и растереть
Стоит только каждому решиться
И в кого угодно обратиться
Сможет он... А ты б хотел? Ответь.

ТРИГЛА

Не только змей из детских сказок,
оказывается, был трехголовым. Но и одна из
величайших славянских богинь - бессмертная
Тригла! И головы эти – символы
божественных стихий – Воды, Земли и
Воздуха. Для такого божества и впрямь
храмом можно считать весь окружающий
человека мир.

Бессмертная вовек богиня Тригла –
Трёх жизненных владычица начал!
Твой храм рука народная воздвигла
Не там, где град, село или причал,
А вдалеке – в широком чистом поле,
Где в дождь и в снег, и в ветер-суховей -
Вода, земля и воздух служат воле
Единой и незыблемой твоей.

УСЛАД

По самому имени этого славянского бога чувствуется
отношение к нему пращуров современных болгар,
чехов, поляков, белорусов, иных славянских народов
и, конечно же, русских… Бог первого поцелуя, бог
радости, сопровождающий саму прекрасноликую
Ладу.

Веселья бог, блаженства и пиров –
С времён далёких звался он Усладом.
Он был везде с богиней Ладой рядом,
Приемля радость всех её даров.
Глоток вина и поцелуй любви
Ему всегда вначале посвящался,
Он сновиденьем средь людей остался
Даря во снах им радости свои.

ФИНИСТ

О Финисте – благодаря фильмам и сказкам нынешние наши ребятишки знают немало. В прежние же времена Финист безусловно являлся символом молодечества, удали и юношеской красоты, в общем, тем самым удалым добрым молодцем, о котором вздыхали в своих теремах красные славянские девушки.

Добрый молодец – ясный сокол -
Помни, Финист, тебя всю ночь
Снова в тереме том высоком
Ждёт меньшая отцова дочь!
Ждёт, ещё не омыв слезами
Утра брезжущего лишь чуть:
Где ножами в оконной раме
Зависть твой перекрыла путь...
Нет преград для любви прекрасной,
Всё пройдёт она, чтоб сказать:
Здравствуй, Финист, мой сокол ясный,
Вместе нам суждено летать!

ФАРАОНКИ

Образ фараонок уникален тем, что возник он из симбиоза раннехристианских и позднеязыческих понятий . Почему они кричат слово «фараон»? Потому что их прообразом являются воины фараона из библейской истории о том, как армия фараона пыталась догнать племя пророка Моисея, перешедшее через Красное море посуху, но волны моря, расступившиеся прежде перед Моисеем, сомкнулись

над ними. С другой стороны здесь прослеживаются
явные отголоски своих местных представлений о
нечисти морской, речной, озерной и болотной...

> Полурыбы-полулюди –
> Фараонки на воде
> Безобидные по сути
> Снова плавают везде.
> Лишь кричат они порою
> Громко слово «фараон!»,
> Потому что их с водою
> Подружил однажды он.

ХОРС

Хорсом называли славяне само Солнце и поклонялись
ему как божеству. Это божество не имело какого-то
определенного лица: просто золотой сияющий диск.
Что такое славянские блины? Символ - солнца. Что
такое горящее огненное колесо, катящееся по дороге?
Это олицетворение солнца, совершающего свой
дневной путь по небу. Хоровод, который водят на
весенних полянах – это тоже солнце... Любят славяне
солнышко.

> Колесо сияющего света
> Медленно плывет по небесам...
> Всюду жизнь теплом его согрета
> И готова к новым чудесам!

> Слава Хорсу – диску золотому,
> Светом пробудившему весну!..
> Солнцу люди рады по-простому,
> Словно в марте первому блину:

На полянах водят хороводы,
На холмах колеса жгут огнем -
В честь его блистающей свободы
В небе день рождающей за днём!

ЦМОК

Доброе причмокивающее божество по имени Цмок издревле помогало простому человеку. Действительно, трудно представить, чтобы услышав подобные звуки, мы как минимум не заулыбались даже если прежде у нас было не очень солнечное настроение...

Добрый дух – весёлый Цмок
Всё губами «чмок» да «чмок»,
Клады открывает,
Денег прибавляет.
Там, где Цмок явился в дом,
Больше хлеба с молоком.

ЧИСЛОБОГ

Следит Числобог за бегом времени. Есть у него для этого часы песочные, механические, солнечные, водяные... И есть у него – цветочные часы, где цветы подобраны так, что раскрываются они в строго определенное время. Собирают их в садовые клумбы.

А в старину храмы Числобогу ставили, а перед
храмами – располагались они самые – часы цветочные!

За цветком раскрывая цветок,
За песком просыпая песок,

Водяные и высокоточные,
Лунно-солнечные и песочные
Поверяет часы Числобог –

Покровитель течения времени
Всех людей праславянского племени,

Наблюдающий времени бег,
По мгновеньям считающий век...

ШУЛИКУН

Шуликун – невероятно шустрый, любопытный,
прыгучий, маленький дух кузницы. Вечно он играет,
балуется, лезет под руку в самый неподходящий
момент. Уж очень ему помочь хочется кузнецу,
поучаствовать, руку приложить. А то порой – вылетит
в трубу и начинает тучи гонять: туда-сюда, туда-сюда.

Остренькая мордочка, войлочный колпак –
Шалунишка ростом с кулачок –
Шуликун у кузницы потерял пятак
И везде суёт свой пятачок.

Вы его не видели? Был же только что!
Шевелил кузнечные меха,
Проскочил под молотом раз, наверно, сто
С наковальни прыгал, как блоха...

Роем искры мечутся, из трубы летя, -
Или то – отчаян и могуч,
Выбравшись из кузницы (сущее дитя!),
Шуликун гоняет стаи туч?..

ШИШИГА

Ох, и проказница – эта самая Шишига! Горбатая,
холодная, пузатая, как лягушка, - то она прыгает, то
она квакает. Живет Шишига возле мелких водоёмов: у
небольших ручьев, озерков, запруд деревенских... Да,
ей всё равно – лишь бы сырость была!

Переплута, перепрыга –
В камышах живёт Шишига,

Мелкая проказница,
С виду – несуразница!

В малых речках и озерах
Появляется в которых, -

Квакает лягушкою,
Скачет попрыгушкою.

От рождения горбата,
Холодна, шустра, брюхата:

Где она находится, -
Дух сырой заводится.

ЩУР

Имя Чура отголоском слышится в словах праЩУР, приЩУРиться, ЧУРка, ЧУРбан, ЧУРики, ЧУРаться. Чур – дух-прародитель семейства, он – олицетворение своего, родного. Чур хранит от посягательств всё семейное: следит за межами в поле, бережет огонь в домашнем очаге. Его изображение, как духа-хранителя, вырезали когда-то славяне из поленьев и нарекали те поленья по-домашнему – чурками.

В полях среди высокой ржи
Кто наши стережёт межи?

Очаг домашний кем храним?
Кто – пламя в нём и дым над ним?

Кого в испуге мы зовём?
Кто бережёт добро и дом?..

Щур, добрый Пращур – дух семьи,
Где всё – своё, и все – свои.

ЭХО

Есть нечто сказочное уже в самом этом явлении, когда сказанное единожды слово вдруг начинает повторяться, словно по волшебству, вновь и вновь возникая ниоткуда.

Любят духи прыгать в эхо
И следить, как средь берёз
Эхо катится от смеха
И заходится от слёз.
В доме – эхо домового,
Эхо лешего в лесах,
В речке эхо водяного –
Пляшет в зыбких голосах,

Отголосьем у овина,
Возле бани ветерком:
Чтоб вздрогнул беспричинно
Всяк, кто с эхом незнаком.

ЮРЬЕВ ДЕНЬ

«Вот тебе, бабушка, и Юрьев день!» - это восклицание
дожило почти до нашего времени из такой глубокой
старины, что и подсчитать-то её уже нелегко. Что же
это за день был такой необыкновенный? Кто не знает
и не слышал прежде – читайте.

Всё плохое сходит в тень:
Наступает Юрьев день!
От нечистой силы скот
Он хозяйский бережёт,
Трав целебнейших немало
Собирают в этот срок,
Чтоб лекарство помогало
После всем, кто занемог.
В Юрьев день спешит любой
Дом украсить свой родной.

ЯРИЛО

Бог Ярило – молодой красивый парень, мчащийся на
белом коне по дорогам весны, пробуждающий в людях
любовь, а во всем живущем на земле – желание жить и
цвести. Молодежь встречала прихода Ярилы песнями
и хороводами у ночных костров, а старики – у порогов
своих домов, радуясь пробуждению природы и
вечному возрождению любви.

Едва лишь солнце озарило
Лучами вешними восток,
Как пробудился бог Ярило,
Крестьянский долгожданный бог!

Как из земли спешит на волю
Жизнь, заключенная в зерне,
Так мчится юный бог по полю
На белом трепетном коне...

В его руках колосья хлеба,
На голове – венок цветов...
Костры трескучие – до неба –
Всю ночь горят среди лесов.

Там буйство пылкое природы
Волнует молодую кровь
И возвращает через годы
Весну, Ярилу и любовь!

ЯЩЕР

Владыка морских глубин и грозной подземной
стихии – великий Ящер... В новгородском сказании о
Садко он назван Царем морским. Живет он со своей
женой красавицей Белорыбицей на самом дне
морском, владея сокровищами всех затонувших
кораблей, повелевая штормами и землетрясениями,
управляя всей живностью океанской.

О, Ящер! Бог морских глубин!
Подземных грозных сил владыка!
На дне, где правишь ты один,
Не всё всегда темно и дико!..

Там, под волнами глубоко,
Вам с Белорыбицей-женою
Когда-то песни пел Садко
В садах блистающих водою...

Там спят безмолвно корабли,
Сияют жемчугом чертоги,
И все сокровища земли
Сверкают на твоём пороге.

ОТЗЫВЫ ЧИТАТЕЛЕЙ О «СЛАВЯНСКОМ ПАНТЕОНЕ»

«Уважаемый Эльдар … это безусловно, книга, которую издательства должны оторвать с руками (по причине познавательности, широты охвата темы, и культурологической необходимости). Автор вы, действительно, очень тщательный и ответственный. Читала и радовалась … интересная сильная идея и широкое воплощение. Эффективная работа — чувствую присутствие всех языческих богов (В лике одного, как подтвердил автор). Спасибо, Эльдар»
Наталья Богатова

«По белому завидую огромности подня-той глыбы и интересности её материала и очень надеюсь, что она получит возможно бо-лее широкое, массовое признание. Поскольку интерес к Велесовой книге лично в своем кругу наблюдаю жадный (даже среди убеждённых христиан). А эти стихи — отличного уровня, это не походная импрессия, это и правда работа серьёзного поэта, который умеет писать легко и глубоко.»
Сергей Колоусов

«Фундаментальный труд и технически проработанные произведения. Вложена душа автора. Вспомнился и Васнецов с его сказками, Сирином, Алконостом и Гамаюном; и Даниил Андреев, с его рассуждениями о реальности домовых, о неких средних слоях, где обитают многие божества (в «Розе Мира»)… Все эти боги в стихах — как живые!»
Елена Мечетина

«…такой труд нужно читать неспеша, впитывая, пропуская через себя, вновь перечитывать. С первых же стихов — впечатление очень сильное. Работа грандиознейшая. Интересные находки и поэтические трактовки. Буду перечитывать и перечитывать. ПОЗДРАВЛЯЮ с блестящей работой.»
Виктор Виноградов

«Очень важная тема. Поддерживаю. У каждого уважающего себя народа должны быть свои боги, традиции, своя религия и философия. Это исключительно важно.»
Виталий Иванов

«Действительно, это можно издавать отдельной книгой. Кстати, под Москвой есть добровольное поселение, открытое для туристов, где люди славят славянских богов и пытаются жить по законам наших далёких предков...»
Александр Карпенко

«Грандиозный труд! Очень интересно — и при этом написано безукоризненно. Поздравляю, Эльдар.»
Сергей Шоргин

«Солидный труд достоин уваженья. Очень познавательно. Написано простым, доступным языком. Думаю, было бы очень полезно для среднего и старшего школьного возраста.»
Николай Хлебников

«Титанический труд, великолепно сделанные, крепкие по технике и чистые по интонации стихи...Честь Вам и хвала!»
Галина Гридина

«Эльдар, действительно читается с удовольствием и большим интересом. Помимо всего, это еще и возможность собрать всех славянских персонажей «под одной обложкой».
Андрей Моисеев

«Замечательная работа, Эльдар! Славянское язычество я всегда находил жутко интересным! А Ваше переложение этих древних поверий просто завораживает. Думаю, «Пантеон» можно читать даже детям в школе.»
Вячеслав Корежинский

«Это не просто стихи, это полновесный научный труд, труд кропотливого исследователя. Каждый народ существует только тогда, когда он помнит и знает свою историю.»
Алексей Порошин

«Сколько труда, знаний и поэтического мастерства вложено! Эльдар, как профессиональный историк и преподаватель, с Вашего позволения, заберу «СЛАВЯНСКИЙ ПАНТЕОН» с сайта на память... Огромное спасибо!!!»
Владимир Плющиков

«Обязательно сохраню и дам прочитать своим детям — они у меня большие любители разного рода мифологий...»
Татьяна Полякова

«Спасибо Эльдар. Великолепная подборка, и познавательно и написано хорошо. С уважением.»
Сергей Лисаченко

«Эльдар, роскошный пантеон!»
Сергей Касьянов

НЕНЕЦКИЙ ПАНТЕОН

ОТ АВТОРА

По признанию исследователей и учёных, изучающих ненецкую мифологию (Головнев А.В., Зайцев Г.С., Прибыльский Ю.П. и др.), её особенности соответствуют деятельному характеру её создателей и выражаются в том, что даже верховный пантеон является ареной непрерывных событий и перемен. В одно и то же божество может воплощаться множество героев разных сказаний. Тем самым божественное имя оказывается не извечной схоластической данностью, оторванной от времени и пространства, а заслугой очередного героя за его деяние, его званием, полученным за определённое достижение. По мнению признанных корифеев науки именно эта пластичность ненецкой мифологии отличает живую традицию от омертвевшего канона и превращает ненецкий пантеон в очаг подлинной духовной свободы.

Вот почему автор предлагаемого вниманию читателя стихотворного «Ненецкого пантеона» пришел к идее объединения в одной книге описания мира героев ненецкого мифологического Пантеона с описанием благих деяний выдающихся представителей ненецкого народа («Золотые страницы ненецкого народа»)... Ибо путь в ненецкий пантеон согласно народной традиции открыт для всех, кто достоин этого по делам своим.

Эльдар Ахадов

ВЕРХНИЙ МИР – НУВ НЯНГЫ

Есть Верхний мир, он движется над нами,
В нём семь небес и все населены
Могучими живыми божествами
И духами волшебными, как сны.
Там до утра торжественно сияют
С седьмого неба звёзды и луна,
А солнце свет свой ясный направляет
С небес восьмых на все миры сполна.
И где-то там, в пространстве бесконечном,
С небес девятых видит каждый чум
Всё знающий о суетном и вечном
Отец- Создатель жизни нашей Нум.

НУМ

Вселенной властелин и покровитель,
Вершитель судеб, мудрый старец Нум!
Ни человек, ни зверь, ни небожитель
Постичь не в силах дел твоих и дум.
Повсюду ты – великий и незримый
Земли и неба вечного творец:
И в льдине, вешним паводком гонимой,
И в тихой песне любящих сердец.
С высот бескрайних в радужной одежде
Следишь ты, не сводя   бездонных глаз -
За всем, что есть, за всем, что было прежде,
За всем, что будет в мире после нас.

СЕМИРОГИЙ ОЛЕНЬ
Си ивм пые лета

Олень крылатый семирогий,
Оленьих покровитель стад!
Великий Нум – хозяин строгий
С земли зовёт тебя назад.
Поймать тебя и удержаться -
Мечта шаманов всей земли...
Тобой нельзя не любоваться -
Летящим в голубой дали!

СЫНОВЬЯ НУМА

Яв мал Вэсоко – старший из сыновей Нума , небесное божество,. Проживает на первом слое неба, называемом нув хоба. У него есть свой чум и так же как у людей – жена и дети. В целом - наиболее почитаем среди ненцев

Хамба яха – один из сыновей Нума, небесное божество, обитает на втором слое неба.

Хынгарте э – один из сыновей Нума, небесное божество, живёт на втором-пятом небе, покровитель рода.

Яха мюй – один из сыновей Нума, небесное божество, , живёт на втором-пятом небе, покровитель рода.

Сабета яха – один из сыновей Нума, небесное божество, , живёт на втором-пятом небе, покровитель рода.

Яптик хэхэ – один из сыновей Нума, небесное божество. Покровитель рода *Яптик.*

Нумгымпой – один из сыновей Нума - младший, небесное божество. Обитает на шестом слое Верхнего мира. Наиболее почитаем тазовскими ненцами.

О том известно в мире нашем всем,
Кто в тундре был и предков почитает:
Семь сыновей у Нума, ровно семь!
Их каждый ненец чтит и уважает.
Они живут на нижних небесах,
Семью и чум любой из них имеет.
Тот, чья защита будет в их руках,
Нигде не сгинет и не ослабеет.
Род Харючи, Вануйто и других
Славны их силой и поддержкой их!

ЯВ МАЛ ВЭСОКО

Из Нума сыновей он старший самый.
На первом нижнем небе он живёт,
Его характер честный и упрямый
С рожденья чтит ненецкий весь народ.
Земли родной небесный покровитель
На помощь он приходит всякий раз,
Когда к нему простой ненецкий житель
С шаманом направляет свой рассказ.

НУМГЫМПОЙ

Есть младший сын у Нума, - он живёт
На небесах шестых с времён начала.
У Таз-реки ненецкий весь народ
С ним и сейчас общается немало.
К охотникам и местным рыбакам,
Ко всем тундровикам-оленеводам
Приходит он с небес высоких сам
И честно помогает год за годом.

МИНЛЕЙ

Семь крыльев на каждом боку у неё,
От века известно ей дело своё:
Крылами железными грозно взмахнуть
И ветер в пространства земные вдохнуть.
Надвинутся тучи, метель заструится
Оттуда, где кружит волшебная птица.

ХАЕР

Покуда семь твоих нитей удерживают свет,
Растут деревья на земле и зеленеют травы...
О, матерь-Солнце, без тебя тепла и жизни нет,
Как нет почётнее нигде твоей вселенской славы.
Придёт мороз, наступит ночь и ты за край земли
Уйдёшь опять, чтоб вновь сиять, вернувшись из
дали.

Я МИНЯ

Защитница семьи и душ детей,
Супруга Нума, вечная богиня!
Нет чар твоих для рожениц сильней...
Ты каждое записываешь имя
В святую книгу судеб и навек
Определяешь путь земной младенцу...
И, как тебе - всяк дорог человек,
Всю жизнь ты дорога любому ненцу.

ИЛЕБЯМ ПЭРТЯ

Хозяин всех оленей диких,
И всех домашних добрый страж,
Средь небожителей великих
Ты свой, а в каждом чуме - наш.
Всему живому лекарь чуткий,
Хранишь ты тучными стада,
И в злой мороз, и в ветер жуткий
Ты с ними всюду и всегда.
Бог изобилия земного,
Охоты славной господин –
Из мира Верхнего ты снова
К нам ныне ближе всех один.

МИКОЛА МУТРАТНА

Посланник Нума, там, на небе пятом
Встречал шаманов сильных ты не раз,
И каждый, кто оказывался рядом,
Навек запомнил этот день и час.
Посредник между богом и людьми, -
Поклон за доброту от нас прими.

НЮНЯ (ЕСЯ НЮНЯ)

Гагара – священная птица!
Средь мира, где правила мгла
Ты в воды смогла устремиться
И глину из них принесла!
И глину ту сделал землёю
Создатель наш праведный Нум,
С деревьями, с мохом, с травою,

Со всякой душою живою
И с ветром, вздымающим шум...
Над миром великим летая
По воле богов и своей,
Всё знает гагара святая
Доныне о судьбах людей.

СРЕДНИЙ МИР

Средний мир – земля, живая твердь:
Звери, люди, камни и деревья, -
Всё, что может жить и умереть,
Что рожденьем радует кочевья:
Сопки, горы, скалы и холмы,
Реки, острова, ручьи, озёра, -
Всё, что с детства рядом видим мы,
Всё, в чём нам надежда и опора.
Дух воды, дух ветра, дух огня–
Все они вовек пребудут с нами,
Словно песнь ненецкая звеня
В небесах живыми именами!

ДУХИ-ХОЗЯЕВА

Есть дух-хозяин у всего на свете:
У озера, у леса, у горы...
В их помощи нуждаясь и совете,
Мы с трепетом вступаем в их миры.
Ведь каждый ерв, к которому учтивы,
На доброе всегда идёт с добром...
Лишь только б уважали все, кто живы,
Ту землю, на которой мы живём.

ПЭ ЕРВ И ПЭ МАЛ ХАДА
(хозяин и хозяйка гор)

Хозяева великих древних гор!
Даруйте милость вашу добрым людям!
Мы в дружбе с вами весь свой век
пребудем!
Да не затмится восхищенный взор
От тех вершин, что первыми рассвет
И солнце каждый новый день встречают,
А на закате молча провожают
Последними в теченье вечных лет.

То Ерв
(хозяин озера)

На солнце гладь озерная блестит:
Под толщей льда зимой темнеют воды,
А летом рябью лик озерный скрыт...
Как птичий клин, над ним мелькают
годы.
На лике вод, нетронутом людьми,
Самих небес сияет отраженье!
То Ерв, хозяин озера, прими
Поклон земной от нас в знак уваженья!

Пэдара Ерв
(хозяин леса)

Шумит владыка-лес над головой,
Поёт свои задумчивые песни,
Вздыхая тихо трепетной листвой,
Со стайкой птиц сравнимою уместней...
О, колыбель зверей земных и птиц!
Глубоких тайн хранит тебя завеса,
Из-под хвои – как бы из-под ресниц
Глядит на мир хозяин мудрый леса.

ТУ ЕРВ И ТУ ХАДА
(хозяин и хозяйка огня)

Огня хозяин и хозяйка!
Благословите наш очаг!
Здесь детворы ненецкой стайка
Взрастала, глядя по ночам
На ваш огонь навек священный,
Презревший все снега и льды...
Не зря бросают в жар бесценный
Кусочки лучшие еды.

Яха Ерв
(хозяин реки)

Храня богатства рыбные свои,
Искрясь на солнце и от туч темнея,
Течёт река, спешат её струи,
От щедрости притоков тяжелея.
Будь милостив, как прежде, к рыбакам,
Живой реки рачительный хозяин!
Дары людей ты принимаешь сам,
Поскольку всюду чтим и уважаем.

Я Ерв
(хозяин земли)

Трава – твои волосы, руки твои - берега,
Хозяин земли – ты её вдохновенье и сила!
Мелькают дожди, и метут над землёю снега,
  Но помнишь ты всё, что с тобой происходит и было...
Тревожить тебя ненароком нельзя никому,
  За каждой травинкой следишь ты порою невольно.
И, если сорвут её, станет тебе самому
Обидно за тех, кто, не ведая, делает больно.

Ид Ерв
(хозяин воды)

Просят воду живую, ей жертвуя, ненцы порою:
«До отца своего доведите дары и слова».
В даль, к хозяину вод, всё, как прежде, уносят
с собою
Пробуждённые волны, в ответ,
всколыхнувшись едва.
Учат внуков деды не тревожить глубин
понапрасну,
Ни камнями, ни палкой хозяина вод не
сердить.
И спешит ледоход, и в волнах проступает
неясно
Лик волшебный того, кто привык чудесами
вершить.

Мяд пухуця
(хозяйка чума)

Добрый дух, хозяйка чума -
Знает родов тяжкий пот,
Пред самой супругой   Нума
Отвечая за исход,
И, от зла храня младенца,
Бережёт семью его…
Ближе нет порой для ненца
В тёплом чуме никого.

Варнгэ

Вороне – птице вещей колдовать
Дано судьбой умение от века.
Нет прав её бездумно убивать
Доныне у простого человека.

Ей дар особый от природы дан:
Ему не всякий может научиться
Способен только подлинный шаман
Познать язык любой живущей птицы.

Сив мин Ерв
(хозяин семи ветров)

Хозяин-дух семи ветров!
Незримый, ты подобен чуду,
Ты гонишь стаи облаков
И правишь грозно ими всюду.
Ты клонишь шумные леса,
И волны в море поднимаешь.
И знают только небеса
О том, что ты сегодня знаешь!

НИЖНИЙ МИР – НГЫЛАД НЯНГЫ

В Нижнем мире царство темноты.
Злые духи в нём лишь обитают.
Семь слоёв из вечной мерзлоты
Родиной своей они считают.
Кто при жизни подло поступал,
Душу там оставит после смерти.
Как бы он в том мире ни рыдал,
Но у мрака каменное сердце…
Нга – владыка тёмный правит там,
Лютый холод насылая всюду,
Направляя по своим стопам
Боль страданья, ужас и простуду.

На (Нга)

Брат Нума, бог подземный Нга,
Властитель холода и мрака!
В тех, чья ужаснее вина,
Ты видишь собственное благо.
Ты Нуму небо уступил,
Чтоб под землёю грозно править,
И стал владыкой тёмных сил,
Рождённых зло творить и славить.
Из тьмы, из самой глубины,
Следишь ты зорко за живыми.
И люди трепета полны -
Едва твоё заслышат имя.

СЫНОВЬЯ НГА – СИ ИВ НГА НЮ

Си ив Нга ню – семь сыновей Нга.
Си ив Нга небя – мать семи сыновей Нга.
Си ив сэрер – семь слоёв Нижнего мира.

Семь сыновей у Нга. Они во всём
Отцу в подземном мире помогают:
Семью земли слоями день за днём
В извечной тьме незримо управляют.
Злых духов семь неукротимых орд
Ведут они повсюду за собою.
Любой из них безжалостен и горд
Отцом своим и выпавшей судьбою.

Сихиртя

я хора – земляные олени (мамонты)

На первом нижнем ярусе земли
Живёт доныне человечков племя:
И в сумерках порой бывает время –
Их голоса нам слышатся вдали.
Пасут они оленей земляных –
Огромных древних мамонтов ночами.
И звонкими, как эхо, голосами
Поют о чумах и стадах своих.

Я вол

Там, под землёй, на ярусе втором
Дух- разрушитель яростный и гневный –
Живёт, объятый ненасытным злом,
Огромный бык безжалостный подземный.
Опасен он для всех простых людей,
Но есть и те, кто смелости не прячет:
В страну далёких огненных морей
На нём порой шаман бесстрашный скачет.

Хабцянго Минрена

На ярусе третьем подземного мира
На севере самом, где тьма лишь и лёд,
Приветствуя Нга, как исчадий кумира,
Дух самых ужасных болезней живёт.
Людей он лишает здоровья и силы,
Родных заболевшего – счастья и сна.
Доводит он многих до края могилы,
Туда, где теряется жизни цена...

Мал Тэнга

Без рта и заднего прохода –
Подземный безобразный дух,
Противный, словно непогода,
Имеет он отменный нюх
И, чуя всё, что есть вокруг,
Страх вызывает и испуг.

Мэдна

Невыносимый, словно запах гарей,
Уродства дух - терзает он людей,
Рождая всюду безобразных тварей
И мучая уродствами детей.
Он грозен, как проклятья злого дым.
Никто не хочет повстречаться с ним.

Инуцяда и Хансосяда

Инуцяда – злой дух, лишающий человека разума;
Хансосяда – злой дух, уносящий разум в подземный
мир;

Любого, кто живёт на свете,
Ума лишают духи эти.
Раскрыв ужасных два крыла,
Они уносят светлый разум
В объятья тягостные зла
И перечёркивают разом
Всё счастье жизни иногда
На все грядущие года.

Я ТИР (ЯНДИР) – ВСЕЛЕННАЯ

Не всем дано увидеть главный храм.
К нему всегда идут по одиночке...
Была вода предтечей всем мирам,
Как чистый лист в начале первой строчки.
Затем возникли небо и земля –
Две сущности единых мирозданья,
Как паруса и корпус корабля,
Плывущего средь вечного сиянья.
Всё на земле, над нею и под ней –
В миг ожило и сделалось мирами...
Чем пристальнее смотришь, тем ясней,
Что мы живём в нерукотворном храме.

ЗОЛОТЫЕ СТРАНИЦЫ НЕНЕЦКОГО НАРОДА

ПАЙГОЛА НЫРЫМИН

**Ненецкий старшина начала XIX века,
активный защитник ненецкого народа от
разгула чиновничьей бюрократии.**

Над великою тундрой восходит заря,
Мчатся нарты средь снежных равнин...
Был родами ненецкими признан не зря
Старшиной Пайгола Нырымин.
От поборов чиновничьей власти лихой
Он ненецкий народ защищал,
И больным старикам, и семье молодой
Всем, чем мог, Пайгола помогал.
А когда на оленях небесных навек
Чум родной он покинул с утра, -
Долго вслед ему искрами вспыхивал снег,
И печально вздыхали ветра...

ВАВЛЁ НЕНЯНГ

**Легендарный народный герой,
руководитель восстания ненецкой бедноты
30-40-х годов XIX века.**

Не стало Нырымина у народа,
И притесненья власти начались:
Налоги возрастали год от года,
Всё хуже становилась в тундре жизнь.
Вавлё Ненянг, сын тазовских просторов,
Заступником для бедных ненцев стал:
Свою добычу от набегов скорых
Он без остатка людям раздавал.
О, сколько раз схватить его пытались!
Но, как гласит народная молва:
Верёвки те, что крепкими казались,

Опутывая намертво сперва,
Спадали в миг с Ненянга удалого,
И он, как птица, по небу летя,
Спешил от стражи в даль седую снова,
Неуловимый, словно сихиртя...
Уж не одно столетье миновало,
Но до сих пор певцы поют о нем:
Легендой жизнь Вавлё Ненянга стала,
С ней каждый ненец сызмала знаком.

ТЫКО ВЫЛКО

Исследователь Новой Земли, ориентируясь по Полярной звезде, составил точную карту Новоземельского побережья, за что получил золотую наградную медаль «За усердие», позднее занимался живописью, его полотна составляют самобытную главу в традиции мирового «наивного искусства» (Архангельский музей изобразительных искусств), председатель поселкового (1918–1934) и Новоземельского островного (1924–1956) советов депутатов трудящихся, активный собиратель фольклора.

Вслед Полярной звезде среди льдов и снегов
Вылко в путь своё сердце отправил,
Карту новоземельских крутых берегов
Он впервые достойно составил.
Царь медалью его золотой наградил
За усердье и подвиг великий...
С ним известный полярник Русанов
дружил,
В край явившись безлюдный и дикий.

Собиатель сказаний о древней земле,
Живописец ненецкого края, –
Тыко Вылко – звездой путеводной во мгле
Нас ведет через вечность сияя.

ИВАН НОГО

Первый в истории ненецкого народа профессиональный драматург, создал в 1932-34 гг.   пьесы "Шаман" и "Ваули Пиеттомин".

За словом свежим, как за зайцем юрким,
Сама судьба вела тогда его...
Он первым стал ненецким драматургом,
А первым быть – всегда сложней всего.
Пусть нам годов тридцатых лишь с экрана
Известен ныне вдохновенный пыл,
Но автора «Ваули» и «Шамана»,
Народ ненецкий так и не забыл.

СЯРАТИ ПЫРЕРКА

Первый в истории ненецкий ученый-филолог, литератор, переводчик, создатель письменности ненецкого языка и учебников для национальных школ, автор повести "Младший сын Вэдо" , сборников ненецкого фольклора, первого русско-ненецкого словаря, первых переводов произведений А. С. Пушкина на ненецкий язык, исследователь эпических песен сюдбабц и ярабц,

погиб рядовым солдатом на защите блокадного Ленинграда в 1941 г.

Что мог успеть на этом белом свете
Тот, кто прожил всего лишь тридцать пять?
Дать письменность народу, эпос детям,
Словарь ненецкой речи написать
И Пушкина немеркнущие строки
Перевести на северный язык...
Судьбы своей приемля все дороги
Жил для людей Пырерка каждый миг
И, не прикрывшись бронью или званьем,
Ушел в бессмертье, как простой солдат, -
Ценою жизни выполнив заданье:
Прикрыть собой блокадный Ленинград...

ЛЕОНИД ЛАПЦУЙ

Член Союза писателей СССР с 1964 года, автор десятков книг на ненецком языке, а также переведенных на русский и другие языки народов мира, лауреат Всесоюзной премии за лучшую книгу для детей, неоднократно избирался депутатом окружного Совета, с 1961 года был членом Совета по литературам народностей Крайнего Севера и Дальнего Востока при правлении СП РСФСР, членом ревизионной комиссии Союза писателей РСФСР, заслуженный работник культуры РСФСР, активный организатор и участник мероприятий по сбору и сохранению ненецкого национального фольклора принимал непосредственное участие в создании букваря для национальных школ.

Ярото – зовётся озеро Ямала,
Где зимою появился он на свет,
Даже мать его тогда ещё не знала,
Что родился замечательный поэт!
Ветры-годы миновали над Ямалом,
Зори новые над тундрою взошли…
Выразителем души ненецкой стал он
И певцом родной заснеженной земли.
Близок был он рыбакам, оленеводам,
Для детей писал… И всё, что он творил,
Неразрывно было связано с народом,
Для которого трудился он и жил.

ПРОКОПИЙ ЯВТЫСЫЙ

Известный ненецкий поэт, прозаик, драматург, художник и педагог, автор ряда книг на ненецком языке, переведённых на многие языки народов мира, известен также как художник-график, автор ряда персональных выставок, разработчик учебного пособия по ненецкому языку для школ, кавалер ордена Трудового Красного Знамени, почетный гражданин города Нарьян-Мар.

В Малоземельской тундре Явтысый
С семьёю в детстве кочевал немало,
А ныне от гренландий до софий
Его живое слово прозвучало.
Писатель и художник, и поэт –
Учил детей он языку родному
При нём театр «Илебц» увидел свет,
Учителем и другом он любому
Был земляку до дней своих конца…
И стих его, в котором всё знакомо,
Не позабудут юные сердца.

СЭРОКО ХУДИ

Единственный среди ненцев рыбак – Герой Социалистического Труда.

Мелькает лодка средь бескрайних вод,
Вершит свой труд рыбацкая бригада.
И вновь её на промысел ведёт
Тот кто всю жизнь трудился так, как надо.
Кишит от рыбы невод, как всегда.
Приветствуя, спешат к герою люди:
Единственный рыбак – Герой Труда
Средь многих ненцев он – Сэроко Худи.

КОНСТАНТИН ВАНУЙТО

Единственный среди ненцев оленевод – Герой Социалистического Труда, отличался особым ораторским искусством, житейски мудрый хозяйственник, руководитель колхоза «Коммунар».

Герой труда – Вануйто Константин,
Оленевод, хозяйственник, на плечи
Его легло немало... Он один
Такие убедительные речи
Умел сказать, что люди вслед за ним
Готовы были хоть в огонь, хоть в воду.
Он памятью народною храним,
Как посвятивший жизнь свою народу.

СЕМЁН НЯРУЙ

Первый в истории ненецкой культуры профессиональный композитор, автор многих сотен песен на ненецком и русском языках и других музыкальных произведений ("Ненецкие напевы" для фортепьяно и скрипки, сюита "Северное сияние" для фортепьяно с оркестром и т.д.), основоположник профессиональной музыки ненецкого народа, золотой призер ВДНХ.

Звенит над тундрой песня сквозь века:
В ней голос ветра, птиц живые трели,
Трещит костёр, беснуется река,
Грохочут льды и шепчутся капели...
И каждый звук находит отзыв свой
В народном сердце, трепетом волнуя,
Как музыка, рождённая душой
Ненецкой композитора Няруя.

СЕРГЕЙ ХАРЮЧИ

Председатель государственной Думы Ямало-Ненецкого Автономного Округа, президент Ассоциации коренных малочисленных народов Севера, Сибири и Дальнего Востока Российской Федерации, кавалер ордена Дружбы и ордена «За честь и доблесть», Почетного знака «За защиту прав человека», действительный член Финно-Угорской академии наук, заместитель председателя Совета Ассамблеи народов России, сенатор, кандидат юридических наук.

Защитник прав всех северных народов,
Сенатор и ученый, патриот, -
Труды его немало дали всходов,
А имя повторяет весь народ.

Он плотником свой путь когда-то начал,
И мудрость жизни познавал с азов:
Рубил дрова, охотничал, рыбачил,
Любил детей и слушал стариков.
Достойный сын земли своей суровой -
Её надеждой и её лицом
Он стал теперь и жизни светлой, новой
С народом вместе подлинным творцом!

ЛЮБОВЬ НЕНЯНГ

*Знаменитая ненецкая поэтесса и
сказительница, автор труда «Фольклор
таймырских ненцев», внесшая бесценный вклад в
сохранение духовного наследия и традиционной
этнической культуры таймырских ненцев,
популяризатор устного народного творчества и
фольклорного исполнительства на Таймыре,
автор слов многих ненецких песен,
отличающихся теплыми народными
интонациями, в том числе ставшей народной
«Нюкубц» (Колыбельная) на музыку С.Няруя.*

Фольклор таймырских ненцев собирала
Всю жизнь Любовь Прокопьевна Ненянг,
Духовное народное начало
Храня усердней, чем богатства банк.
Стихи свои земле родной даруя,
Жила она, чтоб мир наш стал добрей...
Слова «Нюкубц» на музыку Няруя
Звучат для всех ненецких малышей...

ЕЛЕНА СУСОЙ

Автор 17 учебников и методических пособий для обучения ненецких школьников, первая женщина-ненка кандидат педагогических наук, создатель музея-квартиры Л.В. Лапцуя, научный консультант и солистка народного ансамбля песни «Ямал», собиратель ненецкого фольклора, автор записей сказок «Ягодка голубика», «Два Окатэтто» и соавтор сборников «Сказки народов Севера», «Северные россыпи», «Ненецкий фольклор», отразила жизнь ненецкого народа в книге свободной жанровой формы «Из глубины веков».

Как сюдбабц и ярабц песня жизни её
Глубока и с рожденья крылата,
Ведь не зря отдала она сердце своё
Собиранью сказаний когда-то...
Отдала она сердце ученью ребят,
Языку и фольклору родному.
Как о «солнце поющем» о ней говорят
Те, кому её пенье знакомо.
Стала первой учёною ненкой она,
Как звезда в час бесценный восхода.
И всё звонче в речах её всюду слышна
Вековечная мудрость народа.

АЛЕКСАНДР ЕВАЙ

Депутат Государственной Думы Ямало-Ненецкого Автономного Округа, председатель ассоциации коренных малочисленных народов «Ямал – потомкам!», активный защитник интересов коренных малочисленных народов при принятии законов «О недрах и недропользовании в ЯНАО», «О местном самоуправлении в ЯНАО», «О регулировании земельных отношений в местах проживания и хозяйственной деятельности народов Севера», «Об особо охраняемых природных территориях в ЯНАО», «Об оленеводстве в ЯНАО», «О рыболовстве в ЯНАО» и других.

Сюнай-Сале своим гордится сыном,
Известен он на весь ненецкий край:
Земли своей достойным гражданином,
Её душой является Евай.
Он обо всём насущном и негромком,
Как депутат, открыто говорит.
И весь Ямал, как весь «Ямал – потомкам!»,
За каждым словом сказанным стоит!

ХАБЭЧА ЯУНГАД

Один из известнейших на Ямале представителей национальной интеллигенции, член Союза журналистов России, главный редактор газеты «Нарьяна Нгэрм», член ассоциации «Ямал – потомкам!», избирался депутатом окружного Совета народных депутатов, активный защитник интересов малочисленных коренных народов Севера.

Изданьем на ненецком языке
Руководящий славно и бессменно,
По каждой отпечатанной строке
Он узнаваем многими мгновенно.
Учитель, воспитатель, депутат, -
Дорогой ясной он идёт по жизни,
Краса и гордость рода Яунгад –
Своим талантом служащий Отчизне.

ГЕННАДИЙ ПУЙКО

*Известнейший на Ямале поэт, прозаик, педагог
и живописец, воспитавший множество учеников
и последователей своего творчества.*

Живописец, поэт и писатель –
Воспитал он немало творцов.
Дух ветров – его верный приятель -
Свежесть красок и музыку слов
Сам подсказывал сыну Ямала
На просторах ненецких дорог,
Где бескрайняя тундра сияла,
Словно звёздного неба порог ...

АННА НЕРКАГИ

*Член Союза писателей СССР, автор повестей
«Анико из рода Ного», «Илир» и многих других,
собирательница и обработчица ненецкого
фольклора, проза писательницы стала фактом
мирового литературного процесса, реализовала
идею миссионерства и обретения малой родины
не только в творчестве, но и в жизни: в 1979
году. возвратилась в Байдарацкую тундру,
возглавила крестьянско-фермерское хозяйство
«Надежда», которое занимается обслуживанием
и снабжением оленеводов.*

Читавший прозу Анны временами
Ещё острей, чем прежде сознаёт,
Что правит Божий Промысел мирами,
И к жизни пробужденье настаёт...
Рождённая в семье оленевода,
Известная писательским трудом,
Чтоб слышать сердце своего народа,
Она вернулась в тундру, словно в дом...

ГАВРИИЛ ЛАГЕЙ

*Известный современный ненецкий певец,
окончил дирижёрское и вокальное отделения
Кировского училища искусств, Санкт-
Петербургскую консерваторию им. Н. А.
Римского-Корсакова, служил в ансамбле песни и
пляски Советской Армии, исполняет песни
Семена. Няруя на ненецком языке, произведения
П. Чайковского, Ф. Глинки, С. Рахманинова,
современной эстрады, автор нескольких
музыкальных компакт-дисков.*

Про бег олений и про фарт рыбацкий,
Про вольный ветер родины своей,
Певец, рождённый в тундре Байдарацкой, -
Поёт повсюду Гавриил Лагей!
Тот звонкий голос манит и чарует,
Он, как хорей, сквозь вьюгу вдаль ведёт
И страстью души чистые волнует
От песни к песне и из года в год.

ЛЕОНИД ЛАР

*Живописец, график, член Союза художников
Российской Федерации, участник
международных, всероссийских,
межрегиональных, областных выставок,
собиратель ненецкого фольклора, автор
научного исследования «Шаманизм и религия
ненцев», кандидат исторических наук, декан
художественно-графического факультета
Тобольского государственного педагогического
института им. Д.И. Менделеева.*

Художник, уроженец Салемала,
Он жизни неизменное начало
И женщину ненецкую воспел
В своих полотнах, тундрой вдохновлённых...
Хранителем сказаний освящённых
Историей минувших лет и дел –
Лар – живописец яркий и учёный -
Стал для земли, снегами занесённой...

ПОЛИНА ТУРУТИНА

**Собиратель ненецкого фольклора,
исполнительница народных песен, почетный
гражданин Пуровского района, активно
работала с финскими ученым-лингвистом
Тапани Салминеном и этномузыкантом Ярко
Ниеми, участник фольклорно-этнографических
экспедиций на Харампуре, создатель
этнографического музея в п. Тарко-Сале, автор
сборников о традициях и культуре лесных ненцев**

Дочь Харампура Пуровской земли –
О ней здесь ныне ведомо повсюду:
Её старанья людям сберегли
Истории лесной ненецкой чудо.
Народных песен множество она
Не только сохранила, но и спела...
Из книг её седая старина
Явилась в мир и снова зазвенела

ОРЬ ХУДИ

Мастер национального прикладного искусства, художник, график, мастер резьбы по дереву, кости и рогу, скульптуры которого из кости мамонта исполнены в духе английского скульптора Генри Мура, преподаватель Салехардского училища культуры и искусств им. Л. В. Лапцуя

Из дерева, из мамонтовой кости
Он вырезать умеет чудеса.
Заморские не раз взирали гости
На труд его во все свои глаза.
В его работах духи оживают
И на людей глядят через года...
Кто в сказках тех однажды побывает,
Тот мастера запомнит навсегда!

ВИКТОР ЯДНЕ

Член Союза художников РФ, художник-резчик, работает по кости, рогу, дереву художником-мастером Окружного Дома ремёсел, участник выставок «Северная цивилизация на пороге XXI века. Мифология, быт, культура» (г. Москва), «Косторезное искусство на рубеже веков» в рамках творческой лаборатории «Косторезы России – 2000» (г. Тюмень).

Художник-резчик, косторез России,
Ямала он легенды воссоздал,
И, несмотря на годы молодые,
Немало в жизни этой повидал...
Пусть городов не счесть на всей планете,
Но он поныне счастлив тем и горд,
Что ближе всех ему на белом свете
Его родной посёлок Новый Порт.

ЕЛЕНА ЛАПТАНДЕР

Молодая ненецкая певица - "жемчужина Ямала", обладающая удивительно красивым и сильным голосом, исполнительница народных, национальных и эстрадных песен, лауреат международного конкурса артистов эстрады "Янтарная звезда" и Первого Всероссийского конкурса профессиональных артистов эстрады , за сохранение и приумножение национальных традиций награждена призом конкурса «Песня не знает границ – 2006».

Она поёт... и слышен голос вечный
Полярного сиянья и снегов,
Души народной, песни бесконечной
Над тундрой проносящихся ветров...
Её талант сверкающий немало
Уже наград успел завоевать...
Не зря, не зря жемчужиной Ямала
Её недавно стали называть!

НАДЕЖДА САЛИНДЕР

Известная писательница, художница и сказительница обладающая уникальным певческим даром, десятки лет весь свой накопленный опыт передает молодежи Тазовского района

Расправив крылья творческого дара
Душой она к сердцам людским летит,
Как древняя волшебная гагара,
Что над землёю тазовской звенит.

Писательским и певческим талантом
Явив для многих подлинный пример
Она по сути стала бриллиантом
По имени Надежда Салиндер.

КИРИЛЛ ПАРОВЫХ

*Талантливый ненецкий художник-самородок.
Родился в пос. Тибей-Сале. Учил ненецких детей
рисованию и резьбе в Тазовском доме
творчества. Умер в 1996 году в возрасте 32 лет.
Его работы с неизменным успехом
экспонируются в краеведческом музее.*

Оленьим рогом на снегу
мальчишка рисовал...
Не знал ещё Тибей-Сале
и Тазовский не знал,
Что годы быстро промелькнут
у сказочной реки,
И вдаль олени побегут
из-под его руки,
И в путь собраться захотят
все рыбы под водой,
И в небо гуси полетят
жемчужной чередой...
Весь мир в твореньях отражён
Кирилла Паровых,
...И кто сказал, что нет теперь
художника в живых?
Я был вчера в Тибей-Сале,
я там его узнал:
Оленьим рогом на снегу
мальчишка рисовал.

НЕНЕЦКАЯ ЗЕМЛЯ

СКАЗИТЕЛИ

*Посвящается ненецким сказителям
Анатолию Вануйто, Зое Худи, Маноти Вануйто,
Солу Пяк, Ляпля Айваседо, Оку Пяк, Охоле
Айваседо, Охоле Пяк, Виктору Айваседо, Ауто
Выла, Ачинама Вэнго, Ейко Вэнго, Леониду
Лапсую, Владимиру Неркыгы, Евадю Оковаю,
Едэйко Окотэтто, Лемя Пяк, Нипис Пяк, Ноет
Тадибе, Урк Окотэтто, Николаю Ядне,
Екатерине Яр, Хадко Ядне, Абчи Яр, Пудако
Салиндер, Светлане Вэнго, Ямбое Сэротэтто,
Андрею Тусида, Мохоля Вэнго, Пак Худи,*

*Надежде Салиндер, Абаю Окотэтто, Зинаиде
Худи, Сергею Сэротэтто, Николаю Сэротэтто,
Михаилу Окотэтто, Полине Турутиной и
многим другим...*

Из глубины времён невозвратимых,
Из памяти о близких и любимых,
Из вечной дали пращуров своих
Они несут немеркнущее слово,
В котором жизни древняя основа
И мудрость поколений тундровых.
Звучит сюдбабц. Ярабц не умолкает.
Хынабц звенит. И в воздухе не тает
Самбдбабц –напев шаманский. Вся страна
Ненецкая объята звонкой речью
И благодарна им, хранящим вечность, -
Сказителям, чьи святы имена!

ПОЛЯРНАЯ НОЧЬ

Ночь начинается с утра,
Нет ни рассвета, ни заката,
Лишь снег да дикие ветра
Повсюду словно брат на брата.
Но только отблески костра
Вдали объявятся неясно,
Глядишь – и жизнь уже прекрасна,
И нет в ней худа без добра.

ТУНДРА

Здесь спешат облака чередою,
А сияния пляшут внахлёст,
И плывут семь небес над тобою,
Расплескавшись озёрами звёзд.

Здесь на снежном бескрайнем покрове
Солнца свет, как всегда по весне,
Разбегается струйками крови
По оленьей твоей белизне.

Тают клочья чистейшего снега,
Птичьи крики звенят в высоте,
И гуляет весенняя нега
В красноватой твоей черноте.

И уже ты поёшь, зеленея,
Тундра-мать, про земное житьё,
И летит над тобой, пламенея,
Незакатное солнце твоё.

ПУТЬ ХОРЕЯ

Вдаль от сиянья буровых –
Почти как новогодних ёлок,
Среди просторов тундровых
Хорея путь тернист и долог.

Мир скован снежной пеленой,
Но под мерцающими льдами
Река беременна водой,
Земля беременна цветами...

КЕЛЬТСКИЙ ПАНТЕОН

WHITE MOUNT

Уайт Маунт… небеса Вселенной
Плывут над Белою Горой!
Не Бран ли в ней Благословенный
Доныне и вовек нетленной
Качает грозной головой?
Хранима древним кельтским словом
Та вдохновенная страна,
Где Брутом город был основан
И Лондоном наименован
На все иные времена!
Друидов славная обитель -
Уайт Маунт ! С тех далеких дней
Ты - кельтской гордости ревнитель,
Судьбы Британии хранитель
И праха древних королей!

Примечание:
Согласно мифологии кельтов Британии, голова
Брана Благословенного была погребена
Манавиданом фаб Лиром, Придери и прочими его
спутниками на Уайт Маунт, одном из крупнейших
святилищ друидов на территории Лондона. Там же
был похоронен и Брут, легендарный основатель
Лондона. По преданию, король
Артур приказал выкопать из могилы голову Брана,
чтобы она стала единственным стражем Британии -
роль, на которую претендовал сам Бран. Помня об
этом, он приказал вновь похоронить голову
Брана лицом в сторону потенциального
агрессора и врага Британии

АРТУР

Трубят в рога герои Камелота.
Не сходит меч с артуровой руки.
Враг изнурён и оттеснён в болото.
Его разят валлийские стрелки.
Огнём и кровью путь свой отмечая,
Он помышлял, что с холодом в груди
Возьмёт страну, отпора не встречая.
Но есть Артур. И здесь конец пути...
Прошли века, но не забыли камни,
Что мирно дремлют у горы Бадон:
Как вёл король сынов прекрасной Камри
В победный бой, и кто для кельтов он.

Примечание:
Артур тесно связан с кельтскими мифами, но вполне возможно, что произошло это весьма поздно; возможно, что образ Артура есть совмещение в одном лице двух персонажей - Артура, кельтского варианта Артайуса, и исторического вождя кельтов. Вполне возможно, что он обрел силу в эпоху угасания кельтской цивилизации.

ПОТУСТОРОННИЙ МИР

В ночь накануне праздника Самхейн
Скрипят врата невидимые прежде:
Мир, словно эхом скрученный бассейн,
Трещит по швам на собственной одежде,
И, становясь крупнее во сто крат,
В себя былого сумраки впускает...
И сгинувшее много лет назад
На краткий миг внезапно оживает!..
Ушедшие, явившись в этот час,
Вновь предстают пред нами молодыми,
И каждый тихо окликает нас
И каждый откликается на имя....

Врата раскрыты. В них легко войти
И иногда возможно возвратиться...
Нет ни начала, ни конца пути -
Пока в душе бессмертие таится ...

Примечание:

В мифологии кельтов Потусторонний мир, помимо всего прочего, - название места, куда попадают после смерти души людей, чтобы переродиться. Потусторонний мир - составная часть воззрений кельтов, признававших бессмертие души. В ночь накануне праздника Самхейн Потусторонний мир, по поверью кельтов, становится видимым для смертных и его врата скрываются настежь. Согласно легенде, обитатели Потустороннего мира в эту ночь отказываются от мести жителям этого мира, чем-либо обидевшим или оскорбившим их при жизни. Простые смертные могут свободно совершать путешествие в Потусторонний мир, оставаясь живыми людьми, но, хотя там к ним и возвращается молодость, после возвращения в земной мир они опять обретают свой прежний возраст.

ПРАМАТЕРЬ-БОГИНЯ

Струятся длинные одежды,
Роятся тонкие миры...
«О, матерь света и надежды,
Прими смиренные дары!
Ты кормишь грудью обнажённой
Всё то, что дышит и живёт,
И нет конца тобой рождённой
Реке бесчисленных щедрот!..»
Всё вдохновеннее моленья,
Всё призрачнее голоса...
Звенят, стихая в отдаленье,
Сияющие небеса.

Примечание:

Аспект плодородия и изобилия имел огромное значение в культуре кельтов. С этими качествами ассоциировались многие богини, считавшиеся божественными воплощениями матери-земли и именовавшиеся матронами в Галлии и по берегам Рейна. Такие богини выступали как в роли единичного персонажа, так и триипостасного божества. Матери-богини часто изображались на статуэтках и изваяниях облаченными в длинные одежды, нередко - с одной обнаженной грудью. Им обычно сопутствовали различные символы плодородия: изображения детей, всевозможных плодов и листьев.

БОЛОТО

Таится болото живое,
Томится белесый туман,
Под мхами и жухлой травою
Клубится слепой океан.
И вьётся змеёю коварство,
И почва скользит из-под ног.
И в духов заклятое царство
Стремительный путь недалёк...
Там всё по-иному, там даже
Слова по-иному звучат!..
Котлы, колесницы и чаши
В дремучие недра летят.
И жертвам уже не вернуться,
И след их никто не найдет,
Лишь только над ними сомкнутся
Угрюмые воды болот...

Примечание:

Болота играли важную роль в мифологии и культуре кельтов. Именно на болотах часто совершались всевозможные жертвоприношения богам. Видимо, это было обусловлено поверьем, что болота очень коварны, поскольку их почва, казавшаяся твердой, мгновенно уходила из-под ног, открывая врата в царство духов. В болотах нередко находили и находят ритуальные котлы, в частности - знаменитый Гундерструпский котел, а также обломки повозок и колесниц.

ВОДА

Она сияет из таких глубин,
Которых нет и не было бездонней.
Даруя весть о том, что мир един -
Земной, небесный и потусторонний!
Рождая всюду искры родников,
Спеша на свет из тесных скальных трещин,
Она доныне испокон веков
Целует первой всех мужчин и женщин!
Что без неё лачуги и дворцы?
Всё на земле её подвластно силе!..
Не зря когда-то кельтские жрецы
В суровый час ей жертвы приносили.

Примечание:

Вода пользовалась у кельтов особым почитанием; они видели в ней не только источник жизни, но и своего рода звено, связующее этот мир с Потусторонним миром. В особенности это относилось к водам, поднимающимся на поверхность с большой глубины, в частности, к родникам и источникам. . Вода в эпоху кельтов, как, впрочем, и в более поздние времена, считалась источником целебной силы. Возле родников и источников, которым приписывались всевозможные целительные свойства, в предримскую эпоху и в романо-кельтский период, воздвигались алтари и жертвенники

ГОРЫ

Покрытые седой межзвездной пылью
Свидетели космических торжеств,
Вы дремлете, как сложенные крылья
Небесных утомившихся божеств...
И чудится дыханье неземное
Хозяев вечных неба и земли,
Едва вершин сиянье ледяное
Блеснёт в ещё неведомой дали .

Примечание:
Горы, как и озера, имели у кельтов огромное значение, считаясь культовыми центрами. Например, в горных районах Галлии особым почитанием пользовался целый ряд божеств, связанных с горами и холмами. Кельтский бог неба также ассоциировался с горами, ибо горы поднимаются от земли до самых границ его небесного королевства.

НЕБО

К тебе, Хранитель дивный света,
Владыка ветра и дождей,
Ища защиты и совета
Стремится всюду род людей.
О, небо вечно голубое,
Незыблем твой вселенский трон!
Тебе доступно всё земное,
Открыты тайны всех времён.
Снегов великие седины
Ты возлагаешь на леса,
В тумане, павшем на долины,
Земные прячешь голоса.
Твои ветра волнуют море,
В полях шумит твоя гроза,
Над всем что есть, на всём просторе –
Бездонные твои глаза.

Примечание:
В мифологии и религиозных воззрениях кельтов
небесные божества обычно фигурировали отдельно
от бога Солнца; бог неба считался повелителем
стихий, ассоциируемых с небом. Он был владыкой
света и жизни и противопоставлялся силам тьмы и
смерти.

ОГОНЬ

С холма, пылая, катятся колёса,
Встречают праздник кельтов сыновья.
Хвала огню звучит многоголосо
Во все лесные древние края.
Гудят костры Белтейна и Самхейна,
Ночной огнями светится простор
От вековых дубов долины Рейна
До дивной Эре с искрами озёр.

Примечание:
Поклонение огню занимало важное место в культуре кельтов. Огромные костры зажигались на праздник Белтейн (1 мая) и на мрачном празднике Самхейн (1 ноября). По всей вероятности, кельты видели в огне элемент или стихию, соответствующие солнцу на небе. В ритуальных обрядах огнепоклонства у кельтов заметную роль играло катание колес, которые смазывали смолой, поджигали и пускали вниз по склону холма.

ОЗЁРА

Священны кельтские озёра,
Не перечислить их имён.
Нить серебрится разговора
Здесь с незапамятных времён
Между людьми и божествами
На дальних тайных берегах...
Лишь одинокими словами
Мелькают блики на волнах.
Пусть с духом вечности едины
Ушли в минувшее миры, -
Таят озёрные глубины
Богам несметные дары.

Примечание:
Водоемы играли важную роль в культуре кельтов; особенно видное место занимали в ней озера. Они считались священными местами, где возможно прямое общение с богами. Как показывают данные археологических раскопок в таких местах, в священные озера бросали самые разные дары - копья, мечи, щиты, броши, повозки, упряжь, даже коней.

РЕКИ

Монет, щитов, доспехов и мечей
И украшений ярких и чудесных
Речным богам досталось от людей
Без счёта в честь событий неизвестных
Потомкам их, но явленных тогда
Народам кельтским древними богами...
Звенит, струясь, волшебная вода
Забытыми людскими именами.

Примечание:
Реки часто считались обиталищами собственных
духов. Была широко распространена практика
бросать в реки дорогое оружие, доспехи, монеты
и даже драгоценности в качестве жертвы духу реки
или речному божеству.

СОЛНЦЕ

О, галльский Бел! И ты, ирландский Луг!
Даруйте нам живительное пламя!..
И солнца полыхающего круг
В ответ опять возносится над нами!
Бог Солнца! Ты волшебным колесом
Стремишь свой путь с рассвета до заката
По небесам, в которых невесом
Луч твоего властительного взгляда,
Летящего к озёрам и лугам,
К священным рощам и лесам дремучим.
И всё, к чему он прикоснётся там,
Сияньем наполняется летучим.

Примечание:

То, что Солнце пользовалось у кельтов особым почитанием, со всей очевидностью показывают многочисленные сюжеты самых разнообразных кельтских артефактов, найденные во время археологических раскопок. Особенно распространены изображения колеса в качестве солярного символа. Хотя вполне естественно ожидать от кельтов особого поклонения Солнцу, поскольку они вообще обожествляли всевозможные природные объекты, в частности, деревья и воды, свидетельств об особой роли бога Солнца в кельтской литературе немного.

ХОЛМЫ

Всех, в ком кипел восторг восхода,
Кого звала заката грусть,
На холм в любое время года
Вёл путь, знакомый наизусть.
Туда, к вершине рукотворной
По лабиринту из камней,
Чредой смиренной и упорной
Тянулось шествие людей.
А выше звёзды всей Вселенной,
Едва равнин касалась тьма,
Толпой коленопреклоненной
Молились в небе у холма.

Примечание:

В древности многие племена, в том числе и кельты, часто использовали холмы для проведения всевозможных религиозных ритуалов. Чаще всего объектом их поклонения было Солнце, и холм являл собой идеальное место, откуда можно было наблюдать за восходом и заходом солнца. Впечатление от этого зрелища еще более усиливалось, если окружающие земли вокруг холма представляли собой плоскую равнину. Именно в этом кроется причина того, почему кельтов и другие древние народы так привлекали холмы или курганы, возвышающиеся посреди плоских равнин юга Британии. Холмы и курганы играли в восприятии древних кельтов настолько важную роль, что некоторые из них, как оказалось, построены руками человека.

ГРААЛЬ

Как свет живой из солнечных ладоней
Манящий в зачарованную даль,
Сквозь мир реальный и потусторонний,
Шагает путник, ищущий Грааль.
Мелькают ливни. Мечутся мгновенья.
Грохочут войны. Вздрагивает твердь.
Пылает небо. Рушатся селенья...
А он идёт...
И отступает смерть.

Примечание:
Став священной реликвией, Грааль передавался из поколения в поколение, и именно он оказался в самом центре сюжета Артуровских саг. Чаще всего Грааль находит сэр Галаад. Однако сама мысль о поисках некоего чудесного или волшебного сосуда - это, по всей вероятности, порождение собственно кельтских преданий. Она может быть связана с

путешествием или походом в Потусторонний мир с целью овладения волшебным котлом.

РОГА

О, силы олицетворенье –
Непобедимые рога!
Вас ценят кельтов поколенья,
В бой устремляясь на врага!
В дни испытаний и печали,
В часы блистательных торжеств
Собой вы гордо украшали
Святые головы божеств.
Как символ продолженья рода
И признак мужества его
Брал воин вас во мглу похода
И надевал, как божество

Примечание:
Многие кельтские божества, по большей части выступавшие в человеческом облике. Особенно популярны рогатые существа были у бригантов Британии. И хотя рогатые божества по большей частью изображаются мужчинами, причем некоторые из них - даже в образе воинов, иногда попадаются и рогатые богини. Животные играли весьма важную роль в культуре кельтов, и в этом отношении появление антропоморфных образов с рогами не вызывает удивления. Рога считались символом агрессивности, силы и плодовитости.

ГОЛОВА

Говорили кельты детям (а вблизи кружила птица):
«Голова – сосуд священный, в ней одной душа
хранится».

Услыхала птица слово, выше звёзд она взлетела
И в стране чужой далёкой разглядела Брана тело.

Властелин земель британских, воин исполинской
силы –
Он лежал на поле битвы, словно на краю могилы.

Кровь текла из ран жестоких, и дышать казалось
нечем,
И главу свою от тела повелел в тот миг отсечь он.

Меч сверкнул неумолимо и на солнце вспыхнул ало.
Высоко за чёрной тучей в небе птица прокричала.

Говорили кельты детям: «Голова – сосуд
священный...»
Головою, смерть поправшей, славен Бран
благословенный.

Много лет друзья скитаясь Брана голову возили,
Обращались с ней учтиво, за совет благодарили.

И, однажды, в час заветный, путь окончив дальних
странствий,
Брана душу возвратили стороне родной
британской.

Примечание:
Голова пользовалась у кельтских племен особым
почитанием. Для них она имела куда большее
значение, чем сердце, столь ценимое в других
архаических цивилизациях. Кельты считали голову
обиталищем души и полагали даже, что голова
способна существовать сама по себе, без всего
остального тела. Некоторые легенды отражают
предполагаемую способность некоторых голов
существовать отдельно от тела. Так, например, в
валлийской легенде о Бране Благословенном
рассказывается о том, что, когда Бран был
смертельно ранен в бою с войском Матолвха,
короля Ирландии, он сам попросил своих друзей
отрубить ему голову и отвести ее на родину, а не

предавать земле в Ирландии. На всем протяжении долгого обратного пути голова, по легенде, сохраняла способность есть, пить и даже разговаривать, совсем как тогда, когда она была живой и венчала собою могучее тело Брана.

КЛЮЧ

Волшебный ключ к сияющим вратам!
Из воздуха возникнув, ты рукам
Одних богинь таинственных послушен,
Которые из мира в мир живой
Путь открывать умеют заревой
Их воле подчиняющимся душам.
Лишь в скважине замочной вспыхнет луч,
Тотчас его находит верный ключ,
И медленно расходятся ворота,
И прежней жизни исчезает след,
И молодой повсюду плещет свет,
И новый день струится для кого-то.

Примечание:
Ключ присутствует на изображениях некоторых кельтских богинь. Предполагается, что ключ символизировал способность данной богини открывать врата, ведущие в Потусторонний мир, и тем самым - способность позволять своим почитателям свободно переходить из одной жизни в другую.

КОЛЕСНИЦА

Сон возничему яростный снится:
Мчится полем его колесница,
Бой кипит беспощадный, кровавый, -
Колесница стремится за славой.
Славе нет ни конца, ни границ...
Бой не выиграть без колесниц!..
Знатный воин в костёр погребальный
Направляясь дорогой печальной
С колесницей огню предавался,
В мир загробный на ней удалялся,
Чтобы там в колеснице своей
Новой славы достигнуть скорей.

Примечание:
Колесницы имели для кельтов огромное значение,
особенно на поле боя. Столь же важную роль они
играли и в качестве религиозно-ритуального
транспортного средства; так, богинь часто
изображают мчащимися на колеснице. В
доказательство того, насколько заметную роль
играли для кельтов колесницы, достаточно
привести тот факт, что умерших представителей
знати кельтского общества зачастую возлагали на
погребальный костёр вместе с колесницами,
повозками или тележками

КОЛЕСО

Колеса небесного сиянье
Освещало кельтам путь земной,
А когда случалось расставанье,
То сопровождало в мир иной,
Где его сверкающие спицы,
Словно солнца яркие лучи,
Помогают тем не заблудиться,
Кто остался навсегда в ночи.

Примечание:

Колесо считалось солярным символом, по всей видимости, потому, что оно, будучи круглым, внешне напоминает солнце, а его спицы похожи на солнечные лучи. Кельты нередко клали в могилу маленькие модели колеса, видимо, полагая, что эти солнечные символы будут освещать умершему путь в Потусторонний мир.

КРУГ

«Круг – символ вечности и жизни обновленья, » -
Считали кельтские седые мудрецы.
И не скрывали перед ним благоговенья
В старинных капищах ни деды, ни отцы.
Всё в мире движется по замкнутому кругу,
И повторяется один волшебный ряд:
Где дождь осенний превращается во вьюгу,
А вьюга снежная – в цветущий вешний сад...

Примечание:

Мотив круга, в частности концентрических окружностей, занимал видное место в культуре кельтов. Он, подобно колесу, мог ассоциироваться с солнцем, а также служить символом вечности.

КОТЁЛ

Плывут века над кельтским краем,
Легенд бледнеет ореол...
Лишь ты вовек неисчерпаем –
Великий сказочный котёл!

Ты всех голодных утоляешь
От Дагды древнего времён,
Ты волей Брана исцеляешь
Тех, кто спешит со всех сторон.
Средь топей ли кромешных или
В глухой озёрной глубине –
Тебя от бед всегда хранили
Все жившие в твоей стране.

Примечание:
Котел - излюбленная тема кельтской мифологии.
Так, у Дагды был неисчерпаемый котел, от
которого никто не уходил голодным. Бран
Благословенный вручил Матолвху волшебный
котел, который исцелял раненых и воскрешал
мертвых. У кельтов существовал обычай прятать
котлы, бросая их в озеро или болото, что нередко
являлось и жертвой богам, приносимой по обету.

ДЕРЕВЬЯ

Под золотыми небесами
Нерукотворные леса
Листвою нежной шепчут сами
Про истинные чудеса.
И, слыша их, творят моленья
Охотник, воин и друид.
И Древу Жизни восхищенье
Явить любой из них спешит.
Великий лес! Твои угодья –
Всему живому дом родной...
Деревья – символ плодородья -
Владеют кельтской стороной!
Здесь корни Мир Потусторонний
Связуют с небом и землёй,
А под густой высокой кроной
Вселенной светится покой.

Примечания:

Кельты считали священными как отдельные деревья, особенно дубы, так и целые леса, в частности, рощи и дубравы. По представлениям кельтов, деревья представляли собой связующее звено между верхним миром, или миром смертных, и нижним, подземным, то есть Потусторонним миром. Корни деревьев уходят глубоко в землю, а кроны вздымаются под самое небо.

ДУБ

Дуб вековой – венец друидской власти,
Краса и гордость кельтов всей земли,
Тот, плотью чьей, разделанной на части,
Возводят храмы, строят корабли,
Тот, стати чьей и крепости древесной
Обязаны земные города...
Священный дуб! Ты силою небесной
И создан, и владеешь навсегда!

Примечание:

В культуре кельтов дуб считался особо священным деревом, посвященным друидам. Дуб почитали за его особую прочность и долговечность; некоторые видели в нем земное воплощение всемирного Древа Жизни, связующего мир смертных с Потусторонним миром. Дубы неизменно ассоциировались с небесами, и многие кельтские рельефы и статуи, найденные в археологических раскопках, как оказалось, сделаны из древесины дуба, что само по себе показывает, каким почитанием пользовался дуб. Многие кельтские корабли также делались из дуба, благодаря чему они отличались особой долговечностью.

ОМЕЛА

В час отчаянной молитвы и тоски исповедальной
На тебя глаза людские смотрят вовсе неслучайно.
Ты любви даруешь силы, ты сулишь продленье
роду,
Отпуская крылья жизни на бескрайнюю свободу!
О тебе поют друиды, вторят девушки несмело,
Дуба верная подруга – чудодейница омела!

Примечание:
Кельты, в особенности друиды, испытывали какое-
то мистическое почтение к   омеле. Считалось, что
сухая омела, подмешанная к питью, исцеляет от
бесплодия, и поэтому омела непременно
использовалась в ритуалах для повышения
плодовитости. Дуб, на котором паразитирует
омела, считался деревом,   посвященным друидам.

НЕМЕТОН

Царил закат на небосклоне,
Осенний лист летел к ногам…
В священной роще – неметоне
Друиды кланялись богам.
Их речью правила не догма,
Здесь голос истины звучал.
Не зря в свой час великий Огма
Деревьям буквы посвящал.
Вдали смеркалось постепенно,
Лишь ветер повторял, шурша:
«Любое дерево – священно!
В любом – бессмертная душа…»

Во времена древних кельтов неметон -
священная роща, в которой кельты совершали
поклонение духам лесов.

БАРАН

Баран во всём напорист и упрям
И не уступит никому в бою.
Известно это кельтским племенам,
Идущим в бой за родину свою.
В пример он ими ставился не раз
Всем воинам, стремившимся вперёд,
Чтобы исполнить пращуров наказ
И защитить великий свой народ.

Примечание:
В мифологии ирландских кельтов баран - один
из излюбленных образов. Баран в мире кельтов
неизменно ассоциировался с культами войны.
Некоторые боги-воители древних кельтов
изображались с бараньими рогами и имели не
только рога на голове, но и изображались
обнаженными, символизируя плодовитость и
сексуальную активность, а также агрессивность и
воинственность. Археологи обнаружили артефакты,
содержащие символику барана, на раскопках во
многих поселениях древних кельтов, в том числе и в
Ла Тен. Например, нередко встречались кувшины с
ручками в виде бараньей головы.

ОЛЕНЬ

Носи, олень, носи свои рога,
Как голые ветвистые деревья,
Сражай рогами смертного врага,
Терзающего дальние кочевья!
Ты – бел, как тишина из облаков,
Сквозящая и над и под землёю,
Соединяя суть и глубь веков
И наделяя силой всё живое.
Ты храбр и быстр, неистовый олень,
Волшебных чар владетель неизменный,
Несущийся стремительно, как тень,
В глубинах исчезающей Вселенной...

Примечания:

Олень почитался как символ плодородия и жизненных сил, достоинства, быстроты и агрессивности. Ассоциировался он и с другими качествами. Рога оленя считались символическим отображением ветвей дерева, а деревья у кельтов почитались священными. Ответвления рогов, как и сучья и листья на ветвях, считались символа ми возрождения и размножения. Белый олень был для кельтов мистическим животным, явившимся на землю из Потустороннего мира и обладающим сверхъестественными способностями.

БЫК

Бык жертвоприношенья наготове
И плоть свою покорно отдаёт...
И вот друид, его испивший крови,
Впадает в сон, в котором узнаёт
Избранника единственного имя
Из всех пришедших встретить смерть быка...
Они, друид, прислуга иже с ними –
Ликуют все!.. И лишь издалека
Откуда-то уже из поднебесья
Доносится не рёв, а тихий стон,
Которому ушедший в мелколесье
Ответствует внезапно бурый Донн
Куальгне. И в ответном этом рёве
Такого знанья мужество звучит,
Как будто бык, почуяв запах крови,
Сам, как друид, о будущем мычит.

Примечания:

Бык считался символом силы и мужества, а также агрессивности, которую символизировали его рога, часто изображавшиеся нарочито огромными на резных рельефах, статуэтках и пр. Изображения бычьей головы часто использовались в качестве ручек ковшей. В Тарбфейсе во время обряда выбора верховного короля приносили в жертву быка, мясо которого съедалось участниками церемонии, а кровь выпивал особый друид. Затем этотдруид впадал в сон и, как считалось, должен был увидеть во сне кандидата, которому и предстояло стать верховным королем. В мифологии самая известная легенда, связанная с образом быка, - это "Похищение быка из Куальгне".

ВЕПРЬ

Свирепый вепрь, на шлемах боевых
Ты гребнем возвышаешься суровым!
Твой голос труб сильнее громовых,
Ты создан к схватке каждый миг готовым:
Оскалены бесстрашные клыки
Перед атаки бешеной мгновеньем...
Так строй смыкают кельтские полки,
Сверкнув мечами грозно пред сраженьем.

Примечания:
Вепрей за их свирепость почитали священными животными, ассоциировавшимися с войной. Боевые шлемы кельтских воинов часто украшались гребнями в виде вепря; широкое распространение получили и боевые трубы в форме головы вепря. Вепря часто изображали с оскаленными клыками - знак, что зверь готов броситься в атаку. Вепрь, как и олень, считался символом охоты, а также иногда ассоциировался с пиром.

ВОРОН

Как ветер над лезвием бритвы,
Заждавшийся ворон кружит
Над полем отчаянной битвы,
Где воздух от криков дрожит.
Владея пророческим даром
О том, что случится вокруг,
Он знает, чей меч под ударом
Падет из растерянных рук.

Сужается горлышко круга
До точки у гаснущих глаз...
И ворон, служивший у Луга,
Является в избранный час.

Примечание:

По традиции вороны ассоциировались с тьмой
и мраком, а также с даром пророчества. Кроме того,
ворон ассоциировался с полем боя; он изображался
летающим над реками крови, выкрикивая
пророчества об исходе сражения. Бадб, богиня
войны, появляясь на поле брани, часто принимала
облик ворона. Появление Бадб на поле боя в образе
ворона часто истолковывалось как пророчество о
смерти какого-нибудь персонажа.

ЗМЕЯ

Струится змея по руке.
Змеится река вдалеке.
Мелькают над ней облака.
Стекают с ладони века.
Врачуя земные края,
В туманах клубится змея.
Мерцает вселенский покой,
Хранимый незримой рукой.

Примечание:

В мифологии и воззрениях кельтов змея
ассоциировалась с плодородием и врачеванием, а
также с Потусторонним миром. Так, Сирона,
богиня кельтов Галлии, ассоциировавшаяся с
врачеванием, изображалась со змеей, обвившейся
вокруг ее руки. Благодаря своим
извивающимся движениям змея часто
ассоциировалась с текущей водой.

КОЗЁЛ

В себе уверен, плодовит,
В желаниях всегда упорен, -
Он тем для кельтов знаменит,
Что сроду не бывал покорен.
Неутомимые рога!
Орудье чести неизменной! –
Не раз жестокого врага
Ввергали в трепет вы священный...

Примечания:
Козел считался символом плодородия. Козла часто изображали рядом с римско-кельтским богом Меркурием, причем козел в некоторых аспектах был взаимозаменяемым символом с бараном, также считавшимся олицетворением плодородия. Как и баран, козел неизменно ассоциировался с агрессивностью, в частности - сексуальной.

КОНИ

...И вот из волшебной ладони
В туманный великий простор
Срываются кельтские кони,
Как вихри с невидимых гор...
В тот край, что дождём зацелован
И морем, и солнцем объят,
По тропам глухим и суровым
Они, растекаясь, спешат.
Послушны Эдейн и Эпоне,
Взывая во мгле к Рианнон,
Струятся по вечности кони
Из дымки минувших времен.

Примечания:

Значение коня в культуре кельтов было настолько велико, что обычной практикой были жертвоприношения коней и всевозможные ритуальные обряды, связанные с погребениями лошадей. Некоторые святилища кельтов доримской эпохи на землях Южной Галлии были украшены резными каменными рельефами с изображениями верховых воинов. Особым почитанием боги-всадники пользовались у племен катувелланов и кориэлтавров в Восточной Британии. Кельты Галлии поклонялись богине лошадей, Эпоне, которую нередко отождествляли с Эдэйн Эхраидхе в Ирландии и Рианнон в Уэльсе Любопытный факт. Само название Галлии на немецком языке (а земли Южной Германии тоже входили в состав римской Галлии) звучит как Gaul, что означает "конь, скакун", - несомненное свидетельство особой роли коней.

ЛЕБЕДИ

Над зернью озёрной тревожно алеет восход,
Глядятся два лебедя в зыбкое зеркало вод
Там в образах прежних себя они вновь узнают...
Но волны сияют, но ветры шумят и поют,
И в зеркале гаснет былого таинственный свет,
И юноши с девушкой снова теряется след .

Примечания:

В мифологии и верованиях кельтов лебедь занимал весьма заметное место. Лебеди нередко встречаются в кельтских легендах; они – один из излюбленных объектов превращений. Одна из легенд повествует о том, как Кэр, которую полюбил Оэнгус, каждый год превращалась в лебедь, и, чтобы соединиться с ней, Оэнгусу тоже пришлось принять облик лебедя.

ПОРОСЯТА (СВИНЬИ)

Целительные поросята
Ценились многими когда-то.
Король по имени Изал
Сынам их кельтским передал.
Они для кулинарной цели
Годились очень, в самом деле:
Ведь сколько их весь день ни ешь:
А... поутру они всё те ж...

Примечания:
    Древние кельты очень высоко ценили свиней.
Свиньи и поросята часто упоминаются в кельтских
мифах, ассоциируясь с различными видами магии.
Так, например, Изал, король Золотых Столбов,
передал сынам Туиреанна семь волшебных
поросят, которых можно было убить и съесть, но на
следующий день они вновь бегали живыми как ни в
чем не бывало. Люди, которым посчастливилось
отведать мяса таких свиней, навсегда исцелялись
от всех болезней.

ГУСИ

Его воинственную силу
Страна друидов знала вся:
С убитым воином в могилу
Здесь клали мёртвого гуся.
В изображениях старинных
Не зря в любом конце страны
В сопровожденье стай гусиных
Являлись божества войны.

Примечания:

Гуси для кельтов символизировали войну и покровительство, поэтому гусей часто опускали в могилу вместе с телами павших воинов. Божества войны у кельтов иногда изображались в окружении гусей.

БЕЛТЭЙН

Являлся праздник огненный Белтэйна
В начале мая, знаменуя лето.
Пылал огонь священный до рассвета...
Вокруг костра собравшись посемейно,
Природы возрожденью посвящали
Свой праздник кельты, оглашая смехом
Мир, населённый духами и эхом...
Гудело пламя. Факелы трещали.
Друиды возжигали год за годом
От солнечных лучей их в час полдневный...
И был храним обычай этот древний
Веками и таинственным народом

Примечания:

Белтейн - один из четырех важнейших кельтских праздников календарного цикла. Праздновался 1 мая, знаменуя собой начало лета у кельтов. Своим названием обязан Беленусу; в ночь накануне Белтейна зажигались огромные костры. Все очаги в домах жителей положено было гасить и друиды разжигали костры с помощью факелов, которые зажигали еще днем, предположительно - от солнечных лучей. Этот праздник был посвящен возрождению и пробуждению жизненных сил природы после зимнего сна, символизировавшего смерть.

ИМБОЛГ

Имболг. Начало февраля.
В загоне круглом спит ягнёнок.
Ликует кельтская земля.
Овечье молоко ребёнок
Из чашки торопливо пьёт.
За низкой стенкой пляшет вьюга.
А значит, время настаёт
Поздравить с праздником друг друга...
Святой Бригитте посвятят
Его однажды христиане,
Но прежде - сотни лет подряд
Иное он имел прозванье.
Везде, до дальних деревень,
Где б ты тогда ни оказался:
Овечьей дойки первый день
Всегда Имболгом назывался.

Примечания:
Имболк у кельтов - один из четырех ежегодных праздников, наряду с праздниками Самхейн, Белтейн и Лугнасад. Он отмечался 1 февраля и ассоциировался с началом дойки овец. Этот праздник был связан и с ирландской богиней Бригит. Впоследствии этот языческий праздник был адаптирован христианской церковью и включен ею в число своих календарных праздников, превратившись в день св. Бригитты.

ЛУГНАСАД

О, праздник урожая Лугнасад,
Сияньем щедрым августа объятый!
Веками в поле страждущий оратай
Готовит твой божественный наряд
И ждёт, когда наступит славный час,
Являемый природой год за годом,
И ты предстанешь вновь перед народом
Отрадой простодушных кельтских глаз!

Примечания:
У кельтов в древности существовало четыре
главных праздника. Одним из них был Лугнасад,
отмечавшийся 1 августа и представлявший собой
кельтский праздник урожая. Позже был
переосмыслен и превратился в христианский
Ламмас, также знаменовавший собой праздник
урожая.

САМХЕЙН (ХЭЛЛОУИН)

Границы нет меж мёртвым и живым.
Настал Самхейн. Когда-то в эту пору
Народ Немхеда дань платил фомору
Двумя третями созданного им.
Самхейн настал. Открылись времена,
Внезапные, как призрачные реки,
Когда Пенкавру поднимают веки,
И пляшут духи, и поёт страна,
И в Таре снова скачки да пиры,
А Маг Туиред – поле грозной битвы…
Во тьме ночной друидовы молитвы
Волнуют словом звёздные миры…

Примечание:

Самхейн - один из четырех главных кельтских праздников, отмечавшийся 1 ноября. Ночь накануне Самхейна можно сравнить с кануном нынешнего праздника Хэллоуин. Самхейн, будучи чисто крестьянским праздником, знаменовал собой окончание одного сельскохозяйственного года и начало следующего. Во время празднования Самхейна жители приводили с полей скот; часть животных забивали и съедали сразу же, другие шли под нож несколько позже. Самхейн считался временем, когда как бы исчезали все привычные преграды между миром смертных и Потусторонним миром. На праздник Самхейн проводились массовые гуляния в Таре; жители устраивали пиры, состязались в различных играх и верховых скачках. Считалось, что в этот день духи из Потустороннего мира могут свободно наведываться в гости к простым смертным, а люди, в свою очередь, могут побывать в загробном мире. Именно эта связь Самхейна со сверхъестественными силами и объясняет странную связь между ведьмами, колдунами и прочими потусторонними существами и праздником Хэллоуин.

ДРУИД

Поэт, судья, философ, прорицатель,
Учитель жизни, всех её основ, -
Он тот, чья речь, как живописца шпатель,
Сердца волнует красками из слов...
Он познаёт друидову науку,
Не год, не два – не меньше двадцати
Неспешных лет протягивая руку
К великим знаньям вечного пути

Мирской, земной природы и небесной…
И вот, однажды, в час, когда открыт
Ему весь мир бездонный и чудесный,
В священной роще кельтов ждёт друид.

Примечание:
В культуре кельтов друид выполнял роль жреца.
Само название "друид" происходит, по мнению
исследователей, от друс, древнего названия дуба -
дерева, посвященного самим друидам. Помимо
своей основной функции жреца, друиды были
учителями, поэтами, философами, прорицателями и
судьями. Друиды являлись наиболее влиятельной
силой в кельтском обществе. Они отличались
огромной образованностью во всех областях
знаний, и обучение друида продолжалось обычно
не менее двадцати лет.

БЕССМЕРТИЕ

Плоть вздрагивает и кричит
В пустынной бездне мирозданья,
Покуда смерть не прекратит
Её восторги и страданья.
И лишь нетленная одна
Душа, охваченная светом,
На вечный срок обречена
Скитаться в мире том и этом.
Утраты ль время настаёт,
Рожденья ли вершится чудо:
Всё – только краткий переход
Души - туда или оттуда.

Примечание:

Кельты верили в бессмертие души; они были в числе первых европейских народов, усвоивших такие представления. Притом это не было учение о реинкарнации, а верование, в основе которого лежал тот факт, что, когда человек умирает, он просто отправляется в иной мир. Поскольку кельты верили не только в то, что смерть в этом мире есть своего рода средство отправить душу в Потусторонний мир, но и в то, что смерть в Потустороннем мире точно так же есть средство направить душу из Потустороннего мира в этот, они, согласно различным свидетельствам, оплакивали рождение младенца и радостно праздновали кончину.

БОГ-ОХОТНИК

Касанья ждет тугая тетива,
Огласка лаем чудится добыче...
Охотник-бог вступил в свои права,
Он может всё, но выбор есть для дичи...
Бог в окруженье преданных собак,
Трава блестит росою под ногами,
Трепещет леса легкий полумрак
Перед его оленьими рогами.
Они его достойны головы:
Кто правит всем, тот слабых не тиранит
И зря не тронет грозной тетивы,
И дичь губить из алчности не станет.

Примечания:

Боги-охотники часто предстают в окружении животных - излюбленных объектов охоты; иногда на голове у таких богов красуются рога, что указывает на мистическую связь между богомохотником и его жертвой - животным. И хотя цель охоты по определению заключается в убийстве животных, боги-охотники могли выступать как на стороне охотников, так и на стороне дичи.

БОГ-КУЗНЕЦ

И в городе ближнем и в дальней деревне
Есть место, в котором живет
Владеющий тайной великой и древней
Чудной работящий народ.
Он, верность хранящий кузнечному делу,
Кусок неприметной руды
В могучий металл превращает умело
Посредством огня и воды.
Клещами и молотом с детства владея,
Здесь дивное диво творят.
И мечутся искры, от ветра шалея,
А горны горят и горят.
А молот звучит всё смелей и хрустальней,
И кажется: в поте лица
Здесь трудится Бог неземной наковальни
В рубахе простой кузнеца.

Примечания:
Умение сделать из куска руды, по виду неотличимого от простого камня, какое-нибудь оружие, например наконечник копья, пользовалось столь огромным почетом и уважением, что кузнецам часто приписывались сверхъестественные способности. В Сандерленде было найдено бронзовое изображение кузнеца, а на раскопках в Нортумберленде археологи нашли целую фигурку бога-кузнеца, крепившуюся к керамическому сосуду. Бог-кузнец изображен стоящим перед наковальней, держа в одной руке клещи, а в другой - молот, то есть атрибуты кузнечного ремесла. В ирландской легенде Гоибниу

неустанно кует волшебное оружие для богов и, кроме того, выступает в роли Гобан Саэра, Гоибниу Зодчего. Аналогом Гоибниу в валлийской мифологии был Гофаннон.

Горн - невысокая открытая сверху небольшая разнообразной формы печь, служащая для различных металлургических целей (для плавки металлов, накаливания и пр... (Брокгауз и Ефрон)

БОГЛИ, ИЛИ ПРИВИДЕНИЯ

Привиденья, духи злые! Над кровавым полем битвы
Вы парите, не внимая слову трепетной молитвы.
Вы не знаете пощады и не ведаете страха,
Вдохновляет на сраженья вас неистовая Маха.
Для неё, войны богини, урожай ужасный собран.
И сливаются стенанья всюду с карканьем
недобрым...

Примечания:
После принятия христианства кельтская мифология постепенно угасла, превратившись в своего рода сборище фей, эльфов и т. п.; в числе злых духов часто упоминались богли, или привидения.

БРАУНИ, ИЛИ ДОМОВОЙ

Добрый кельтский домовой – дома истинный хозяин,
Шаг твой каждый в час ночной совершенно
неслучаен:
Угли носишь к очагу и мышам даёшь острастку,

Шепчешь спящим малышам замечательную сказку...
Мудрый Брауни! Тебя любят взрослые и дети,
Сколько лет тебе – никто сосчитать не смог на свете!

Примечания:
После принятия христианства кельтская
мифология постепенно угасла, превратившись в
своего рода сборище фей, эльфов и т. п.; в числе
добрых духов часто упоминались брауни, или
домовые, совершавшие по ночам всякие добрые
дела, запасая уголь для очага и пр

ГАН КИНАХ

Он шепчет долгожданные слова
Любезной деве, рдеющей смущённо.
Миг – и её вскружилась голова,
Миг – и глядит она уже влюблённо.

Он тут как тут, едва сердечных струн
Послышатся чарующие звуки –
Незримый дух, волшебный хлопотун
Амурной переменчивой науки.

Примечание:
Ган кинах - дух, нашептывающий слова о любви на
ушко молодым девам. Ган Кинах, или "любезник",
нашептывающий на ухо девушкам нежные
любовные речи и истории, когда, по мнению
простых смертных, они должны бы заниматься
полезными делами.

КОБЛИНЫ

Меднолицые, черные гномы
В непроглядных глубинах земли –
Если с вами они не знакомы,
Значит, вы к рудникам не пришли.
Там, где в недрах сокровища скрыты,
Их, стучащих кирками, не счесть.
Повсеместно они знамениты
Тем, что всё им известно как есть:
Где какие подземные жилы,
Где какие каменья лежат...
Воплощеньем упорства и силы
Имена их доныне звучат.

Примечания:
Коблины были гномами рудников... Черные,
меднолицые   коблины, или гномы (которых в
Корнуолле называют "стучащие").

КРАСНЫЕ ШАПОЧКИ

Детскую сказку о девочке-лапочке
Кельтов не знала страна...
Страшные жуткие красные шапочки
Рыскали в те времена.
Потусторонних теней порождение,
Вечно коварны и злы –
Красные шапочки, как наваждение,
Вдруг возникали из мглы.
Всем, кто злодейства их видел ужасные,
После мерещились вновь
Красные Шапочки - красные-красные
Всюду, как свежая кровь.

Примечание:

После принятия христианства кельтская мифология постепенно угасла, превратившись в своего рода сборище фей, эльфов и т. п.; красные шапочки были существами этого же порядка . Привидения, домовые, души убитых, красные шапочки, гномы и пр. имеют весьма мало общего с существами более высокого порядка - феями, созданиями арийского происхождения.

ЛЕПРЕКОН

Шьёт деловитый лепрекон
Всем феям башмачки.
В любых ремеслах мастер он,
Шаги его легки:
С мешком сокровищ за плечом
Им найденных в пути
Не стоит вовсе нипочем
Всю землю обойти.

Примечания:

После принятия христианства кельтская мифология постепенно угасла, превратившись в своего рода сборище фей, эльфов и т. п. Луг превратился в эльфа - мастера всех ремесел, Луга Хромэйна, и это имя постепенно превратилось в Лепрекон. В дальнейшем оно претерпело изменения и стало общим названием всевозможных эльфов, часто изображавшихся с мешком сокровищ на плече. Лепрехаун, который шил феям башмачки и умел находить спрятанные сокровища.

ПОКИ

Сладкогласые поки сбивают с пути
Всех, кто в странствиях землю хотел бы пройти.
Неприметные дивные поки...
Видно шибко они одиноки!
Шепчут многое люди об их чудесах.
И том, как проказят в горах и лесах
С незапамятных пор эти феи,
Бесконечные строя затеи.
Может кто-то из них превратиться в осла
Или в мула, чтоб выбежать из-за угла
И подставить для путника спину:
Мол, убавится путь вполовину.
А потом завезут в несусветную глушь
О дороге обратной ужасную чушь
Рассказав на ходу пилигримам
И исчезнут в тумане любимом...

Примечания:
Пока - фея, заставляющая путников в Ирландии заблудиться и сбиться с пути . Пока, который вынуждает путников сбиться с пути или, приняв образ осла или мула, увозит их на собственной спине в горы, чтобы те окончательно заблудились. Пак, шекспировский персонаж из рода фей, вероятно, представляет собой персонификацию названия своего племени, которых в Уэльсе именовали "пвкки", в Ирландии - "поки", в Уорчестершире - "поуки", а в Западной Англии - "пикты"..

ЭЛЛИЛЛОНЫ

О, эльфы - эллилоны! Божества
Племён докельтских! Свежестью убранства
Земля, вода, деревья и трава
В алмазном ветре гулкого пространства
В ту пору отличались... но затем
Обыденней и мельче стало время,
И, чтобы не исчезли вы совсем,
Уменьшило оно и ваше племя.
Стал мелким эльфом прежний эллиллон,
Таков уж жизни, видимо, закон...

Примечания:
Эллиллоны были одной из ветвей эльфов (см. также главу 26). и эллиллоны, или эльфы, особой ветвью и родичами которых считаются пвкки (пикты). В Северной Англии духи по большей части считаются существами более низкого порядка. Пвкки - ветвь эллиллонов.

РУСАЛКИ

В воде полыхает небо, всё глубже её дыханье,
Невидимое движенье становится всё слышней.
Средь отблесков серебристых и звёздного
колыханья
Звучат голоса русалок в сиянии лунных дней...
Поют они и вздыхают о том, что отдать могли бы
Всю нежность любовной страсти тому, кто услышит
их...
Ах, как же они прекрасны - красавицы-полурыбы
Из кельтских поверий древних нырнувшие в этот
стих!..

Примечания:
Как и во многих других культурах, в особенности связанных с морем, в культуре кельтов важную роль играют русалки и водяные - мифические существа, полулюди-полурыбы. Русалки предстают прекрасными и соблазнительными, хотя и не всегда добрыми созданиями.

ВОДЯНОЙ

Весь в тине и болотной ряске,
Он прячет в зелени волос
Свиные крошечные глазки
И красный шмыгающий нос.
И лишь успеет заблудиться
У той трясины человек,
Как он к несчастному стремится,
Чтоб загубить его навек...

Примечания:
Водяные, как правило, имеют отталкивающую внешность: у них крошечные, свиные глазки, красные носы и зеленые волосы.

ДОМ

В круглом доме круглый год
Неизменен круг забот.
У центрального столба
Деток крутится гурьба.

Возле низкого плетня
Ржанье слышится коня.
Под навесом скот мычит.
Топором сосед стучит...
Ночью с тростниковых крыш
Шелестит живая тишь.
Мирно дремлет кельтский дом,
Счастьем дышит всё кругом.

Примечание:

В эпоху Железного века наиболее распространенной формой жилища у кельтов равнинной Британии был так называемый круглый дом. Круглые дома возводились обычно вокруг центрального столба, на котором покоился деревянный каркас, опиравшийся на вертикальные опоры, расходящиеся вокруг столба. Стены обычно были низкими и чаще всего делались из одного или нескольких плетней, обмазанных глиной; крыша обычно была тростниковой. Несколько таких круглых домов составляли деревню. Возле домов возводились загоны и навесы для скота, построенные по тому же принципу, что и сами дома.

ДУН

«Дун» - значит «крепость, укрепленье, форт»
На всех наречьях кельтского истока.
Не раз шумел над дуном грозный норд,
Не раз здесь бились воины жестоко,
Когда надменный римский легион
Иль саксов нескончаемые орды
Установить желая свой закон
Стремились взять несломленные форты.

Но, словно в поле встреченный валун,
Из мглы веков, легендами объятой,
Вновь проступает древний кельтский дун –
Живой, воспетый и никем не взятый...

Примечание:

Слово, означающее в разных кельтских языках
"крепость", "укрепление", Слово, означающее в
разных кельтских языках "крепость", "укрепление",
"форт". Оно имеет общие корни со славянским
«тын».

ГЕЙС

Когда наложено заклятье,
И ты судьбе не господин, -
Забудь о том, что люди – братья.
Отныне всюду ты – один.
Отныне раз   лишь только стоит
Тебе нарушить тот запрет, -
Как он отчаяньем покроет
Перед тобою белый свет...
Закрой уста свои и вежды,
Забудь о радости навек,
Последней трепетной надежды
Лишённый гейсом человек!

Примечание:

В мифологии и культуре кельтов гейс - своего
рода   заклятие, налагавшееся на человека. Если же
человек, на которого был наложен тот или иной
гейс, нарушал его, то он либо умирал, либо
подвергался крайнему бесчестью. Гейсы обычно
имели форму запретов, или табу.

ОГАМ

Великий древний письменный язык!
Из шепота деревьев ты возник
И полутьмы осеннего тумана
Над бездною пустынной океана ...
По воле Огмы строгие черты
В седых камнях однажды принял ты
И сохранил живое небо слова
В огнях и водах времени иного...

Пояснение:

ОГАМ - Алфавит Деревьев состоял из четырех
групп букв: трех для согласных и одной для гласных.
Согласные обозначались черточками от одной до
пяти, гласные - точками, также от одной до пяти.
Каждая буква имела свое название,
соответствующее названию дерева. Изобретение
магического огамического письма приписывалось
богу Огме, от имени которого и пошло название
этого способа письменности. В ирландской традиции
Огма - один из богов Племени Богини Дану,
назывался "Солнечноликим", сочетал огромную
физическую силу с провидческим даром и
искушённостью в поэтическом ремесле. В истинно
огамических надписях на камне основной линией
служило острое ребро камня, специально
обтесывавшегося для этой цели в форме грубого
прямоугольника. Черточки высекались, вырезались
или вырубались на соответствующих плоских гранях
по обеим сторонам ребра. Направления чтения -
снизу вверх и, если этого требовала длина надписи,
через вершину сверху вниз.

ПРЕВРАЩЕНИЯ

Топот конский, рык звериный, пёсий лай,
Профиль пары лебединой, неба край,
Поступь чуткая оленей, дрожь ветвей –
Древний опыт превращений из людей
В обитателей озерных и лесных –
Гордых, яростных, упорных и... родных
Кельтов гордым поколеньям и жрецам –
По чудесным превращеньям мудрецам!

Примечания:
Превращения, изменение облика - излюбленный
мотив кельтской мифологии и религиозных
воззрений кельтов, отражающий их веру в
бессмертие души. Божества свободно могли
принимать любой облик. Боги и богини, обладавшие
сверхъестественными способностями, могли
превращать людей в любые существа, чаще всего -
животных, обычно в качестве наказания. Так,
согласно валлийской мифологии, Тврх Трвит, прежде
бывший королем, был превращен в дикого вепря.
Детей Лира злая мачеха, ревновавшая их к отцу,
превратила в лебедей.

СКИПЕТР

Регалия жреца-друида!
Резьбой изящной ты покрыт,
Как песнь искусная филида,
Когда богам поёт филид...
Ты помнишь рук тепло доныне
Тех прежних пастырей людских,
Чьи имена в небесной сини
Беззвучней облаков седых

И словно грезишь о мгновенье,
Когда за бездною времён
Твоё наступит возвращенье
Всё в тот же кельтский неметон.

Примечания:

В археологических раскопках на землях кельтов были найдены предметы, выполнявшие в древности роль скипетров или жезлов. Чаще всего их находили на развалинах храмов и святилищ; предполагается, что они служили регалиями жрецов. Некоторые из таких скипетров отличаются тщательной отделкой. Часто они покрыты резьбой, соответствующей культу данного божества, в частности, бога Солнца.

Филиды (ирл. fili - провидец), в средневековой ирландской культуре поэты, хранители сакральной и исторической традиции. Считалось, что филиды умеют вызывать и заклинать духов.

СТОЛБЫ ИЛИ КОЛОННЫ

Даль вспыхнула внезапно, как всегда.
Тьма в одночасье пала на колени.
Манившие неведомо куда -
Протяжные истаивали тени...
Они легли стопами от колонн,
Воздвигнутых в исчезнувшие годы,
Когда леса с шестнадцати сторон
Вздымали малахитовые своды...
Молился в нём природе человек
И предкам, ставшим первыми богами.
Стволы дерев священные вовек
Служили колоннадой в этом храме.
Сменилось всё, что было прежде нас,
Иные ныне нравы и законы...
Но как всегда, в один и тот же час
Рассвет встречают древние колонны.

Примечания:

Столбы и колонны играли важную роль в культуре кельтов. Иногда они были выполнены из дерева, нередко - из камня. Они часто воздвигались в местах, считавшихся священными. Кельты воспринимали такие столбы как символы деревьев, многие из которых также почитались священными. Столбы часто были очень высокими, и их сплошь покрывала сюжетная резьба.

ТОРК

Князь, воитель, знатное лицо –
Каждый, кто при славе был и силе,
Золотое шейное кольцо -
Торк носил, и все его ценили.
Тяжек круг общественных забот,
Словно вес возложенный металла...
Но рука на злате « всё пройдёт»
Всё ж не зря однажды начертала.
Всё прошло: и трепетный восторг
Подданных, и вопли, и проклятья...
Спит в земле забытый всеми торк,
И хранят покой её объятья.

Примечания:

Торк - шейное кольцо кельтов. Торки, встречающиеся на останках людей, чаще всего символизировали их знатность или высокий социальный статус. Например, князь, чье захоронение найдено в Халльштатте, имел шейное кольцо. Торки часто делались из золота и могли быть весьма и весьма тяжелыми. Торки часто находят на шеях изваяний кельтских божеств.

ФИДХЕЛЛ (ГВИДДБВИЛЛ)

Играть садились кельтские мужи,
Когда их спор не находил решенья.
В любой игре любые платежи
Бескровнее и выгодней сраженья.
В тот час, когда создатель фидхелл Луг,
Великий бог сияющего света,
Соединил игрой упрямцев двух,
Искавших справедливого ответа,
Пришел черёд не силой, а умом
Иные устанавливать порядки...
Спокойно дремлет тёплый кельтский дом,
Лишь двум мужам не спится в мирной
  схватке.

Примечание:
  В кельтских легендах - настольная игра типа
шахмат, часто выступающая в качестве средства
решения споров, конфликтов и т. п. Она
представляет собой доску наподобие шахматной,
которая, по преданию, была изобретена Лугом. По-
ирландски ее название фидхелл . Валлийский
аналог названия этой игры звучит как
гвиддбвилл.

ВАЛЛИЙСКИЙ КЕЛЬТСКИЙ ПАНТЕОН
(незавершен)

МАНАВИДАН ФАБ ЛИР

Времён струится мглистый океан.
Манавидан фаб Лир, Манавидан...
Искрится неба пристальный сапфир.
Манавидан, Манавидан фаб Лир...
Сын Ллира, муж великой Рианнон,
Жил во дворце, в Арбете древнем он.
Мелькали дни вне тягостных забот:
За пиром пир, за годом новый год...
Манавидан фаб Лир, Манавидан...
Раздался гром, на землю лёг туман.
Манавидан, Манавидан фаб Лир...
И через миг исчез окрестный мир:
Нет ни людей, ни денег, ни зерна –
Пустынной стала прежняя страна!
Времён струится мглистый океан.
Манавидан фаб Лир, Манавидан...
Искрится неба пристальный сапфир.
Манавидан, Манавидан фаб Лир...
В мирской пыли бесчисленных дорог,
Изведал он, что бедность – не порок,
Что сколь речам красивым ни внемли –
Всё ничего не стоит без любви...
Поскольку стал без дома наг и сир
Манавидан, Манавидан фаб Лир,
Решил вернуться из далёких стран
Манавидан фаб Лир, Манавидан...
И приняла родная сторона,
И обняла любимая жена,
И вновь людьми наполнился дворец,
И каждый стал счастливей наконец...
Искрится неба пристальный сапфир.
Манавидан, Манавидан фаб Лир...
Времён струится мглистый океан.
Манавидан фаб Лир, Манавидан...

Примечания

В мифологии валлийских кельтов Манавидан фаб Лир - сын Ллира. Его смело можно считать валлийским аналогом Мананнана Мак Лира, хотя прямых указаний на то, что Манавидан является богом моря или сыном бога моря Ллира - нет. По преданию, он считался братом Брана Благословенного и Бранвен и, возможно, кузеном Придери. По другому преданию, он был мужем Рианнон. Манавидан по легенде находился в своем дворце в Арбете, что в Дифеде, когда послышался оглушительный удар грома и опустился густой туман. Когда туман рассеялся, Манавидан увидел, что земля стала совершенно пустынной. Нигде не осталось ни зерна, ни скота, ни людей, за исключением двух супружеских пар, находившихся во дворце: его самого с женой и кузена Придери. Согласно легенде, после долгой вереницы скитаний и приключений Манавидан возвратился в Дифед.

ЗАЧАРОВАННАЯ СТРАНА (ДИФЕД)

В древнем сумрачном Дифеде,
В Зачарованной Стране
Пвилл с холма к подножью едет
На недвижимом коне,
Рианон в тумане едет
Мимо Пвилла на коне...
Край, поэтами любимый!
Здесь олень в лесной глуши
Пёсьей яростью гонимый
Тает в омутах души,
Здесь олень бежит гонимый
В недосказанной тиши...
И собаки масти белой

(О, как их глаза красны!)
Вслед оленю сворой целой
Мчатся с дальней стороны,
Псы Аравна сворой целой
Из подземной стороны...
И способно уместиться
В старой кожаной суме
Всё, что только устремится
В глубину её извне...
Снова Пвилл к холму стремится
На недвижимом коне...
И кипит котёл волшебный -
Явью зыбкой вдохновлён,
И звучит напев целебный
Звонких птичек Рианнон,
И смертельный, и целебный –
Звонких птичек Рианнон...

Примечание:
Дифед – волшебная страна валлийских кельтов,
именовалась поэтами средневековья «Землёй
иллюзий», «Краем очарований», « Зачарованной
страной»... Пвилл – легендарный князь Дифеда, жил
в Арбете. Сокровищами валлийских кельтов являлись
волшебный котел, в котором находилось всё
вдохновение мира, старая кожаная сума, которая
не наполнялась доверху ничем, сколько бы её ни
наполняли, так называемые "Три птички Рианнон",
которые, как говорится в старинных манускриптах,
были способны своим пением вернуть умерших к
жизни, а живых, наоборот, погрузить в смертный
сон. Собак знаменитой аидской породы, с белой
шерстью , красными ушами и огненно-красными
глазами не раз встречаются на древних страницах
гэльских и валлийских легенд, по преданию, и
сегодня иногда еще можно увидеть по ночам на
холмах Уэльса. Пвилл при троекратной попытке
познакомиться с Рианнон (богиней коней) возле
магического кургана троекратно не мог догнать её
(ехавшую медленно!). Аравн – бог потустороннего
мира.

ИККАДЕР ИДРИС

На недвижимые вершины,
Струясь, ложится лунный свет,
Чернеют скалы-исполины,
Искристый леденеет снег,
И тщится ветер бессловесный
В бездонной раствориться мгле,
Но цепью горной свод небесный
Прикован к дремлющей земле.
И люди снова горсть за горстью
Текут туда со всех сторон,
Где ждёт единственного гостя
Сияющий подлунный трон.
Всё неуклонней притяженье,
Всё явственней конец пути
Безумье или вдохновенье -
Равно манящий обрести.

Примечание:
Ккадер Идрис - буквально означает "трон
Идриса", горная цепь в Гвинедд. По старинной
легенде, тот, кто отважится в одиночестве провести
ночь на этом "троне", наутро либо обретет дар
вдохновения, либо сойдет с ума.

ОЛВЕН

И вновь ты печалью встречаешь восход...
Отец твой согласья на брак не даёт.
Он всех женихов ненавистник...
Колышется белый трилистник.
Душа твоя девичья, Олвен, чиста,
Твой след не забудут родные места:
Четыре трилистника белых –
В краях, где поют об омелах.

Вздохнет с облегченьем однажды страна
Ведь Куллвху бесстрашному ты суждена!
    А сердце от боли сожмётся:
    Отец твой в тот день не проснётся...

Примечания:
    В мифологии валлийских кельтов Олвен, чье имя переводится как "белый след", ибо всюду, где бы она ни ступала, тотчас распускались четыре белых трилистника, была дочерью вождя великанов, Испаддадена. Куллвху было предсказано, что она - единственная подходящая ему женщина на всем свете, и он отправился на ее поиски, что оказалось более чем сложной задачей. В конце концов, жених справился со всеми трудностями и тогда, отец Олвен, чтобы не исполнить обещанного им Куллвху, покончил с собой.

ГВРРИР

Он понимал язык зверей и птиц
И твёрдо вёл неведомой тропою
Робеющих под гнётом небылиц
Приятелей, собравшихся толпою
Из дальних мест на поиски одной
Единственной для друга Куллвха Олвен,
С которой тот, Килидда сын родной,
Был с детства по заклятию помолвлен.
То птичья трель, то зверя грозный рык,
Указывали верную дорогу,
И шёл неутомимый проводник,
И все за ним тянулись понемногу...
И знал он точно, в чём заключено
Тревоги общей их происхожденье,
    И он молчал, поскольку всё равно
    Прощанье начинается с рожденья...

Примечания

Гвррир - один из участников отряда, сопровождавшего Куллвха во время поисков Олвен. Гвррир попал в этот отряд благодаря тому, что понимал язык животных и, таким образом, мог узнать у них дорогу, ведущую к Олвен

КУЛЛВХ

Есть у Куллвха преданные друзья,
Рядом с ними не страшен далёкий путь.
Там, где одному, ну, никак нельзя,
Он с товарищами - уж как-нибудь...
Кто-то вовремя руку ему подаст,
Кто-то примет сраженье - спина к спине,
Ну, а кто-то на выдумки, ох, горазд,
А такое уменье всегда в цене.
Вот как встанешь вдруг да не с той ноги,
Да затмится свет на единый миг,
А вокруг - туман, впереди - ни зги,
И не в бровь, а в глаз – заполошный крик!..
Позовёшь ли мать, - так она в земле,
Помянёшь отца – только он вдали,
И чужое всё в беспросветной мгле,
Но с тобой друзья, и они – твои!
И затянет песню один из них,
Яркий факел зажжёт для тебя другой...
Оглянись вокруг: вот и ветер стих,
И луна встаёт над живой водой!..

Есть у Куллвха преданные друзья,
Рядом с ними не страшен далёкий путь.
Там, где одному, ну, никак нельзя,
Он с товарищами - уж как-нибудь...

Примечания:
Куллвх - в мифологии валлийских кельтов -
сын Килидда и Голейддидд. Совершил опасное
, изобилующее приключениями путешествие в
поисках Олвен.

АРАВН

Король Аравн! Весь мир потусторонний
И души в нём – тебе принадлежат!
Как пламенем, объятые погоней,
За красной дичью псы твои спешат.
Бедняга Пвилл! Он радовался рано
Добыче легкой на своём пути:
Лишь одолев ужасного Нафгана
Возможно гнев Аравна отвести…
Так на реке вошедшему в стремнину,
   Где лишь один ему известен путь,
Холодный взгляд вонзает время в спину,
В тот самый миг, когда не повернуть…

Примечание: В мифологии валлийских кельтов
Аравн считался королем Аннвна, Потустороннего
мира. Известность легенде ему принесла его ссора с
Пвиллом, повелителем Дифеда. Однажды, когда
Пвилл охотился в лесу, он увидел свору необычных
псов, которые, обогнав хозяина, преследовали
оленя. Пвилл прогнал этих псов и спустил на оленя
свою собственную свору. В это время появился
Аравн и заявил Пвиллу, что тот нанес ему
жестокое оскорбление, отогнав его свору, и что
он, Аравн, непременно отомстит ему. В виде

возмещения за оскорбление Пвиллу пришлось принять на себя обязательство убить Нафгана, смертельного врага Аравна, с которым тот каждый год вступал в битву.

МИРДДИН ИЛИ МЕРЛИН

«Клас Мирддин» - так звали когда-то
Тот край , где царит волшебство,
Когда иноземца-солдата
Нога не касалась его.
Там Мирддин, известный как Мерлин,
Всесильным владыкою был,
Встречал он захватчиков первым
Гася их заносчивый пыл.
Не мыслил заморский невежа,
Того, чем владыка - велик,
Что камни-столпы Стоунхенджа –

Он здесь в одиночку воздвиг,
Что выдержит витязь бесстрашный,
Без окон и врат заточен,
Сраженье в незыблемой башне
Со мраком грядущих времен!...
Сияньем небесным разрушив
На штурм устремившийся ад,
Вернет он стране своей душу…
И тихо уйдёт на закат.

Примечание: В мифологии валлийских кельтов Мирддин - валлийская версия имени Мерлина, знаменитого волшебника из легенд Артуровского цикла. Первым названием Британии, которая она носила еще до активного заселения острова, как гласят старинные рукописи, было Клас Мирддин, что означает "Удел Мирддина". . Особым почитанием

Мирддин пользовался в знаменитом культовом центре Стоунхендж. Гальфрид Монмутский, исторические писания которого часто представляют собой пересказ мифологической фактологии, утверждает, что эти знаменитые каменные монолиты, образующие храм, были воздвигнуты самим Мерлином. хорошо известная история о последнем пленении Мирддина или Мерлина, заключенного в гробницу колдовских чар - "в башню без стен, врат и дверей", - читается как явный миф о солнце, "окруженного языками пламени и сиянием славы небесной". Владыка Небес, в ореоле сияющего пламени и поистине живого света, медленно движется в сторону запада и наконец исчезает...

МАБОН

Мудрец и великий воитель Мабон...
Из древней темницы подземной
Решимостью Куллвха был вызволен он
Для жизни в легенде волшебной...

Когда не подходят иные пути,
Лишь он прибегает к искусству:
Решенье опасной задачи найти
По первому верному чувству.

И, шорохи слыша за сотню шагов,
Предчувствуя всё, что таится,
Он так никаких не боится врагов...
Что даже друзей не боится.

Примечание: По одной из легенд валлийских кельтов когда Мабону - сыну Модрона , исполнилось три дня, он был похищен у матери и заключен в Кэр Лойв, отождествляемый   с Потусторонним миром. Куллвх вызволил его из темницы, и в благодарность за это он помог Куллвху отыскать Олвен и выполнить все задания, которые тому предстояло совершить, чтобы получить её жены . Имя бога Солнца Мапоноса (Мапона) обнаружено на алтарных плитах на территории Галлии и Британии.

ГВИДИОН ФАБ ДОН

Было всё как сон, как печальный сон,
В день, когда ты покинул дом...
Гвидион фаб Дон, Гвидион фаб Дон,
Гвидион, Гвидион фаб Дон...
Ты глядишь на мир, не смыкая глаз
От одной до другой зари...
Кем ты прежде был? Кто ты есть сейчас?
Где противник твой - Придери?
Сын богини Дон, чародей-поэт,
За сокровищами земли
Ты пустился в путь и на много лет
Растворился в чужой дали.
Что всего важней – не даётся в дар,
Нужно биться за это в кровь,
На удар судьбы наносить удар
И с колен подниматься вновь.
И наступит час, и настанет миг,
И отступит смертельный враг,
И смирившийся чужедальний мир
Молча белый поднимет флаг.

Будет всё как сон, как счастливый сон,
В день, когда ты вернёшься в дом...
Гвидион фаб Дон, Гвидион фаб Дон,
Гвидион, Гвидион фаб Дон...

Примечания: В мифологии валлийских кельтов Гвидион фаб Дон - чародей и поэт, сын богини Дон (богини-праматери). Именно Гвидион убил Придери, главу Потустороннего мира, прибегнув в поединке к помощи магических чар Вооруженный познаниями, врученными ему братом матери Мэтом (эпос «Мабиноги»), Гвидион фаб Дон становится друидом богов, "повелителем чародейства и фантазии" , учителем и наставником во всех добрых и полезных делах, другом и покровителем рода человеческого, вечным неутомимым борцом против злых сил подземного мира, не желавших расставаться с теми благими сокровищами, обладателями которых они считались. Есть все основания полагать, что именно Гвидион фаб Дон является тем же самым сакральным персонажем, коего многочисленные германские племена почитали под именем Одина.

ПЛАЧ РИАННОН

Плач мой, плач мой стоит за дверями
мой мальчик голодный
пустите пустите ребенка!
Плач мой стоит за дверями
и плачет тихонько
он громче не может не хочет...
Пустите пустите ребенка
пустите ребенка домой
он же мерзнет

он маленький очень
он плачет!
Нет мерзну не я
только слышу как плачет
мой маленький сын
как он плачет как хочет домой...
Отец отвори
я войти не посмею
войти не посмею
нет я не посмею
пусти же сыночка домой!
Ты согреешь его одного
ты согреешь его
ты же пустишь
ты милый ты добрый отец
ты же пустишь...
Глаза мои выплакал дождь
до утра он сегодня хлестал
я не мерзну не мерзну!
Лицо моё цвета земли
в нём засохли от ветра морщины
от ветра засохли
от ветра...
Ну что вы стоите –
садитесь
на спину садитесь
я вас донесу до дверей
не смотрите так больно!
Сыночек ты мой златовласый
не плачь я не брошу тебя
я же слышу
ты хочешь домой...
Мой миленький
мой дорогой
мой единственный
первенец мой
я же слышу ты плачешь!
Спи маленький мой
успокойся я здесь
я твоя Рианнон
твоя мама...

На площади нет никого
здесь не страшно
здесь тихо.
И люди ушли
и не-люди.
Не бойся - здесь я
только я тебя жду
мой сыночек.
И слышу шаги твои
слышу
семь лет уже слышу шаги...
Ты меня обнимаешь
меня мой родной
мой хороший
страданья
Страданья мои
прекратились
мы вместе
коль всё это правда...

Примечание: По легенде богиня Рианнон вышла замуж за князя Пвилла. Три года у них не было детей, а в ночь, когда Рианнон наконец родила сына, она и все шесть бывалых женщин-повитух, призванных следить за ней, внезапно ... заснули. Первыми проснулись повитухи и обнаружили, что новорожденный исчез. Насмерть перепугавшись за себя , они условились поклясться перед князем, будто Рианнон сразу же после родов... съела собственное дитя. В наказание Пвилл приказал ей сидеть возле конской привязи у ворот дворца и предлагать всем прохожим отвезти их во дворец... на собственной спине. Однако мало находилось желающих сделать это, столь велико было презрение окружающих . Через семь лет украденный сын Рианнон, волшебным образом ставший к этому времени взрослым, нашелся, и первой фразой Рианнон, встретившей сына были: : "Страдания мои окончены, если все это - правда"

ДОН

Клубится млечный небосклон,
Плывёт туман, струится сон,
Из бездны сгинувших времён
Неслышно движется сама
Праматерь солнечных имён -
Ма донна Дон, ма донна Ма...

Ма донна Ма, ма донна Дон,
С ней сын - великий Гвидион,
Сосцами Ану вскормлен он
С сестрой бессмертной Аранрод
С сестрой, в которую влюблён, -
Дон знает это наперёд...

Мать Дон, тобою мир рождён,
И ты звучишь со всех сторон:
В тебе Дунай и Днепр, и Дон,
Твой дар – тебе одной лишь дан:
Рождать живую нить времён:
Ма – донна Дон, ма- Дон, ма-дам...

Примечания:
Индоарийские племена дали начало множеству
народов и множеству мест, двигаясь с востока на
запад. Источником жизни для них была вода. Реки
давали больше воды. И потому имя кельтской
праматери-богини (Дон - у валлийской ветви
кельтов, Дану – у ирландской) родоначальницы всего
живого: два словообразующих согласных звука ДН (
гласные из-за разности ареалов проживания могли
искажаться как угодно) отчетливо слышны в именах
Дон, Дунай, Днепр (древнее Дан-апра), Днестр (
окончанием «стр» отмечено быСТРое течение реки) –
везде отчетливо прослеживаются следы пребывания
арийцев. Мало того, европейские дама- донна –
мадам (моя дама) – то же самое искаженное имя
Дану-Дон, означающие «мать». Дно любой реки – то
же самое ДН. Дану – Ану – (у тюрков и шумеров

«ана» - мать, «джан» -душа) - та же самое, что современное «мама». Кстати, «мама» – от простого слога «мА» – того же арийского происхождения что и: «моё» - «муа» – «май»- «мон» и так далее – означает один из первых звуков осмысленной человеческой речи. В мифологии валлийских кельтов Дон представляла собой валлийский аналог ирландской богини Дану. В числе ее детей были Гвидион и Аранрод. Дети Дон - это, вне всякого сомнения, боги неба. Дану, богиня, давшая имя целому клану небожителей наиболее архаическое божество из всех известных нам. Мэт - в частности, в интерпретации его имени в "Мабиноги" - предстает богом, вручающим свои волшебные дары собственному племяннику и ученику Гвидиону, который, как у нас есть все основания полагать, является тем же самым сакральным персонажем, коего многочисленные германские племена почитали под именем Уодина, или Одина. Вооруженный этими познаниями, Гвидион фаб Дон становится друидом богов, "повелителем чародейства и фантазии" и, более того, учителем и наставником во всех добрых и полезных делах, другом и покровителем рода человеческого. У него была и сестра по имени Аранрод, то есть "Серебряный Круг", которая, как это нередко имеет место в мифологиях разных народов мира, приходилась ему не только сестрой, но и женой. Другие варианты ее имени - Ану или Ана[1]; они увековечены в названии двух широко известных горных вершин в окрестностях Килларни, которые, впрочем, Въ наши дни именуются просто "Сосцы", а в древности их название звучало как "Сосцы Аны". Ану (Дану) почиталась как матерь всего живого

ТАЛИЕСИН

Отвар магический готов,
В котле бурлил он целый год,
Но в час последний сладких снов
Трёх капель в нём не достаёт!
Они исчезли без следа,
А с ними – сила древних чар...
И приняла ручья вода
В себя отверженный отвар.
А капли сделались зерном
И стал им нужен белый свет,
И вскоре в том краю речном
Родился маленький поэт.
О, где ты, матери любовь?
Дитя плывёт по воле волн:
От света звёзд лучится бровь,
Сума качается, как чёлн...

Давно сменились времена,
Сверкнув, как спицы в колесе,
В пыль обратились имена,
Но это имя помнят все.
Сияет древний фолиант,
Хранят страницы волшебство –
И поэтический талант,
И дар пророчества его.

Примечания:
Талиесин, по мнению ученых, - не просто
легендарный персонаж, но реальное историческое
лицо, бард, живший в VII в. и прославившийся
благодаря своему выдающемуся поэтическому
дарованию. Книга Талиесина - одна из "Четырех
древних валлийских книг", написанная, как
полагают, в XIV в. По традиции этот персонаж
валлийских легенд считается сыном Керридвен,
появившимся на свет при весьма
сверхъестественных обстоятельствах. Чтобы хоть
как-то компенсировать столь уродливость сына по

имени Афагдду, Керридвен решила наделить его всеми возможными достоинствами, в частности, невероятным даром вдохновения и познания. Для этого она приготовила в огромном котле волшебный отвар из магических трав. Варево готовилось в котле целый год и один день, и в итоге в нём должны были образоваться три магические капли жидкости, которая должна была наделить Афагдду всеми мыслимыми талантами. Помешивать варево в котле было поручено Гвион Баху. Ближе к концу срока он нечаянно обмакнул палец в котел, и к пальцу пристали ровно три капли волшебной жидкости. Не раздумывая, он принялся дуть на палец, машинально сунул его в рот и невольно отведал волшебный напиток. Опомнившись и опасаясь за свою жизнь, он пустился в бегство, а котел, в котором теперь недоставало ровно трех капель магической жидкости, треснул, и остатки варева вытекли прямо в ручей. Керридвен пустилась в погоню за Гвионом; тот часто менял облик но она тоже тотчас принимала другой облик и продолжала погоню. После бесчисленных превращений Гвион принял облик пшеничного зерна. Однако, Керридвен в образе курицы, сразу склевала его. Но, проглотив это странное зернышко, Керридвен обнаружила, что она сделалась беременна, и вскоре родила очаровательного мальчика. Она положила новорожденное чадо в суму и бросила в реку. Вскоре суму с малышом вытащил из реки Элффин, который был настолько очарован красотой бровей ребенка, что тотчас воскликнул: "Талиесин!", что означает "лучистая бровь". Так малыш получил имя. Талиесин унаследовал волшебную силу вдохновения, предназначавшуюся для Афагдду, и прославился поэтическим талантом и даром пророчества.

ИРЛАНДСКИЙ КЕЛЬТСКИЙ ПАНТЕОН
(начало)

ХАЙ-БРАЗИЛ...

Странный остров из ветра и скал -
Хай-Бразил, Хай-Брезил, Хай-Брезал
Раз в семь лет гладь морскую собой,
Восставая со дна, прорезал.
Порожденье неведомых сил -
Хай-Брезал, Хай-Бразил, Хай-Брезил, -
Ни огней грозовых, ни звезды
Свод небесный тебе не дарил.
Хай-Брезил, Хай-Брезал, Хай-Бразил!
Ты Бразилией всюду бы слыл,
Стал бы раем земным,
Если б светом живым
Кто-то душу твою озарил!

Примечание:

В мифологии ирландских кельтов Хай-Брезал - остров у западного побережья Ирландии, который можно увидеть над водой только один раз в семь лет. По легенде, остров останется на поверхности воды навсегда, если его коснется огонь. Тогда он станет земным раем. Когда мореплаватели в старину достигли берегов Бразилии, они сочли, что открыли Хай-Брезал...

КРАСНАЯ ВЕТВЬ

Я знаю лишь одно: что буду петь и петь,
Покуда сердце в горле горном бьётся,
И, пламенея, рвётся к небу медь,
Любовью к жизни обжигая солнце.

Я знаю лишь одно, безудержно летя
Средь всадников пылающих отряда,
Врезаясь в стебли встречного дождя,
Кружась в бою травы и листопада :

Что не дано ни смерти, ни снегам
Пресечь поход героев Красной Ветви –
О, Конхобар Мак Несса! По слогам
Нас вечность собирает в песнь о ветре.

Примечание: В мифологии ирландских кельтов
«Красная Ветвь» - название отряда
   выдающихся воинов, собравшихся при дворе
короля Конхобара Мак Нессы. Об источниках
   происхождения   названия «Красная Ветвь»
высказывались различные мнения. Автору данного
стихотворения ближе та, в которой сообщается, что
воины одевали красные рубахи перед боем, чтобы их
цвет скрывал глубину и серьезность получаемых от
противника ран. Не следует забывать и о том, что в
старину красный цвет был признаком траура о
погибших.

ГИБЕЛЬ КУХУЛИНА

Да, он - бессмертен!
Скольких на него
Мы насылали воинов? И что же?
Они мертвы. А он – так ничего:
Исколотый, израненный, но всё же
Стоит
один, как прежде, против нас
Упорствует! И Ольстер защищает!...

Трёх странников-друидов в крайний час
Коварный враг к герою направляет.
И каждый тут же просит по копью:
Отдай, мол, друг, тебе оно несложно,
Уйми гордыню вечную свою,
Ведь отказать друидам – невозможно.

Хотите взять? Берите! И метнул
Он копьями в просителей нежданных.
Но сотен копий грозный свет блеснул -
...И Кухулин в неизлечимых ранах
Лицом бледнея, жаждою томим,
Из озера испив воды желанной,
К скале прижался, что была за ним,
И замер, стоя, - грозный, бездыханный...

В Ирландии о нем известно всем,
Хранят легенды доблестное имя.
Хотя прожил он только двадцать семь,
Но слава не померкла и доныне.

Примечания

В мифологии ирландских кельтов имя Кухулина
стало синонимом славного
воина. О нем сложено множество легенд, которые
иногда переплетаются друг с
другом. Так, считается, что он был сыном
Дехтире, но, по всей вероятности,

не от ее законного мужа, Суалтама. Скорее всего он был сыном Луга, хотя

некоторые старинные авторы утверждают, что на самом деле его отцом был

Конхобар Мак Несса. В детстве он носил имя Сетанта.

ТАРА

Они явились, пришли сюда
Три тысячи лет назад.
У дальних скал клокотала вода,
Над лесом смолкал закат...
Они явились сюда толпой,
И вспыхнула высь огнём...
«Я вижу»,- внезапно сказал слепой.
«Я знаю», - ответил гром.
И хлынул дождь на усталый люд,
По впалым щекам змеясь...
И вот уже в город, возникший тут
Врывается кельтский князь!..
О, Тара священная графства Мет!
Для дальних и ближних стран -
Столица богов, коим равных нет –
Туатха Де Данаан!

Примечание: Столицей кельтов в Ирландии считалась Тара - крупнейший религиозный и политический центр, поселение, почитавшееся священным задолго до появления кельтов в Ирландии, возможно, еще с эпохи неолита. Тара фигурирует в различных легендах ирландских кельтов. Именно она являлась столицей богов Туатха Де Данаан и резиденцией двора Конхобара Мак Нессы; в ней собирались герои Красной Ветви.

ФИНН МАК КУМАЛЛ И ФИАНЫ

Едва лишь враг Эйре вздумал
На пядь посягнуть земли,
Фианы и Финн Мак Кумалл
Вновь битвой её спасли...
О, небо! Храни фиана,
Как Финном фиан храним!
Не пустят мужей Лохланна
Они к берегам родным.
Как древний лосось познанья,
Финн прост и велик душой.
Страну защищать – призванье
Всей жизни его земной.
И Кормак доволен был им,
И люди махали вслед...
И снова навстречу гимнам
Летел поминальный снег.

Примечание: По ирландским кельтским легендам
король Кормак   назначил Финна Мак Кумалла
предводителем так называемых «Фианна Эйринн»,
более известных как фианы. В ту пору Ирландию
называли "Эйре". Чаще всего в роли антагонистов
Финна и его дружины выступают племена (кланы)
захватчиков, прибывшие из-за моря и именуемые в
преданиях под общим названием "лохланнах" или
"мужи Лохланна" (например, викинги). Ирландцы
издавна полагали, что легендарные фианы были
чем-то вроде отрядов народной полиции, а сам
Финн - их предводителем. Финна чтили за
мудрость, полагая, он был наделен ею с той поры,
как ему случайно довелось познать вкус волшебного
лосося – символа вечной мудрости. Погиб Финн и
весь его отряд в результате предательства со
стороны его же родного внука.

ОТЗЫВЫ ЧИТАТЕЛЕЙ
"КЕЛЬТСКОГО ПАНТЕОНА"

"С очень большим интересом прочитала и, конечно, ещё не раз перечитаю. Как всегда восхищаюсь красотой слога, кругозором и эмоциональным воздействием на читателя. Это не холодное повествование. Захватывает душу. Я очень люблю вашу поэзию, Эльдар! Спасибо, что Вы со мною поделились. Много узнаёшь нового, переносишься в другую эпоху - разве это не чудо поэзии?

С уважением, Галина Абделазиз"

"Написано очень хорошо: и Любовь Твоя, особенно по отношению к Природе, чувствуется, и виден огромный труд, который Ты проделал, изучая историю кельтов, причем виден он на фоне легких и изящных строк. И просто интересно прикоснуться к этим страницам истории человеческой. "

Аркадий Эйдман

"Какой гигантский труд! Я сама писала циклы и знаю, как нелегко это делается. Пантеон - вне всякой критики. Это колоссальное произведение (можно сказать, одно произведение из многих частей - все связаны), и автор заслуживает глубочайшего восхищения и поклонения. Я обращаюсь к Вам в третьем лице – «автор», так как у нас в иврите в третьем лице обращаются к наиболее уважаемым людям. В высшей степени интересно, познавательно и даже волнующе. Буду продолжать читать и вчитываться, вернее, зажигаться эмоциональным описанием исторических портретов. Ваш Пантеон - самое настоящее событие...

С заслуженным уважением. "

Илана Арад

"Мистика, философия и поэзия! Очень серьёзная работа! И в смысле звучания (звукоряда), и в смысле краткости, и в смысле решения идеи - всё весьма на высоком уровне! Для меня весьма даже ассоциируется с кельтами, их эпосом и мистикой Достаточно ярко, полнокровно и образно выполнены эти стихи. В общем, создаётся эффект сопричастности - как бы входишь туда, в прошлое... "

Елена Мечетина

"Мистика! ... Спасибо! Я совершенно ошеломлена и очарована Вашей волшебной страной, архетипической монументальностью её символов. Поездка Пвилла на недвижимом (!!!) коне - сновидческий образ (не символ ли сути всех человеческих устремлений?) рождает просто лавину ассоциаций. Из какого дивного первоисточника Вы черпаете, Эльдар! Как замечательно, что он вечен. Благодарю".

Юлия Резина

"Эльдар, это прелесть просто! Особенно про Белтэйн здорово. Это напомнило о книгах, от которых у меня остались сильные впечатления : "Кельтский шаман" Мэтьюса, а ещё "Руническое учение" Торсона. "

Елена Агеева

"...и как всегда, находят светлый отклик в душе твои строки: в первом же стихотворении задохнулся от простора и морской соли!

Знаешь, Эльдар, у тебя получилось и монументально, и эпично. Насколько я знаю, не каждую фразу позволено было чертить, вырубать на огамическом. Это был язык древесной, друидической магии. Не сочти святотатцем, но твои письмена вижу ясно в чертах и точках . "

Андрей Солопов

"Эльдар, замечательно! Преклоняюсь перед авторами, рисующими страницы истории ("Ах, История, царица моя..."). Нужная и, по всей вероятности, фундаментальная работа, в коей и пожелаю тебе успехов! ”

Игорь Трояновский

”Исторические вещи вам очень удаются, Эльдар. Знание мелочей придаёт достоверность. Мощное начало. ”

Владимир Сытенко

”Эльдар, как у Вас получается одушевление и одухотворение неживых элементов! Фантастически удачно и ярко! ”

Михаил Тищенко

”Замечательный цикл! Значит, и впрямь, достойны те времена и кельты воспевания!
О конях можно вообще промолчать, они бесспорно достойны восхищения и поклонения! Великолепно написано, Эльдар!!! Лучше и вернее сказать невозможно! ”

Михаил Климов

ЗАМЕТКИ НА ПОЛЯХ МИФОЛОГИИ БРИТАНСКИХ ОСТРОВОВ

Энциклопедия: Кельтская мифология

CELTIC MYTHOLOGY
Публикуется с разрешения издательства Geddes & Crosset
Перевод с английского С. Головой и А. Голова
Издательство Эксмо 2002
OCR Васильченко Сергей

Мои заметки не претендуют на какое-либо открытие или утверждение, поскольку возникли они на неких «созвучиях», «аллитерациях» и ассоциациях, которые подготовленным умам, возможно, покажутся весьма и весьма наивными. Надеюсь, однако, что и в наивных моих вопросах будет обнаружено (пусть даже и случайно) некое рациональное зерно.

Таинственные совпадения.

После разгрома (согласно ирландским кельтским легендам) племени богов Туатха Де Данаан во владение побежденным богам достался подземный мир, а людям – наземный. Каждое отдельное божество обитало в своем личном подземелье под специально устроенным для этого случая курганом. Подобные места обитания обрели собственное название СИДХ.

В ненецкой мифологии испокон веков из поколения в поколение рассказывается о таинственном подземном народце именуемом СИХИртя. Роста они маленького. От людей прячутся. В сумерках иногда из-под земли слышны их песни. Занимаются они тем, что пасут мамонтов. К тому же сихиртя обладают волшебными вещами, да и сами порой способны творить настоящее волшебство. Сихиртя скрытно обитают на первом уровне подземного мира - в холмах (курганах).

Учитывая то, что со временем множество местных божеств отдельных кельтских племен имело тенденцию восприниматься как малые волшебные народцы, скрывающиеся от людей (феи, эльфы, гномы и т.д.) точно такие же, как ненецкие сихиртя, невольно задаешься вопросом: не являются ли ненецкие сихиртя и побежденные кельтские боги, проживающие в сидхах – связанными некоей общей тайной рождения, или же вообще – одним и тем же, разнясь лишь своим восприятием у разных народов в разное время их бытия?

Кстати в мифологии обоих народов: и кельтов Британии, и ненцев полуострова Ямал, существует общее мистическое животное, имеющее для этих столь разных народов примерно один и тот же сакральный смысл. Это – Белый Олень.

Ритуально питье свежей крови принесенных жертв было в ходу у кельтских жрецов, ненцы же (не только шаманы, но и простые смертные, также пьют свежую оленью кровь до сей поры (факт, который я могу подтвердить лично).

Бран Благословленный валлийских кельтов носил имя происходящее от Ворон (по-старославянски ВРАН). Вещей (вещающей) была говорящая голова Брана. Вещим является и Ворон у ненцев, где именуется испокон веков ВАРНЭ. О голове Брана повествовали кельтские друиды, а к вещему Варнэ обращались ненецкие шаманы.

В предании, записанном Уильямом Лармини в XIX веке на острове Ахилл со слов одного престарелого крестьянина говорится о Балоре, Гобале Зодчем и Гавидьене Го . В частности там присутствует такой фрагмент: Божество Мананнан привозит Киана в королевство Балора и высаживает его на берег «в краю обитателей севера, которые не жарят мясо, а поедают пищу сырой». Причем, сам Балор, оказывается, тоже никогда прежде не ел жареного мяса.

Подобные кельтским традиции поедания сырого мяса и сырой рыбы – обычное явление в среде самоедских (ненецких племен).

Таким образом, получается, что дед кельтского Бога Солнца (Луг ирландских кельтов, Ллей Ллоу Гиффес – валлийцев, Беленус – галлов) проживал далеко за полярным кругом, где солнце – часть года отсутствует вообще. И тогда возможно, что часть кельтов либо прибыла с севера на Британские острова, либо очень плотно была с севером знакома.

О возможной близости к северным корням говорит и созвучность, фонетическая близость имен верховного божества Потустороннего мира валлийских кельтов (Гвин ап Нуд), ирландских кельтов (Нуада) и верховного божества ненцев Нума (Нува).

Кстати, несомненное родство с именем бога Одина германских племен при гораздо меньшей схожести звучания тонко подмечена британскими учеными : Гвин ап Нуд – Гвидион – Уодин – Один. И при этом как факт утверждается (и никем уже не оспаривается) , что сам германский Один произошел именно от кельтского Гвин ап Нуда.

Что же тогда говорить о Нуве (Нуме) ненецкого народа?

В стародавнее, но вполне историческое время у ненцев бытовала традиция приношения богам человеческих жертв. Однако, жертву в рутинном прямом смысле никто не убивал. Её просто привозили на капище и оставляли там. А через некое определенное время возвращались к месту жертвоприношения, дабы убедиться принята ли божеством, предложенная ему жертва.

Существует множество письменных свидетельств о том, что сходный обычай жертвоприношения существовал и у древних кельтов. Однако, ученых смущает явная скудость фактического материала: человеческих останков с безусловными признаками насильственной смерти на местах жертвоприношений. Если иметь в виду ненецкие жертвоприношения, то такому положению находится вполне естественное и простое объяснение: древний человек руководствовался принципом уважения прав и самостоятельности в принятии решений своими богами.

То есть, божеству не приносилась, а ПРЕДЛАГАЛАСЬ человеческая жертва. И только божество единолично решало: нужна ли ему такая жертва или нет, лишать ли жизни человеческое существо или не лишать. А предоставлять своему богу уже убитого человека в таком случае означало бы посягательство на права этого божества быть им, ограничивало эти права.

Потому, возможно, не стоит археологам искать признаков насильственной смерти у принесенных в жертву. Таких следов по большей части никогда и не было. Вспомните известную русскую сказку об отце, отвезшем зимой в лес   родную дочь по наущению злой мачехи. В этом действии русской сказки возможно улавливается такой же отголосок древнего обряда жертвоприношения.

История Красной шапочки

Исходя из того, что у кельтов «красными шапочками» являлись существа из рода фей, эльфов и других «малых» волшебных народцев, можно предположить, что чисто физически Серому Волку проглотить Красную шапочку (да и её бабушку тоже) было совсем несложно: размеры и бабушки, и Красной шапочки позволяли сделать это очень легко. Заметьте: он ведь её не ел, не жевал, а мгновенно ПРОГЛОТИЛ (!), как пилюлю. В детстве, кстати, именно этот факт у меня, как у ребенка, лично вызывал наибольшие сомнения. И именно потому, что я тогда, естественно, ничего не знал о реальных размерах жертв Серого Волка.

Кстати, доказано, что в древности образ Волка был гораздо благороднее и именовался он не Серым, а Голубым (Небесным) Волком. То есть, героем, ниспосланным на землю с небес. По крайней мере, об этом я уже подробно рассказывал в одной из глав своего эссе «Кому Сибирь Родина?», написанного много лет назад...

Известно, что бабушка Красной шапочки являлась в древности олицетворением Смерти. И миссией Голубого Волка была победа над силами Смерти (бабушкой и её ужасной внучкой). Не напрасно с жертвенной едой (пирожками) Красная шапочка была отправлена по дороге Смерти в гости к своей страшной бабусе для свершения ритуального обряда жертвоприношения миру Смерти. Почему бабушка по голосу не отличает внучку от Волка? Потому что она из мира мертвых, где уже все равно кто там и как потянет дверь за сакральную веревочку. Героический Волк совершил попытку уничтожить саму Смерть и все её порождения ради спасения живого мира!. Однако, на его пути встает Охотник – проводник между миром живых и мертвых, и разрушает все благородные планы героя-одиночки.

Кстати, именно кельтская мифология говорит о том, что фигура Охотника – фигура весьма символичная, обрядовая. Только Охотник обращает живое (предмет охоты) в мертвое. В отсутствие смерти смысл его существования становится весьма сомнительным. Вот почему именно Охотнику достается неблагодарная роковая роль спасителя Вечной Смерти для всего сущего на земле...

Яблочно-стеклянное

История красавицы Грайне с ягодами рябины навеяла мне ассоциации с библейской историей Адама и Евы, изгоняемых из рая якобы за то, что Ева соблазнилась яблоком. Однако в свете истории Грайне возможно, что дело было отнюдь не в надкусанном яблоке, а в том, что беременные женщины не в силах отказать себе в исполнении своих внезапных прихотей. И самим нарушения табу Ева, подобно Грайне, «проговорилась» о том, что находится «в положении», а значит, посягнула на право Бога создавать новые живые существа! Естественно, когда тебя лишают какого-либо уникального права, ты этому вряд ли станешь радоваться. Яблоко, как и в случае с ягодами рябины, было той «лакмусовой бумажкой», которое сделало явным тайное.

Может быть, оттого первые дети Адама и Евы – Каин и Авель не были счастливы на земле, что были в свое время зачаты в раю преступным (по отношению к Богу) образом.

Весьма любопытно постоянное упоминание о стеклянных зданиях и сооружениях в абсолютно несхожих между собой кельтских легендах. Гластонберри Тор – Инис Виттрин валлийцев – переводится вообще как «стеклянный остров», хотя к морю отношения не имеет, так как физически является холмом в Сомерсете , а в сакральном смысле - Вратами между миром смертных и Потусторонним!

По другой легенде фоморы на острове Тори воздвигли стеклянную башню (или замок) под названием Башня Конана. Балор так же по легенде заточил свою родную дочь именно в стеклянной башне. А вспомните пушкинскую сказку о спящей царевне в СТЕКЛЯННОМ (хрустальном) гробу!

О словах , именах и прочих свойствах

По версии британской энциклопедии: « культы отдельных римских богов в самом Риме были не столь заметны, как эти же культы в "импортном варианте" у кельтов. Так, небесный бог-воитель Камул выступает в гэльских героических мифах под именем Кумалла, отца Финна, а в мифологии бриттов - в качестве Кела, герцога Кэр Келвина (в древности известного под названием Камулодунум, а в наши дни - Колчестер), который сумел захватить корону Британии и все свое короткое правление провел в

постоянных войнах и сражениях. Есть мнение, что "старый король Коул" из старинных баллад, предстающий в них этаким "стариком-весельчаком", являет собой наиболее поздний вариант бытования этого кельтского бога».

Хотелось бы дополнить этот фрагмент возникшими параллельно соображениями о происхождении названия «Камелот», как производного от имени бога-воителя Камула и слова «земля» - «ленд» – «лот». Цепочка выстраивается примерно такая: Камул – Камелот – Камеленд – ленд-лот – лечь – лежать – плоско – лежащее место (земля –зем – ЛЕ (тот же праиндоевропейский-корень «л» -).

Камелот - земля Камула – Кумалла (земля отца Финна мак Кумалла) - Камулодунум - Камелотия – земля бога-воителя.

Луг – первый король сынов Мил Эспейна, именуемый иначе Эремоном, возможно не подозревал, что является носителем сразу двух понятий, бытующих и в современном нам мире. Первое: Эре – (по имени одноименной богини) – земля Эре – Эре-ландия – Ирландия! Чтобы понять второе, вспомним о приставке «арх», означающей «нечто сверх чего-то», иными словами – «наипервейшее». Мон – моно – нечто одно, нечто в единственном числе. Складываем получившееся: МОН – АРХ, Монарх! То есть: Луг – Монарх Ирландии!

«Что у нас на кону?» Кто играл в карты, безусловно, знаком с этим выражением. Так что же такое кон? И почему он известен ис-по-кон? Про того, чьи дела идут вверх, принято говорить «он на коне». Обратите внимание: «князь» - корень слова «кн», «конунг» (норвежское слово) – корень слова «кн», «конь» - сокращенно «кн». Таким образом, и князь, и конунг, и английское «кинг» (король) – в изначальном смысле: человек , восседающий на коне, тот, кто на коне, Всадник. Обладание конем возводило человека в ранг «конника» и могло стать причиной его признания соплеменниками вождем. По крайней мере, тот, у кого коня отродясь не было, шансов стать королем имел гораздо меньше. Хотя , возможно, и были исключения. Но именно что – исключения из правила....

Богов у кельтских племен было очень много. Своих и чужих. На всякий случай уважались все боги, в том числе племенами-победителями уважались боги побежденных племен. Однако, бытовала красивая клятва: «Клянусь богами МОЕГО народа!» Очень интересное поэтическое уточнение.

Богиня-мать всего сущего Дану, именуемая иногда Ану (или Ана) имеет обширнейшую топонимику. Кстати, по-тюркски «Ана» и есть «мама» до сих пор: Дана-пра (река Днепр), Дана-стра (Днестр), Дана – Дон, Дана-ай – Дунай...

Балор имеет четкие ассоциации с гоголевским Вием. Оба обладают смертоносным взглядом, обоим надо поднять веки, чтобы видеть. Впрочем, есть и отличия. У Балора это свойство (смертоносный взгляд) касается только одного глаза, второй у него всегда открыт, но второй – обычный. Смертоносность глаза у него не природная , а «благоприобретенная» (в результате травмы, отравления глаза ядом).

Богине Дану противостоит богиня враждебных человеку сил Домну. Слово «Домну» по версии авторов британской энциклопедии означает «пропасть» или «морская бездна» (подземный и подводный мир приравнивались друг к другу, точь в точь как в мифологии славян-новгородцев Ящер, противостоявший Садко-богатому купцу, являлся владыкой и подводного, и подземного миров – равнозначно и одновременно). «Домну» на мой взгляд близко перекликается со старославянскими понятиями «Дом» и «Домина» в значении «Гроб», «место упокоения усопших».

К термину Дана-Ана вероятно тяготеет и топоним «Енисей», которое в тюркском варианте однозначно прочитывается как чуть искаженное «Ана-су», то есть «мать-вода». Если же окончание «сей» приравнять к созвучному «стрей»-«стрый» - стремнина, быстрая, могучая вода, то и к тому же самому «Дана-стр» - Днестр, только на этот раз древнесибирский. Таким образом, возникает предположение, что в какие-то стародавние времена на территории от Восточной Сибири до западных берегов Ирландии обитал народ, говоривший на одном и том же языке или на языках очень схожих между собой.

На такое же предположение указывает и ряд фонетических, понятийных и бытовых признаков у таких непохожих народов, как упоминавшиеся выше кельтский и ненецкий.

Эпизод погони Финна Мак Кумала за Диармайдом и Грайне напоминает многие подобные истории как из жизни, так и из художественной литературы. Например: пушкинские Руслан, Людмила и Черномор или историческая коллизия Чингисхана с погоней за украденной у него супругой. Впрочем, кража женщин на Кавказе, например, до недавнего времени считалась национальной традицией, обычаем (можно вспомнить, как комедийно, но правдиво использован этот обычай в сюжете известной кинокомедии «Кавказская пленница»). С этой точки зрения сама традиционность положений сюжета обретает оттенок некоего таинства, действа несущего определенный сакральный смысл.

В «Четырех ветвях Мабиноги» о богах бриттов сказано, что галльский бог Биле изгнал гэлов из Гадеса (Аида) и отдал им во владение Ирландию. Учитывая легенду о сыновьях Мил Эспейна (Мила испанского) можно предположить, что Гадес (Аид) являлся испанским приморским городом Кадисом.

В поэме из состава Черной Кармартенской книги (памятник ранневаллийской поэзии) кимры (самоназвание древних валлийцев) упоминают пса Мелгуина по имени Дормарт, что тут же переводится, как «врата смерти». Можно заметить, что фонетически это имя (Дормарт) совпадает со славянским смыслом слов «дверь» (английское «доор») и «мара» - смерть («март»).

Бран, и особенно его сестра Бранвен, стойко ассоциируются в кельтских легендах с полуостровом Сванси («Лебединое море»).

Кольца на шее у кельта-воина являлись знаком воинского отличия (наподобие современных медалей и орденов). Точно такой же смысл был заложен в шейных гривнах древних славян той же самой эпохи.

Кстати, в стихотворении Талиесина «Песня посвящения сынам Ллира аб Брохвел Повис» говорится, что «Аннвн» (Потусторонний мир у валлийцев) окружен со всех сторон морем, как тяжелой синей цепью, которую крепко держал Гвейр». Этот фрагмент также красноречиво напоминает о кольце (гривне) на шее обычного древнекельтского мужчины.

Пережитком периода человеческих жертвоприношений является и традиция прохождения (или перепрыгивания) через пламя и дым костра у славян во время праздника встречи весны (вспомним хотя бы повсеместно известную сказку «Снегурочка»).

Само название шотландского национального мужского элемента одежды «килт» напоминает о кельтах и их древнейшей культуре.

Огирвран – повелитель подземного мира из летописей Гальфрида Монмутского, являлся великаном и был громадного роста. Имя же его восходит к архаическому «okur vran» - злая ворона, то есть ворон – птица смерти. Дракон не обязательно являлся мифическим животным. Например, Утер Пендрагон был в должности предводителя войска и носил титул Дракона.

Известна в этимологии связь между словами «ватер» и «вода». Общим в них являются звуки «во» (или «ва) и «т» («д»). То есть, это нечто , в которое можно войти (те же звуки, кстати). Нечто же лежащее, простирающееся обладает звуками «ле» («ла»): земля, плеско (плоско), land (ленд). То есть вода может войти в лежащее, простирающееся нечто. В то же время «свет» - «се вет (вот)» - « се вода». То есть, свет воспринимается как вода, имеющий свойства воды, волновые и корпускулярные свойства одновременно. Значит, возможно, в древности свет воспринимался как некая живая вода, нечто текучее, струящееся. Свет колышется, течет, капает (мигает).

Валлийско-кельтское имя бога Солнца – Ллеу созвучно с ирландско-кельтским Луг. Ирландское прозвище Луга – «Длинные руки» напоминает о солнечном Луче (уже славянское слово). А значит, общность звучания «Лу» тоже может быть далеко неслучайной.

БРИТАНСКАЯ МИФОЛОГИЯ В СКАЗКАХ ПУШКИНА

Мы выросли на сказках. С упоением слушали когда-то, как сначала бабушки и мамы рассказывали нам самые «простые» народные - «Колобок», «Курочка Ряба», «Репка», «Теремок» (это потом оказалось, что в них заложена такая глубина времени, такая древность, какую мы себе, конечно же, и представить не могли!), а потом слушали или читали сами уже сказки авторские. И, безусловно, в России по популярности авторских сказок соперничать с пушкинскими вот уже почти более ста пятидесяти лет может разве что ершовский «Конёк-горбунок».

Естественно, что память о тех, услышанных и прочитанных в детстве сказках, не выветривается из души человеческой до конца её земной жизни... Вот почему удивительным образом вспомнились мне некоторые их сюжеты, когда нечто сходное стало попадаться на глаза при изучении мифологии британских островов. А когда я сопоставил автора подобных, пришедших на память, эпизодов в сказках, то и оказалось, что он у них один, и зовут его Александр Сергеевич Пушкин.

Аналогии стали возникать поначалу сами по себе, ассоциативно. Позднее, заинтересовавшись вопросом, я начал уже целенаправленно отыскивать схожие моменты в сказках Пушкина с в мифологией древних бриттов, а также ирландских, валлийских, галльских и иных кельтов. И, как говорится, находки не заставили себя долго ждать.

Итак, читаем отрывок из всем известной пушкинской сказки « О попе и работнике его Балде» :

«Балда, с попом понапрасну не споря,
Пошел, сел у берега моря;
Там он стал веревку крутить
Да конец ее в море мочить.
Вот из моря вылез старый Бес...»

Вообще-то как бы давно уже принято считать, что бесы живут в аду, и сам ад находится под землёй. Так? Вроде так. А здесь: старый Бес, владыка чертей и, глава потустороннего мира проживает... в море. Почему? Откуда у Пушкина такая непривычная для нас информация о Главном Бесе и других обитателях ада?? Может быть, Александр Сергеевич просто пошутил? Отнюдь. И написал он этакое вовсе не по наитию или из желания угодить своему поэтическому воображению.

Более того, чем дольше всматривался я в очертания пушкинских сказок, тем более находил в них отголосков британской мифологии. А один из пушкинских персонажей возможно имел своим прототипом то же самое лицо, которое «роднит» героя сказки русского Пушкина с одним из наиболее известных английских героев Вильяма Шекспира!

Теперь давайте полистаем немного страницы CELTIC MYTHOLOGY, опубликованной на русском языке в 2002 году с любезного разрешения издательства Geddes & Crosset. Итак, здесь мы можем увидеть следующее:

«Вода пользовалась у кельтов особым почитанием; они видели в ней не только источник жизни, но и своего рода звено, связующее этот мир с Потусторонним миром... Посейдоном клана богов Туатха Де Данаан (племя богов ирландских кельтов, примечание Э.А.) был бог по имени Ллир, или Лер, но нам известно о нем очень немногое, Ллир бриттов - это не кто иной, как хорошо известный гэльский бог моря Лир. Имя Ллира, как и имя его ирландского аналога, Лира, предположительно означает "море". Бог моря у бриттов - это тот же самый персонаж, что и его гэльский коллега...

В качестве бога бриттов он послужил отдаленным прототипом для шекспировского короля Лира. Город, бывший в древности центром его культа, до сих пор в его честь носит название Лейчестер, то есть Ллир-честер, а в более давние времена - Кэр Лир...

Он постоянно именуется в валлийской литературе как Ллир Ледиат, то есть "Ллир Чужеземец", а его жену зовут Ивериадд (Ирландия)..."Ирландия" родила Ллиру двоих детей: дочь по имени Бранвен и сына, названного Браном. То немногое, что нам известно о Бранвен Прекрасная Грудь, свидетельствует, что она была богиней любви, была, как и греческая Афродита, дитя моря. Бран, напротив, в еще большей степени, чем Манавидан, являл собою воплощение темного божества из мрачного Аида. Его обычно изображают существом колоссального роста, настолько громадным, что "Мабиноги Бранвен, дочери Ллира" повествует о том, что он не мог вместиться ни в каком дому и ни на одном корабле. Он страшно любил всевозможные битвы и сражения, словно волшебный серый ворон, от которого, по всей вероятности, и происходит его имя. Такое отождествление заурядной земной страны с Подземным, или, лучше сказать, Потусторонним, миром представляется достаточно странной, но для наших предков-кельтов эта мысль, по-видимому, была вполне естественной.»

Итак, прообразом ада, где проживает Старый Бес Пушкина из «Сказки о попе и работнике его Балде» можно считать потусторонний мир кельтской мифологии, находящийся на дне моря, а прообразом самого его правителя – валлийского, ирландского, гэльского Лира или Лира (того самого, который является королем Лиром в одноименной шекспировской трагедии!).

Кстати, в славянской мифологии владыкой морских глубин и (одновременно!) грозной подземной стихии – считался великий Ящер. В новгородском сказании о Садко богатом госте он назван Царем морским. Живет он со своей женой красавицей Белорыбицей на самом дне морском, владея сокровищами всех затонувших кораблей, повелевая штормами и землетрясениями, управляя всей океанской живностью.

О, Ящер! Бог морских глубин!
Подземных грозных сил владыка!
На дне, где правишь ты один,
Не всё всегда темно и дико!..

Там, под волнами глубоко,
Вам с Белорыбицей-женою
Когда-то песни пел Садко
В садах блистающих водою...

Там спят безмолвно корабли,
Сияют жемчугом чертоги,
И все сокровища земли
Сверкают на твоём пороге.
(Э.А. из книги «Славянский пантеон»)

Трансформированный отголосок поклонения
древнему Ящеру, владыке морскому Лиру, можно
расслышать в сказке Александра Сергеевича « О
рыбаке и рыбке». Ясно, что и золотая рыбка
появилась не из одного только воображения
великого поэта. И подтверждение тому (хотя и
косвенное) в окончании сказки:

«Приплыла к нему рыбка, спросила:
"Чего тебе надобно, старче?"
Ей старик с поклоном отвечает:
"Смилуйся, государыня рыбка!
Что мне делать с проклятою бабой?
Уж не хочет быть она царицей,
Хочет быть владычицей морскою;
Чтобы жить ей в Окияне море,
Чтобы ты сама ей служила
И была бы у ней на посылках." -
Ничего не сказала рыбка,
Лишь хвостом по воде плеснула
И ушла в глубокое море.»

Спрашивается: почему золотую рыбку настолько возмутило последнее пожелание старухи? Если речь шла о том, чтобы стать «владычицей морскою», то есть Владыкой Потустороннего мира, то понять рыбку можно окончательно. Пожелание старухи было для неё не только оскорбительно (что понимают все читавшие сказку), но и Невыполнимо!

Смотрим дальше. Читаем отрывок из пушкинской сказки «Руслан и Людмила»:

«В тумане бледно озарясь,
Яснеет; смотрит храбрый князь -
И чудо видит пред собою.
Найду ли краски и слова?
Пред ним живая голова.
Огромны очи сном объяты;
Храпит, качая шлем пернатый,
И перья в томной высоте,
Как тени, ходят, развеваясь.
В своей ужасной красоте
Над мрачной степью возвышаясь,
Безмолвием окружена,
Пустыни сторож безымянной,
Руслану предстоит она
Громадой грозной и туманной.»

Что за говорящая голова такая здесь объявилась? В честь чего? Зачем? Часто ли мы в русском фольклоре встречаем подобный образ? А если не часто, то в какой мифологии он фигурирует и причем, столь явно и в таком количестве, что не заметить этот образ попросту невозможно?

Правильно. Всё там же. В кельтской мифологии британских островов, где образ живой говорящей головы – стража Британии, вообще говоря, является национальной реликвией и национальной гордостью.

«Кельты считали голову обиталищем души и полагали даже, что голова способна существовать сама по себе, без всего остального тела...

...легенды отражают предполагаемую способность некоторых голов существовать отдельно от тела. Так, например, в валлийской легенде о Бране Благословенном рассказывается о том, что, когда Бран был смертельно ранен в бою с войском Матолвха, короля Ирландии, он сам попросил своих друзей отрубить ему голову и отвести ее на родину, а не предавать земле в Ирландии. На всем протяжении долгого обратного пути голова, по легенде, сохраняла способность есть, пить и даже разговаривать, совсем как тогда, когда она была живой и венчала собою могучее тело

...Сам Бран был ранен в ступню отравленным дротиком и умирал в ужасных муках. Он приказал семерым своим друзьям, оставшимся в живых, отрубить ему голову, отвезти ее на Белый Холм в Лондоне(Это место, названное одним валлийским поэтом XII века "Белой Вершиной Лондона, обителью немеркнущей славы", по всей вероятности, можно отождествить с холмом, на котором сегодня высится знаменитый лондонский Тауэр) и похоронить ее там, положив в могиле лицом в сторону Франции. Далее он пророчествовал о том, каким будет их путешествие. Им придется провести целых семь лет в Харлехе, где они будут непрерывно пировать, а птицы Рианнон будут не умолкая петь для них, и его, Брана, голова тоже будет веселиться с ними, словно она и не думала отделяться от его тела. Затем они проведут еще дважды сорок лет в Гвэлсе. Все это Время на голове Брана не появится ни малейших следов тления, а беседы их будут настолько увлекательными, что они и не заметят, как пролетят эти годы. Но в назначенный час сама собой откроется дверь, ведущая в сторону Корнуолла, и после этого они должны, не медля ни минуты, поспешить в Лондон предать земле его голову».

Не находит ли уважаемый читатель некоторой аналогии с пушкинскими строфами об этом, например?

«... Как вихорь свистнул острый меч,
И прежде, чем я оглянулся,
Уж голова слетела с плеч -
И сверхъестественная сила
В ней жизни дух остановила.
Мой остов тернием оброс;
Вдали, в стране, людьми забвенной,
Истлел мой прах непогребенный...»

«...судьба повлекла семерых героев дальше, к месту погребения головы их вождя. Они, как и пророчествовал Бран, прибыли в Харлех и пропировали там целых семь лет, и все это время три птицы Рианнон распевали для них волшебные песни, по сравнению с которыми все прочие мелодии казались дикими и грубыми. Затем они провели еще дважды сорок лет на острове Гвэлс, пируя и упиваясь сладким вином и слушая приятные беседы, в которых участвовала и голова Брана. Впоследствии этот пир, продолжавшийся целых восемьдесят лет, получил название "Забавы Благородной Головы". В самом деле, любопытно, что голова Брана играет в мифологии бриттов куда более заметную роль, чем сам Бран до того момента, как его обезглавили.»

Последняя фраза наводит на мысль о сказке «Колобок». Чем Колобок не говорящая голова? А сколько приключений ей досталось : и с зайцем, и с волком, и с медведем , и с лисой повстречался. И везде говорящая голова Колобок пела и разговаривала. Древние сказки никогда не возникали на пустом месте. Олицетворением каких именно мифологических сил были собеседники

Колобка: ещё только предстоит узнать пытливым исследователям.

Впрочем, не только в народных сказках, но и во взаимствованиях из них ,используемых гениями русской литературы, встречаются порой явственные отголоски корневой взаимосвязи культур славянской и кельтской. Вспомним хотя бы Николая Васильевича Гоголя с его «Вием» («Поднимите мне веки!») и обратимся к … Испаддадену Пенкавру – мифологическому герою-великану валлийских кельтов, отцу Олвен, руки которой так упорно добивался Куллвх:

«…у Испаддадена, имя которого означает "Повелитель великанов", были настолько огромные и тяжелые веки, что их приходилось поднимать прочными металлическими подпорками, чтобы он мог хоть что-то увидеть.» В принципе разница между ними лишь в том, что Вий – это нечто страшное, демоническое, а Пенкавр – обычный хотя и очень большой великан.

А теперь снова обратим свои взоры к сказке Александра Сергеевича «О царе Салтане». В частности для начала освежим в памяти вот этот фрагмент:

«К морю лишь подходит он,
Вот и слышит будто стон…
Видно на море не тихо;
Смотрит - видит дело лихо:
Бьется лебедь средь зыбей,
Коршун носится над ней;
Та бедняжка так и плещет,
Воду вкруг мутит и хлещет…
Тот уж когти распустил,
Клёв кровавый навострил…
Но как раз стрела запела,
В шею коршуна задела -
Коршун в море кровь пролил,
Лук царевич опустил;
Смотрит: коршун в море тонет
И не птичьим криком стонет,

Лебедь около плывет,
Злого коршуна клюет,
Гибель близкую торопит,
Бьет крылом и в море топит -
И царевичу потом
Молвит русским языком:
"Ты, царевич, мой спаситель,
Мой могучий избавитель,
Не тужи, что за меня
Есть не будешь ты три дня,
Что стрела пропала в море;
Это горе - всё не горе.
Отплачу тебе добром,
Сослужу тебе потом:
Ты не лебедь ведь избавил,
Девицу в живых оставил;
Ты не коршуна убил,
Чародея подстрелил.
Ввек тебя я не забуду:
Ты найдешь меня повсюду..."»

Девушка в образе лебеди... То есть лебедь является объектом превращения в неё людей. Один из излюбленнейших приёмов британской мифологии:

«В мифологии и верованиях кельтов лебедь занимал весьма заметное место. Так, в Халльштатте европейские археологи нашли модели повозок, в которые впряжены существа, весьма напоминающие лебедей. На самих повозках стоят странные сосуды. Лебеди нередко встречаются в кельтских легендах; они – один из излюбленных объектов превращений. Так, именно в лебедей превратила детей Лира их мачеха, страшно ревновавшая их к отцу, своему мужу. В другой легенде Мидхир превратил себя и свою возлюбленную Этэйн в лебедей, чтобы спастись от Эохаидха. Еще одна легенда повествует о том, как Кэр, которую полюбил Оэнгус, каждый год превращалась в лебедь, и, чтобы соединиться с ней, Оэнгусу тоже пришлось принять облик лебедя...»

Таким образом, мы можем с достаточной долей уверенности предполагать, что использование классиком русской литературы А.С.Пушкиным при создании им сказок приемов и образов британской мифологии скорее всего носило регулярный и осознанный характер, способствуя воссоединению культур столь отдаленных географически, но близких духом породившего их евразийского исторического пространства.

С другой стороны, вызывают неподдельное восхищение глубина и обширность познаний великого русского поэта в тонкостях истории и культуры древней западной цивилизации, уходящей своими корнями в единую индоевропейскую общность славянских и кельтских культур.

СВЕЧА НЕГАСИМАЯ
(лирические стихи)

СЫН

Сложная, разная, грешная,
Жизнь моя, гасни и стынь:
Плачет жена безутешная,
Болен мой сын.
Ужас по клетке по лестничной
Шествует, хрипло дыша,
Плачет мой сын пятимесячный,
Криком исходит душа.
Кашляет долго, кровиночка.
Стонет, родимый, во сне.
Сын мой, сыночек мой, сыночка!..
Рученьки тянет ко мне.
Мой дорогой, мой единственный,
Как тебе, милый, помочь?"
Выстрадай хворушку, выстонай
Эту проклятую ночь!
Завтра сквозь окна больничные
Солнышко бросит лучи.
Здесь, мой хороший, отличные,
Здесь золотые врачи.
Ты же бесёнок отъявленный!
Ты же, мой мальчик, силач!..
С мамой в больницу отправленный, -
Спи, успокойся, не плачь...
В дом возвращаюсь покинутый
И, - обжигает всего:
Там. на полу, опрокинутый,
Плачет тигрёнок его.

ЗАКРОЙ ГЛАЗА...

Закрой глаза и загляни туда,
Где голоса, звеневшие когда-то,
Ещё текут, струятся, как вода,
Которой нет начала и возврата.
Закрой глаза, и ты увидишь их,
Друзей, тобой отчаянно забытых:
Дурашливых, весёлых, молодых,
Не спившихся, не хворых, не убитых.
И ты увидишь там, на глубине,
Где всё дрожит, мерцает и таится:
Туманный свет в распахнутом окне,
Счастливые, смеющиеся лица.
Вода на миг застынет, как стекло,
Скользнут и растворятся отраженья...
Не бойся слёз, когда оно пришло -
Единственное правильное зренье.

РАСТЕРЯННЫЙ СТРАННЫЙ МАЛЬЧИК...

Растерянный странный мальчик ко мне подошел в
подъезде
И трижды спросил о чем-то, отчаянно бормоча.
Страну заметало снегом, соседи смотрели «Вести»,
Парнишке был важен поиск какого-то там ключа.

В глазах его было пусто, а голос звучал всё тише,
За окнами гулкий ветер казался его слышней...
Хозяев ключа искал он, чтоб люк отворить на крышу,
Поскольку с любимой в ссоре, и он не вернется к ней.

А там, во дворе, смеялись девчоночьи и мальчишьи
Задорные - с пивом, с водкой - глумливые голоса...
Растерянный странный мальчик –
он всё-таки влез на крышу...
Из вечности всем сияют отныне его глаза.

ТЕРПЕНИЕ

Теперь всё будет хорошо.
Теперь никак не по-другому.
Дождь разошёлся и прошёл
Живым наотмашь по живому.
Боль не остынет на ветру.
Тебе ль не знать о том? Тебе ли?
Что б ни случилось – всё к добру.
Велел терпеть. И все терпели.
Терпели, как и Ты терпел,
Раз это так необходимо –
Всё то, что помнится теперь
Казалось вовсе нестерпимо,
Всё то, что встретится и впредь
Насквозь пропитанное болью,
Чтобы терпеть, терпеть, терпеть,
Терпеть и истекать любовью.

БЕССОННИЦА

И город полночный окутала тишь...
Дочурка! Ну, что ты, родная, не спишь?
Про птичек в саду и про рыбок в пруду
Я пел тебе, носом клюя на ходу,
А мама про белку читала и мышь,
А ты всё не спишь, словно нас сторожишь...
Не дремлют раскрытые настежь глаза,
И голос дрожит, как живая слеза...
Вот утро настанет, проснётся народ,
И папа исчезнет, и мама уйдет,
И будешь ты в садике шумном одна
Без мамы, которая очень нужна,
Без папы, который уходит чуть свет
И за день ни слова не скажет в ответ.

Там детки такие же рядом с тобой
Играют и ждут возвращенья домой,
Чтоб к маме прижаться и папу обнять,
И крепко держать их... и больше не спать!

КРИК

Тот крик души, которым я кричу,
Весь обратился в тонкую свечу,
Горящую во тьме под куполами...
Не дайте в Храме погасить свечу.
Услышьте то, о чём я вам кричу,
Войдите в Храм. И оставайтесь в Храме.

СНЕГ ИДЁТ

Не помню в день какой и год
Из детства раннего, в котором
«А снег идёт! А снег идёт!» -
Мы у окна кричали хором:
Шёл снег, стояли холода,
От ветра что-то дребезжало.
Ты на руках меня тогда
С улыбкой бережно держала.
И мы кричали: «Снег идёт!»
Так радостно и простодушно,
Что он с тех пор который год
Всё так же падает послушно.
И всякий раз в канун зимы
Едва ветра затянут вьюгу,
Мне снова чудится, что мы
Кричим с тобой на всю округу...

Был тихим нынешний рассвет,
Лишь сердце с полночи щемило...
«Её на свете больше нет,» -
Сестра мне утром сообщила.
Но только телефон умолк,
Как снег пошёл повсюду снова.
...Хотел я крикнуть... и не смог.
И выдохнуть не смог ни слова!
Летит, летит весёлый снег,
Кружит и падает, как эхо...
Неправда, что тебя здесь нет.
Смотри, родная: сколько снега!

6 ИЮНЯ

«И буду долго тем любезен я народу,
Что чувства добрые я лирой пробуждал,
Что в мой жестокий век восславил я
свободу
И милость к падшим призывал...»
                                    А.С.Пушкин

Зал был наполовину полон
Ещё наполовину – пуст,
Когда меж потолком и полом
Стихи читались наизусть.
Как животворные потоки,
Которых вплавь не пересечь,
Сияли пушкинские строки,
Текла торжественная речь.
А рядом, за прикрытой дверью,
Гремела музыка с утра,
Там ряженая в пух и перья
Толпа несла своё «ура»,
Хрипели тучные игрушки,
И ухмылялся карнавал
Под небом, где родился Пушкин
И милость к падшим призывал.

АБИ

«Олом, барасынмы кая?
Кир'акми, ярабби», –
Вздыхает бабушка моя –
Татарская аби.
Со мной повсюду, аби-кай,
Твой голос на земле.
Щедра душой ты, как Тукай,
Мудра, как Шурале...
 «Извечна жизни толчея,
Терпи, и всё пройдёт...», –
Смеётся бабушка моя, –
Как солнышко встаёт.
Есть то, что свыше наших сил:
Так было, – Бог не дал...
И я её не хоронил
И мертвой не видал...
Я помню только о живой,
О бабушке родной,
Что стала небом и травой,
Чтоб всюду быть со мной...
У края моря, у реки,
В лесу, в горах, в степи –
Смахну слезинку со щеки
И слышу : «Ярабби...»

МОЛИТВА

Бог ты мой. Неведомый, Незримый,
Ниспошли мне в душу благодать,
Научи, Судья Непогрешимый,
Как мне жить и как мне умирать.
Может быть, и нужно-то немного,
Но, послушный общему рулю,
Я живу лукаво и убого,
Лгу себе и кланяюсь рублю.
И хожу я всюду, словно лишний,
С неразменным сумраком в крови,
Оттого, что нет во мне, Всевышний,
Ни Тебя, ни правды, ни любви...

ВОЛЧИЙ СНЕГ

Когда в дремучей мгле мелькают силы тёмные,
И за любым кустом мерещится засада:
По небу облака - огромные, огромные
Летят, летят всю ночь, летят , куда им надо.
Стою один впотьмах у края поля чистого,
Где зыбко дышит снег, и ворон вьётся рядом.
А за спиной давно уже свистят неистово
И тянут за плечо и манят медным взглядом.
И падает душа на дно глухого омута,
Где грабят и срамят, и набивают цену.
И молится она чудовищу какому-то,
Готовая за мзду на всякую измену...
Там жлобствуют и пьют, там правит неуёмная
Дремучая толпа, которой горя мало.
Там каждый день поют: "Вставай, страна
огромная!.."
И вся страна встаёт, летит куда попало...
Ночь тихо дребезжит, как форточка стеклянная.
И волком воет снег. И мгла приходит на дом.
И бродит по степи душа непокаянная.
И никого вокруг. И ворон вьётся рядом.

ПОГЛЯДИТЕ МНЕ ВСЛЕД. ЕСЛИ МОЖНО, ПРОШУ ЛИШЬ ОБ ЭТОМ

Как не падает снег, как не гаснет свеча на ветру,
Как сгорает звезда за чертой, наречённой
рассветом,
Поглядите мне вслед и увидите: я - не умру.
Поглядите мне вслед. Перед тем, как забыть,
поглядите.
Бог нам завтра судья, но пока все ложится на вас.
Рассыпаются в прах имена на песке и граните,
Кто-то плачет во сне, и святые пускаются в пляс...
И когда темнота заскользит холодком за спиною,
И не слышно кричать, и неведомо сколько идти:
Поглядите мне вслед, не спешите пройти
стороною,
Может, есть что сказать, может, просто и вам по
пути.

С ТОЙ ПОРЫ, КАК РОДИТЬСЯ МНЕ БЫЛО ДАНО,

Я гуляю себе и брожу, как вино,
И пропившись насквозь, и, скатившись на дно
Ни о чём не жалею как будто бы, но
Закуржавит, заржавит, заржёт, зарычит –
Сумасшедшее сердце в висках застучит...
И привидится то, и припомнится сё,
И причудится, будто и это - не всё...
Я гуляю себе по весёлым стихам,
По несметным, неслыханным, смертным
грехам,
По кружалам, кидалам, бомжам и лохам,
По углам, по друзьям, по душам-потрохам,
По небритым щекам со слезой на губе –
Я гуляю себе, я гуляю себе!..
И покуда я вижу, дышу и живу:
Всё, что было со мной, - предо мной наяву.

СОН ПОЛОМАЛИ В НЕСКОЛЬКИХ МЕСТАХ,

Пока состав петлял на перевале,
Сосед томился, как рояль в кустах,
А за стеною громко выпивали.
Там знали точно: кто, зачем, к чему,
Куда мы все, и что случится в среду...
И вопреки желанью своему
Я к пьяному прислушивался бреду.
Их мучили похмелье и жара,
И вслед за встряской каждого вагона
Всех подлечить явились доктора
Из славного российского ОМОНа...
 И длился путь по сумрачным лесам,
И вздрагивали крики, как подранки.
И до утра наотмашь по глазам
Прожекторами били полустанки.

В ОЖИДАНИИ ГОЛОСА

Напишите мне что-нибудь!
Напишите!
Я вас очень прошу...
Напишите, когда мне
Холодно на душе.
Ведь от вас не убудет, а мне станет
чуточку теплее...
Напишите, когда я
Счастлив.
Я подарю Вам
Сияющий водопад радости!
Я отдам Вам -
Всё светлое, что у меня есть!
Только не молчите,

Пожалуйста.
Самое жестокое,
Самое бесчеловечное,
Что только можно себе вообразить -
Это Ваше равнодушие.
Не душите меня им.
Напишите мне.
Напишите...
Вы -
Напишете мне, правда?!
Я буду ждать -
Каждый день.
Каждую секунду.
Пока вижу.
Пока слышу.
Пока дышу...

НЕ ОСУЖДАЙТЕ НИКОГО

Не осуждайте никого,
Оставьте пыл ожесточенья...
В тот час, когда больней всего,
Найдите силы для прощенья.
Уймите ярость грешных фраз,
В сердцах отмщенья не храните
И всем, кто не прощает вас,
Их непрощение простите...
Я знаю, это – горький труд,
Мне много раз казалось: тщетно
Прощать, когда тебя клянут
И унижают безответно.
Душа раскрытая навзрыд
С обидой каждой тяжелеет...
Но всё пройдёт. И Бог простит.
Он всех простит и пожалеет.

ВОКЗАЛ

И не рухнули стены вокзала.
И судьба не ушла под откос…
Что же ты ни о чём не сказала,
На перроне прощаясь без слёз?..
Всё отчаянней движутся зданья,
Пролетают поля и леса.
И беспочвенны все ожиданья,
И бессмысленны все чудеса.
Только ветер за окнами рвётся,
Словно взгляд, устремлённый туда,
Где никто ни к кому не вернётся,
Где перрон опустел навсегда,
Где из гулкого эха вокзала
Проступает опять и опять
Всё, о чем ты тогда не сказала,
Всё, что я не решился сказать…

ЛЮБЛЮ, РЕВНУЮ, УМИРАЮ,

Но не смиряюсь ни за что.
Я дней своих не выбираю,
Я им, как и тебе, - никто.
Люблю и гибну, и ревную,
Но, будь я проклят в тот же миг,
Когда просить судьбу иную
Решится грешный мой язык.
Не отрекусь от вечной доли,
Не сдамся и не отступлю.
Счастливый, скорчившись от боли,
Я умираю, но люблю.

НА ПОСОШОК

Хозяева! На посошок - вина!
Всё было вкусно, чинно, благородно.
Я не смотрю: целуйтесь, что угодно...
Ах, да! Я - рад, что ты - его жена.
Что эта речь нелепа и смешна,
Что роль моя, бесспорно, неуместна,
Не объясняй, я знаю, если честно,
Но чашу пью, как водится, до дна.
И что теперь? На посошок? Вина?
Нет. Покурю сначала - у окошка.
Что странного? Ну, выпил я немножко.
Случаются такие времена.
И все же чашу надо пить до дна,
До дна - чтобы текло по подбородку.
О, сколько нужно на такую глотку,
Чтобы забыть, что ты теперь – жена!..
"Хозяева! На посошок - вина!"
И хлопнет дверь. И вздрогнешь ты невольно.
Не притворяйся, что тебе не больно.
Уже темно. И дует от окна.

МАРТ

Март на излёте. Рушатся снега.
Лёд над собой рассасывают реки.
Шипит асфальт. Змеятся берега.
И всё плывёт, смежаясь, словно веки.
Мир канул в воду будущих времён,
Чуть вздрогнув перед мигом настоящим,
Где тает день и длится тот же сон
О прошлом, никуда не уходящем...
Там только ты, ещё и там, и там,
Куда уже не дотянуться взглядом,
Где март спешит за нами по пятам,

Бежит вперёд и остаётся рядом...
Там только ты, как этот вечный свет
Среди снегов раскиданных на счастье,
Где ничего несбыточного - нет,
Где даже смерть - и та - любовь отчасти...

И ШЛА ОНА, ЕДВА КАСАЯСЬ ВЗГЛЯДОМ

Домов, дорог, прохожих и реклам...
Ей чудилось, что счастье где-то рядом
Что тоже вышло в город по делам,
Что вот оно! Спешит на середину –
Обнять, прижаться тёплою щекой!..
...И всё глядел ей светлый ангел в спину,
Благословляя призрачной рукой.

ДВА ЛЖЕЦА

Про большую любовь, про друзей и дела
Каждый вечер ты снова и снова лгала,
Исчезая   привычно, почти на бегу,
И темнели слова, как следы на снегу...
И кивал я, сияя, как ломаный грош,
И сходила за истину грубая ложь,
Оттого что была ты мне правды важней.
Я не верил, не думал, не помнил о ней!
Так и жили мы рядом – два рьяных лжеца.
Только бились по-разному наши сердца.

ГОЛОС

Твой голос мне больше не снится,
И грежу не я в забытьи:
Сладка ли твоя поясница,
Умелы ли губы твои...
Всего, что когда-то хотела,
Ты в жизни добилась сама.
Твоё безупречное тело
Поклонников сводит с ума.
В руках твоих бьётся синица.
В глазах твоих блещет расчёт...
Но голос твой больше не снится
И в звонкую даль не зовёт.

БЕРЕГУ ТЕБЯ, КАК МОГУ!

Ото всех тебя берегу:
От врагов твоих и друзей,
От воров, тузов и князей,
От погод дурных через год,
От забот твоих и невзгод,
От болезней злых и обид, -
Даже если буду убит,
Даже если буду распят,
Всё равно: мой Бог сохранит
Всю тебя – с головы до пят.

МЕЖДУ НАМИ ЖИВЫЕ ОГНИ ГОРОДОВ,

Между нами пески без дорог и следов,
Между нами вершины сияющих гор,
Между нами морской и небесный простор,
Между нами лавины несказанных слов,
Шелест утренних листьев и шёпот снегов,
Поезда, самолёты, ветра, корабли -
Между нами ... и крыльями нашей любви!

ТЕКЛИ БЕСКОНЕЧНЫЕ КАПЛИ ДОЖДЯ,

Трамваи блестели устало,
Вдруг ты оглянулась почти выходя
Во тьму из торгового зала.
И вздрогнуло сердце моё от любви
На душу твою откликаясь...
А в кассах всё так же звенели рубли,
И девушки не отвлекались...

НОЧНОЕ ТАКСИ

Нам больше невозможно жить поврозь!
В тебе - моё, во мне - твоё дыханье...
Той ночью я пропах тобой насквозь,
А мир притих на лезвии сознанья.
Летело сумасшедшее такси.
Шофер косился в зеркало обзора.
Прости влюблённых, Боже, и спаси
От взоров ошалевшего шофёра!

...И шелестел букет стыдливых роз,
Собой укрыть пытаясь безуспешно:
Глаза мои, счастливые до слёз,
Глаза твои - сияющие нежно...

И будет ночь, и будет утро,
И всё известно наперёд:
Я так люблю тебя, как будто
Влюблённых пуля не берёт,
Как будто соткан из сиянья
Наш каждый прозвеневший час,
И снова метят расставанья
Огнём прицельным мимо нас...
Как ни старается причина,
Как время болью ни горчит:
Ты - женщина, а я - мужчина,
И нас ничто не разлучит.

СВЕТ ТВОИХ ГЛАЗ...

Как тёплый блеск предутренней свечи,
Как за окном мерцающим зарницы,
От глаз твоих расходятся лучи,
И в небе отражаются ресницы...
Там, в глубине сияющей огня,
Плыву я в даль, не обжигая взгляда...
Ты, улыбаясь, смотришь на меня,
А мне иного света и не надо.

НЕЖНЕЕ ВЕТЕРКА В ЛЕСУ

Порой губами лишь одними
Едва я вслух произнесу
Твоё единственное имя,

Как рассыпает звёзды ночь,
А день благоухает раем,
И нашу маленькую дочь
Мы оба сладко обнимаем...
Душой похожие на птиц,
Не умолкающих о чуде,
Из окон, словно из яиц,
Вовсю повылупились люди.
И пусть они не сводят глаз,
Хоть окна выгнутся упруго:
Есть только мы с тобой для нас,
И нам достаточно друг друга!

НИ СЛОВА О ЛЮБВИ...

Ни слова о любви! Пока не вспыхнут сами,
Когда она придёт в урочный день и час,
Когда она придёт и встанет под часами
И станет ожидать замешкавшихся нас,
И станет ожидать, оправдывая снова
Не вскрикнувших вослед «полцарства за коня!»
...Вот только о любви, пожалуйста, ни слова.
Пожалуйста, хоть раз послушайте меня!
Листвой в её садах срываются столетья,
Жемчужинами с губ слетают соловьи...
Какие там слова? Сплошные междометья.
Слова ещё вчера сгорели от любви.

СО МНОЙ НИЧЕГО НЕ СЛУЧИТСЯ,

Ни смерти, ни вроде того.
Случается с тем, кто боится,
А я не боюсь ничего.
Не важно, что кто-то стучится
И холодно шепчет «пора».
«С тобой ничего не случится», -
Ты так мне сказала с утра.
Расплачется дочь, раскричится,
Скажи ей во имя всего:
Со мной ничего не случится,
Совсем ничего, ничего...
Ты видишь, как солнце лучится?
Как сгинуть пытается грусть?
Со мной ничего не случится.
Я с вами, я здесь... я вернусь...

ДОРОГА СТЕЛЕТСЯ, СЛОВНО ДЫМ,

В ладонях седой пурги...
Читаю путь по губам твоим,
Когда не видно ни зги...
Когда же стихнет, то знаю сам,
Что будет мороз не прост,
Но путь прочту по твоим глазам,
Сияющим среди звёзд.
И пусть метели стоят стеной,
И нет впереди огня:
Пока, любимая, ты со мной,
Всё сладится у меня.

ДОРОГА

Молиться? Согласен. Не веришь? Ей-богу.
Не ради причин, не во имя чего...
Поедем, поедем, поедем в дорогу!
Дорога на свете дороже всего.
Она, словно гром, перед окнами грянет
И выманит душу, тоской теребя.
Она никогда, никогда не обманет.
Она никогда не оставит тебя.
Её не пропьёшь и в карман не положишь.
С ней будешь всё время пред кем-то в долгу.
Поедем! Ты жить без дороги не сможешь.
Поедем! я сам без неё не могу!..
Придумано много рассказов и басен.
Раскрыто немало бесспорных чудес.
Но я на дорогу молиться согласен,
А также за всех, кто останется без...

ВЕТЕР ПЛЯШЕТ, СКУЛИТ И СТОНЕТ,

Очумев от полночных скачек.
Всё, что где-то чего-то стоит,
Для него ничего не значит.
Для него только холод рьяный
Да ещё как рассвет проснётся
Промороженной алой раной
Колесо чуть живого солнца,
Что уйдет с ним в седую дымку
На заснеженные просторы,
Даже если за их поимку
Посулят золотые горы...

ОН МОГ БЫ ИМЕТЬ И ДОХОД, И ПОЧЁТ,

Квартиру, машину и дачу.
Но рвёт его ветер, и дождик сечёт,
И стужа терзает, и солнце печёт,
А он всё спешит наудачу.
Какая удача? Во имя чего?
Нужны ли такие лишенья?
Ни хлеба, ни имени нет у него.
Но он не оставит пути своего
И не переменит решенья!
И так до последних, до талых минут -
Пока они вовсе не канут...
Он верит, что следом другие идут, -
Пусть даже, когда обо всех помянут,
Он так и не будет помянут.

ГОНИМЫЕ ВЕТРОМ, ТОМИМЫЕ ЖАЖДОЙ,

Палимые солнцем и жгучим песком,
Идут они вечно, и, страждуя, каждый
О милости молит сухим языком.
И кажется каждому: здесь он случайно,
И надо спасать непременно его,
И путь этот – чья-то жестокая тайна,
Поскольку не будет в конце ничего!
И кажется: стоит помыслить немного,
Как тут же найдётся иная стезя,
А эта – дана для народа другого,
Такого, какой и представить нельзя...
Но нет никакого другого народа,
И нет никакого иного пути.
Есть только дорога, дорога, дорога,
Дорога, которую нужно пройти.

ЧАСЫ

Идут часы. Конец столетью.
Дрожат весы.
Железом, бронзою и медью
Стучат часы.
Идут колючие, стальные –
Без рук, без ног,
Спешат минуты заводные,
Течёт песок.
И не уснуть. И не проснуться.
И не уйти.
Идут часы, и жилы рвутся
На всём пути.

МЕЖДУ ВЕТРОМ И ВЕТРОМ

«Прощай, Баку! Тебя я не увижу...»
Сергей Есенин.
(Эти слова высечены на барельефе
возле дома, в котором жил поэт ,-
рядом с дорогой, ведущей к морю.)

Бродивший по Нью-Йорку и Парижу,
Воспевший грусть и яблоневый цвет,
«Прощай, Баку! Тебя я не увижу...» -
Однажды в прошлом произнес поэт.
И в веке новом, явленном пока мне,
Как путь на море или путь домой, -
«Прощай, Баку!», начертанное в камне,
Не раз мелькало за моей спиной.
Я уезжал и возвращался снова -
Всё в тот же край, где маялись ветра,
Ветшал мой дом, и шелестом былого
Мне вновь напомнил два печальных слова
Последний тополь моего двора.

Прощай, Баку! Покуда сердце бьётся,
Покуда жив, покуда вижу свет,
Поверь, твой сын к тебе ещё вернётся,
Как к песне возвращается поэт.

ВСЮ ЖИЗНЬ ИСКАЛ Я МЕСТО РАЯ,

Страну меняя за страной,
Но рая не было без края,
Вдали оставленного мной.
Вернёшься – там уже иное:
Не то, не те, не как тогда...
И лишь сиянье неземное
Дрожит в ресницах иногда.

Поспевать за тобой – не поспеть.
Убегать от тебя – не сбежать.
Не губи меня, матушка Смерть,
Не вели мужика обижать.
Ты вели меня в степь отпустить,
Где весною всегда благодать...
Мне б родимую мать навестить,
А тебя – не слыхать, не видать.
Я к тебе непременно вернусь,
Никуда от тебя не сбегу:
Поклонюсь и за всех помолюсь
С кем увидеться вновь не смогу...

ТВОЯ ЛЮБОВЬ

Пути любви блаженны и чисты,
Она – не крест, не долг и не работа,
Любить тебя за то, что любишь ты –
Мечта пустая: любят не за что-то.
В её карманах тысячи прорех,
С ней каждый день – как первая страница,
Она одна подъемлет вся и всех
Так высоко, что небо серебрится...
Не простирай же рук своих в мольбе,
И не вещай, что век напрасно прожит:
Твоя любовь принадлежит тебе,
Другим она принадлежать не может.

Всё то, что прежде только снилось,
Чего и быть-то не могло,
Вдруг заявилось-запылилось,
Помялось и произошло:
Не абы как, не на бумаге,
Не с молодцами подшофе,
Не с кулаками после драки,
Не перед аутодафе,
А здесь, сегодня, в том же мире,
Где, задыхаясь от гостей,
В своей или чужой квартире
Ждут хоть каких-нибудь вестей.
И вот оно – на самом деле -
Немыслимое - миг назад,
Явилось, точно - как хотели
Да вечно мешкали сказать.
И вроде радоваться надо:
Смеяться или пить до дна...
А ты, не поднимая взгляда,
Стоишь и плачешь у окна.

ДУША

То сникнет, словно неживая,
То вспыхнет, яростно дыша, -
Болит, как рана ножевая,
Неугомонная душа.
Что эта боль сегодня значит?
Откуда тянется разлад?
О чем она молчит и плачет,
Когда ликуют все подряд?

А ПОЕЗД ПЛЕЩЕТСЯ КАК МОРЕ,

Дрожит, как голос на ветру, -
На ускользающем просторе,
Где всё изменится к утру,
Где, словно колокольным звоном,
Листвой объятый до небес
Вслед уносящимся вагонам
Стремительно желтеет лес,
И каждый миг без передышки
Из-под грохочущих колёс
Мелькают бешеные вспышки
Сгорая в шелесте берёз...

ТАМ...

Там, где лёгкие птицы поют изумрудные песни,
Где летящее небо звенит с минаретных высот,
И сияет луна, возносясь в опрокинутой бездне,
И мелькает с утра пестрокрылый красавец удод,
Там в ладонях хребтов кувыркается горное эхо,
А над берегом моря резвится листва на ветру,
Там не спят от любви, плачут только от счастья
и смеха,
Там, куда я вернусь и уже никогда не умру...

ГОРНЫЙ ЛЕС

Лес - весь как птица на весу:
По сопкам длится.
Любое деревце в лесу
Дрожит, как птица.
Любое - в снежной пелене,
Где даль предельна,
Стоит лицом к чужой спине.
И все - отдельно.
Гуляют ветры по стволам,
Ветвям и судьбам;
Здесь равнодушны к похвалам
И глухи к судьям.
Здесь ни на время, ни на быт
Нельзя сослаться.
Здесь нужно кем-нибудь, но быть,
А не казаться.
Пустить слезу, проспать грозу,
Поклясться ложно:
Всё, что возможно там, внизу ,-
Здесь - невозможно.

ВОСХОЖДЕНИЕ

Туда, где ледяные сны,
К вершинам, грозным от рожденья,
По зову сердца и весны
Мы начинаем восхожденье.
Долины взорваны травой.
На гребнях снег ещё дымится.:
Объятый ветром, но живой,
Он обжигает наши лица.
Ещё не выдохлась пурга:
Лавины эха, шпаги свиста,
И за альпийские луга
Тропа крута и камениста.
За каждым выступом скалы
Риск отступленья неизбежен.
Но там, внизу, кипят котлы,
И золотистый воздух нежен.
Там искры листьев занялись,
Там день язычески неистов...
А перед нами – только высь,
Где небо – цвета аметистов.
За каждый шаг, за миг, за треть,
За приближенье к вечной цели –
Не страшно вспыхнуть и сгореть
В белесом пламени метели...
Короткий выдох. И – вперёд.
А там – пускай судьба превратна.
Но нет уже пути обратно
Тому, кто этот изберёт.

НЕБО

Глубже высоты и выше бездны
Вход в страну невидимых зеркал...
...Там, где скалы дикие отвесны,
Я его однажды отыскал.
В тишине незримых отражений,
Возносясь, как искры из огня,
Голоса грядущих откровений,
Надвигались гулом на меня.
И над всем, что ветрено и снежно,
И на что не поднимают глаз,
Зазвучал светло и неизбежно
Заповедной вечности рассказ...
И стоял я перед бездной света, -
Там, где снег кружился и сверкал,
И ничто не гасло без ответа,
И никто ответов не искал...
А потом, приникнув к изголовью,
Пел мне ветер с ночи до зари,
Что земля пронизана любовью
И сияет небом изнутри...

БАЙКАЛ

Среди громоподобных гор,
Объятых ширью небосводной, -
Шумит, колышется простор
Неугомонный, многоводный.
Над ним струятся облака,
И расстилаются туманы,
И в далеко из далека
Кочуют птичьи караваны...

Песков поющих господин,
Штормов шалеющих радетель –
Он всюду властвует один,
Хватаясь брызгами за ветер,
И, увлекая глубиной
Непостижимой и лукавой,
Вдруг истекает тишиной
Волны раскатисто-шершавой...

ДОЖДЬ

Сверкает дождь. Играет солнце.
Мелькает капель перепляс.
Сквозит и радугами рвётся
Весна, коснувшаяся глаз.
Вдали уже едва маячит
Мой дом, омытый вихрем слёз...
А дождь идёт, шумит и плачет
В зелёном мареве берёз.

МОРЕ

Море, омытое небом,
Как небо, омытое морем...
Затеряться в море,
Как затеряться в небе...
Среди волн...
Среди облаков...

АВГУСТ

Люблю вечерние сады:
На листьях бликов мириады.
Зеленогрудые ограды.
Зеркально-черные пруды.
И мягче запах знойных роз,
И, на воде рождая струи,
Как голубые поцелуи, -
Сквозное облачко стрекоз.

ВЕСЕННЕЕ УТРО

Когда из воздуха рождаются леса, -
Штрихи и трещины пронзают небеса,
В тумане бледном проступают очертанья,
И пробуждаются лесные голоса,
И ожидаются сплошные чудеса:
Восторги ласточек и речек причитанья!
В том сером, сизом, в том сиреневом дыму –
Начало жизни, объяснение всему.
Там целый мир, сияющий спросонок!
А ночь придёт, - и мы по одному
Вновь полетим в обманчивую тьму,
Где звуки призрачны, но каждый запах
звонок.

ИЗДАЛЕКА

Речных огней косая линия
На воды зыбкие легла...
Туманно-серебристо-синяя
Колышется ночная мгла,
И кажется - ещё мгновение -
И в зачарованной тиши
Раздастся трепетное пение
Живой неведомой души.
И чудится её дыхание
Издалека-издалека,
Где лишь тумана колыхание
Да молчаливая река.

Я ВИЖУ, Я ВИЖУ, КАК ДУЕТ ВЕТЕР!

Я вижу, как ветер ломает сучья!
Как он по ночам колошматит в двери –
Ладонями, кулаками, пяткой...
Я слышу, как воет скуластый ветер,
Как он скулит у замочных скважин
И как тополя покрывает рябью
Из сотен тысяч крылатых листьев!
Я чувствую кожей, как плачет ветер,
Я слышу, как мечется ветер в сердце,
Огромный ветер –
в крохотном сердце
Под бесконечными небесами...

НОЧНОЕ НЕБО

Мир полон ночного движенья...
Вот в небе, раскрытом для глаз,
Искрящийся росчерк мгновенья
Средь звёзд промелькнул и погас.
Там воздух, как вечность, разрежен,
А миг, как пружина, разжат...
Но если уход неизбежен,
То и непреложен возврат.
И время спрессуется плотно
И снова проявит талант, -
Как ветер, срывающий окна
С распахнутых в утро веранд!

НОВЫЙ ГОД ИДЁТ И ПЛЯШЕТ

Новый год поёт, как дышит.
Что он нового расскажет?
Что он свежего напишет?
Всё покуда неизвестно.
Всё покуда так не важно.
Только ёлочная песня
Да от выпитого жажда.
...В час, когда стихает в зале,
В час, когда смолкают речи, -
Обливаются слезами
Непогашенные свечи.

Снег изысканно искрится,
Острым блеском устлан путь.
Снег ложится, как страница,
Чтобы вспыхнуть и уснуть.

Ветер снежной пылью крутит,
Тянет тонкую змею.
Это он в колодце мутит
Воду чистую мою.
Это он в дверные щели
Загоняет сквозняки!
...В тёмных окнах свист метели
И безумие тоски.

ПРЕДСКАЗАНИЕ

Где леса, как древесные нервы земли,
В небеса над снегами себя вознесли,
Где опять невесомое пламя скользит
Под застуженной кожей звенящих ракит,
Где водой подо льдом набухает река,
Где березки вдали розовеют слегка, -
Там однажды на утро сбываются сны
О сияющем небе грядущей весны.

ВСЁ ЧАЩЕ Я ВПАДАЮ В СОН –
Внезапный, крепкий, непробудный.
Всего мгновенье длится он,
Один лишь миг волшебно-чудный.
Так происходит день за днём, -
Едва глаза сомкну случайно:
Друзей ушедших вижу в нём
Счастливыми необычайно.
Там небо именем Любви
Осуществляет их надежды,

И не смолкают соловьи,
И нежно светятся одежды…
Всё чаще я впадаю в сон…
Всё продолжительнее он.

ТУДА, ГДЕ АНГЕЛ ПРОЛЕТЕЛ,

И зверь крылатый возносился,
Я в бездну звёздную глядел,
Глядел и плакал и молился,
Взывая истово всю ночь
К Тому, Кто милостив и светел,
И в силах каждому помочь…
И я просил. И Он ответил…
Волной вздымается заря,
И небом вспыхивают горы,
И, воздухом животворя,
Сияют вечные просторы.

ЖИЗНЬ

Жизнь незаметно истекает
Покуда вся не истечёт
За будничными пустяками
И датами наперечёт.
Однажды, на какой-то дате
И я на даль её взгляну,
Как на пылающем закате
На заполошную волну.

Но так ли всё? Она ли это -
Там, на неведомом краю
Воды и солнечного света?
Не знаю... И не узнаЮ.

СРЕДИ ДОЖДЯ

Как счастье, скользнувшее из-подо льда
И в даль уносящее душу,
Повсюду блестит и мелькает вода,
Объявшая небо и сушу.
Всё словно исчезло в ничто и нигде,
И даже не зная об этом...
И выбора нет, как ходить по воде,
Пронизанной мыслящим светом...

ДЕНЬ ОТСИЯЛ, РАССЫПАВШИСЬ ПО СУТИ

На ряд картин... Вот, словно между строк,
Автомобили капельками ртути
Скользят по струнам пепельных дорог.
Вот утро нежной зеленью дымится
Подстриженных "под бобрик" тополей,
Вот оживают шорохи и лица,
Звучат шаги всё радостней и злей,
И бомж хрипит, и вертится проныра,
И в суете звереет человек...
"Дуй, ветер, дуй!" - зияет голос Лира,
Пока сквозит непоумневший век!..

Припудрен воздух отблеском заката,
На проводах подрагивает тишь...
Так ты сказал "всё кончится когда-то"?
...Не знаю я, о чем ты говоришь.

«И БЫЛ МНЕ СВЕТ...»

Мгла треснула. Мгновенья разбежались.
И вспыхнул дождь. И рухнула вода.
Открылся день неведомый, как залежь,
Животворя холмы и города.
И длился он по улицам и руслам,
И чудилось встречающим его,
Что мир вовек не сделается тусклым,
И смерти нет.
Нигде.
Ни для кого.

ПАМЯТИ В. ХЛЕБНИКОВА

Веет вечер-зинзивер:
Веер-ветер-велемир...
Индивеет индивер,
Засыпает зинзилир.
Зимневеет и звенит.
Зинзивает и скользит.
Сквозникают сквозничи,
И чихают чихачи!
У свечи –
За тенью тень –
Зинь-зивень...
Зивень.
Зи-
Вень...

РАДУГА ИСТЕКЛА,

Губы водой печёт.
Эта река - светла
И от небес течёт.
С вечера до утра
Светятся огоньки.
Дуют всю ночь ветра
Синие вдоль реки.
Стынет в реке вода,
Ходят внутри ручьи,
В капельках изо льда
Вздрагивают лучи...
Быстрого света сноп.
Стайки летучих рыб...
Словно руки озноб
Там, где реки изгиб...

НОВЫЙ ГОД ИДЁТ И ПЛЯШЕТ.

Новый год поёт, как дышит.
Что он нового расскажет?
Что он свежего напишет?
Всё покуда неизвестно.
Всё покуда так не важно.
Только ёлочная песня
Да от выпитого жажда.
...В час, когда стихает в зале,
В час, когда смолкают речи, -
Обливаются слезами
Непогашенные свечи.

Снег изысканно искрится,
Острым блеском устлан путь.
Снег ложится, как страница,
Чтобы вспыхнуть и уснуть.
Ветер снежной пылью крутит,
Тянет тонкую змею.
Это он в колодце мутит
Воду чистую мою.
Это он в дверные щели
Загоняет сквозняки!
...В тёмных окнах свист метели
И безумие тоски.

ПРЕДСКАЗАНИЕ

Где леса, как древесные нервы земли,
В небеса над снегами себя вознесли,
Где опять невесомое пламя скользит
Под застуженной кожей звенящих ракит,
Где водой подо льдом набухает река,
Где березки вдали розовеют слегка, -
Там однажды на утро сбываются сны
О сияющем небе грядущей весны.

ЗВЁЗДНЫЙ СВЕТ

Сияют звёзды, словно дождь
В небесной глубине,
Они повсюду, где живёшь, -
С тобой наедине.
Оставить может близкий друг,
Удача – дать отбой,
Но звёзды, что горят вокруг, -
Они всегда с тобой...
И разве счастья в мире нет,
Когда всю жизнь вдали
Тебе сияет вечный свет
Со всех сторон земли?!

ОКЕАН...

Бушует свет, и пламенеет воздух,
Плывёт закат, блаженством осиян...
Из края в край в целующихся звёздах -
Волнуется смущенный океан.

Из тишины томленьем извергая
Рокочущую жадную тоску,
Сощурившись, волна его нагая
Стыдливо льнёт к прохладному песку,

ВСЕГО КАКИХ-ТО ВОСЕМЬ СТРОК!

Всего лишь восемь строк -
Я правил вдоль и поперёк,
И вдоль, и поперёк.
Всего один короткий стих,
Несчастных восемь строк!..
Но я не смог исправить их,
Я ничего не смог:
Я понимал, о чем пишу
И что там быть должно:
Но записать карандашу
Такого не дано.
Ни лист бумаги, ни стена,
Ни жалкий монитор
Не могут выразить сполна
Всего, что до сих пор
То обжигает, словно крик,
То дышит, словно свет,
И не стихает ни на миг
В стихах... которых нет.

ПУТЬ

От симфоний и полотен,
От романов и поэм
Путь к сердцам людским бесплотен,
И вещественен меж тем.
Он в листве летящей в небо
И в дожде упавшем ниц,
В пляске ветра, в крошке хлеба,
В лунной радуге ресниц,

Он во всём, что есть на свете
И откуда льётся свет,
Оживая на портрете,
И строке сияя вслед...
И не в том по сути дело
Есть ли подпись и число:
Лишь бы это было, пело,
Обжигало и цвело...

СКОРЫЙ ПОЕЗД

Ты налетел на станционный свет
И вновь нырнул в тугую темноту,
Туда, где твой трассирующий след
По ней ведёт упругую черту,
Туда, где небо не смыкает глаз,
А даль земная затаила дух,
И, как тебя, высматривая нас,
Всё обратилось в зрение и слух...

ДУХ ЛЮБВИ

Он где-то здесь, Он всюду где-то здесь:
В ночном дожде, над лужами кипящем,
В прозрачном утре, птицами звенящем,
В твоих глазах уверившихся днесь,
Что смерти нет, а жизнь была и есть,
И будет сгустком радости и боли...
И дух любви сияет в чистом поле,
И каждый миг звучит благая весть.

ТАК ВОЗДУХ ТИШИНЫ..

Так воздух тишины пересекает слово,
И возникает храм, не знающий гвоздя...
Я выковал тебя из неба голубого
И радужных полос летящего дождя!..
Я вымолил тебя у бездны ожиданья,
И, сотворив для нас незримые крыла,
Бог снова разрешил то первое свиданье,
То самое, где ты всегда меня ждала.

На раскрытых ладонях..
На раскрытых ладонях вечерних озёр
Догорает небес золотистый костёр.
Словно плач безутешный ребенка
Птичий голос печалится звонко.
На широком ветру, приглушая печаль,
Шелестит до утра камышовая даль..

Летний пруд с голубым полыханьем стрекоз,
Зимний двор в рассиявшемся лунном снегу...
В эту землю живую я памятью врос,
И себя от неё отличить не могу.
Там, откуда текут в облаках небеса,
Там, куда исчезает меж пальцев вода,
Возникают и гаснут её голоса,
И во мне остаются
уже навсегда...

ЛУННОЕ НЕБО

Отовсюду - и справа, и слева -
До незримой черты зоревой -
Бесконечное лунное небо
Над волнуемой ветром травой,
Словно эхо, стремится куда-то,
Нагоняя себя впереди,
И светлеет, восторгом объято,
С огнедышащим солнцем в груди!

ТЕЛЕЦКОЕ ОЗЕРО

Плывет над Телецким закатный огонь,
озерные блещут просторы.
Лелеют небес голубую ладонь
мохнатые темные горы.
Здесь волны,на искры себя расплескав,
летят, изгибаясь от ветра,
и воздух сияет от запаха трав,
и сердце сияет ответно.

АЛТАЙ

Эти кедры растут в тишину,
Этот воздух пронизан сияньем...
Опираясь волной на волну,
Горы замерли пред мирозданьем.
И роняют меж них облака
Предрассветные влажные клочья,
И белеет в ущелье река,
У вершины продрогшая ночью...

ОДНАЖДЫ

В той самой стране изумрудного лета,
где зыбкое море бездонного цвета,
где веером ветер и свет,
и солнце в листве легкокрылой сочится,
и день лучезарен, и ночь смуглолица,
и все это - тысячи лет, -
в той самой стране я увижусь с тобою
и молча приму возраженье любое,
и в очи твои загляну:
да, снам доверяют лишь малые дети,
да, нет и не будет такого на свете,
да, верю в такую страну.

И был мне сон сквозь долгие метели,
Как голос, что зовёт издалека,
И бабочки из глаз моих летели,
И на груди томились облака,
И как бы от случайного дыханья
Рождался мир из света и тепла...
И падал снег, и длились расставанья,
И возвращеньям не было числа.

ПАМЯТЬ

Дрожит сбесившееся море,
Кричит сбесившееся море,
Ревёт сбесившееся море, -
Ничто ему не по нутру,
И, разбегаясь на просторе,
О твердокаменное горе
Ломает крылья на ветру...
И с неба выпавшая птица
В окно случайное стучится,

И память обжигают лица
Исчезнувшие навсегда...
И вновь из глаз твоих сочится
Живая мертвая вода.

Господи! За что мне это счастье, -
Что успел я столько повидать
И, храним твоей незримой властью,
Принял всё, как Божью благодать!..
И за то, что жив на белом свете,
Что могу всё это повторить, -
Каждый миг, как маленькие дети,
Я готов Тебя благодарить...

ОБЛАКА

Облетает во дворах лёгких листьев благодать,
Тянет свежестью лесной от сырой земли...
Я надеюсь, что меня кто-то будет вспоминать,
Или просто проплывут облака вдали.
Скоро вьюгам вдоль дорог кольца тонкие
свивать,
Снежной пылью заметать зяблые кусты ...
Я надеюсь, что меня долго будут забывать,
И опять на облака заглядишься ты.

ОТЗЫВЫ

"ЭЛЬДАР, ДОРОГОЙ... Что и сказать?..
СИЛЬНО! МАСТЕРСКИ! ВЗВОЛ-НО-ВА-ЛО!
ЖИВОЙ ВЫ! ЖИВОЙ ЧЕЛОВЕК! И ТАЛАНТ
ВАШ ЖИВОЙ, ИЗ ГЛУБИН ДО ГЛУБИН
ПРОНИЦАЮЩИЙ! БЛАГА ВАМ, ДУШЕВНОГО
ТЕПЛА И СИЛ НЕУСТАННЫХ ДЛЯ
БЛАГОРОДНОГО ДЕЛА, КОТОРОМУ
СЛУЖИТЕ! МУДРЫЙ ВАШ ДАР! БЕСЦЕННЫЙ!
Дорогой Эльдар!... я мысленно вижу и Вашу
внешнюю красоту, и одухотворённость, и
внутреннее достоинство, всегда Вам
присущие. Пусть в Вашей душе всегда живёт
молодость, жажда любви, постижения всего
сущего! Пусть они дарят Вам вдохновение, а
нам, Вашим читателям, - восторг наслаждения
от встречи с книгами Мастера. "

**Васильева Елена Вячеславовна, читатель,
г. Ярославль**

«Прочёл залпом. Это потрясает не только
человеческой искренностью и редким
совпадением чувства и поэтических средств,
но и, главным образом, тем пограничным
состоянием, про которое поэт сказал:
"...и здесь кончается искусство
и дышит почва и Судьба..."
Хотя, может быть, как раз здесь-то настоящее
искусство и начинается, тем более, что вы
принадлежите редкому типу поэтов пишущих
кровью вместо чернил.»

Джелал Кузнецов, Москва

Эльдару Ахадову

У него есть жена и дети,
Дом уютный, портрет большой,
А в квартире гуляет ветер,
Как по каменной мостовой.
Барабанят дожди по крыше,
До утра в его окнах свет.
Я дождям говорю: «Тсс… тише…»
В этом доме живет поэт.

Галина Бояркина, Красноярск

«Какое-то странное чувство восторженности вселилось в меня… Восторг перед волшебным зеркалом, где цветы и грязь, надежда и отчаяние – все краски и запахи мира слились в гимне Жизни. Всё это чертовски трудно объяснить, но какой-то флюид жизнеутверждающей силы исходит даже от самых горьких строк»

Эльдар Ахадов. Молитва о тебе   2009 ©   IGRULITA PRESS, USA
ISBN 978-0-9822105-3-6   0-9822105-3-1
Central Shaft rd, FLORIDA, MA, 01247   Тираж 80 000.
Фотография на передней обложке сделана Эльдаром Ахадовым.
Дизайн передней обложки Olanga J.
На задней обложке фотография Автора, во время рабочей,
заполярной экспедиции.
Дизайн задней обложки Сергея Сулина.
Артдиректор Mirabell Wu
Главный редактор Vicco Tomaris
Верстальщик Эдуард Степкин